근대문화유산과 서울 사람들

서울역사강좌 04

근대문화유산과 서울 사람들

발 행 인 서울역사편찬원장 김우철
편 저 서울역사편찬원
서울특별시 송파구 올림픽로 424(방이동)
전화 02-413-9622

기획 · 편집 서울역사편찬원 전임연구원 류상진
교정 · 교열 이상배(시사편찬과장), 박명호, 김웅호, 서준석, 김도연, 장경호, 김현정
행 정 지 원 최옥경, 이영미, 홍장희, 김미란

발 행 일 2017. 08. 10
판 매 가 10,000원
디자인·인쇄 경인문화사(전화 031-955-9300)

발간등록번호 51-6110000-001514-09
I S B N 979-11-6071-025-0 04910
978-89-94033-95-2(세트)

서울역사강좌 · 04

근대문화유산과 서울사람들

서울역사편찬원

간/행/사

《근대문화유산과 서울 사람들》을 간행하며

저희 서울역사편찬원에서는 서울 시민의 역사교육과 역사문화 향유의 폭을 넓히고자 2004년부터 서울역사강좌를 개설해 왔습니다. 서울의 역사와 문화가 시대별로 어떻게 변화해 가는지 고찰해보고, 서울 역사와 관련한 심도 깊고 흥미로운 주제를 선정하여 강의를 개설함으로써 시민들의 많은 사랑을 받아왔습니다. 2016년부터는 서울역사강좌의 내용을 더 많은 시민과 함께 나누기 위해 강의 내용을 대중 교양서 형태로 출간하기로 결정하여, 《전근대 서울에 온 외국인들》, 《개항기 서울에 온 외국인들》 등을 발간하여 좋은 평가를 받았습니다. 또한 올해 2017년 상반기에는 《서울에서 세계문화유산의 가치를 만나다》를 발간해 서울과 그 근교에 있는 세계문화유산에 대해 알아보는 기회를 가졌습니다.

이번 2017 하반기 서울역사강좌 시리즈의 제4권은 서울에 있는 근대문화유산에 관한 이야기입니다. 개항 이후 서울은 이전과는 다른 모습으로 탈바꿈하였습니다. 서양인들을 비롯해 중국인과 일본인 등 다양한 외국인들이 들어오기 시작했으며, 그들의 영향으로 각종 서양식 건축물들이 들어서기 시작했습니다. 전통의 건축물들도 시대의 변화에 따라 새롭게 변했습니다. 또한 일제강점기를 거치면서 일본인들에 의해 지어진 서양식 건축물들도 있었습니다. 이러한 것들은 굴곡의 역사를 상징하기도, 혹은 항일독립운동의 역사적 현장이 되기도 하였습니다.

몇 십 년 전까지만 해도 근대문화유산들은 단순히 낡은 건물로 인식되었습니다. 또한 철거, 혹은 재개발의 대상으로 바라보았던 것이 사실이었습니다. 그러나 이들은 사실 근현대 우리 역사를 설명하는 산 증인이자 생생한 역사 현장의 보고입니다.

잠시 당시의 모습을 그려보겠습니다. 서울을 방문한 이들은 기차를 타고 구 서울역사를 통해 서울과 만납니다. 시내로 들어서면 남촌에는 극장인 명치좌가, 북촌에는 3·1운동의 현장이었던 탑골공원이 보입니다. 동쪽으로 가다보면 경성제국대학 건물로 한국인 학생들이 서닐고, 그 앞에는 대한의원 건물이 있습니다. 거리에는 경성방직에서 만든 옷을 입고 있는 서울 사람들이, 그리고 이들은 동아일보를 펼쳐 그 날의 소식을 읽습니다. 서울에 살던 화가들과 문인들은 캔버스와 원고지에 서울의 모습을 담습니다. 우리 문화재를 지키는 활동도 이뤄졌으며, 외국인선교사들의 모습도 보입니다. 삼엄했던 일제말기 부민관에서 폭탄으로 항거한 항일독립운동의 역사적 현장도 놓칠 수 없습니다.

이러한 근대문화유산의 가치를 찾아보고 이들이 가지고 있는 역사적 문화적 의미를 되새길 때 시민 여러분께서 우리 서울의 역사와 문화에 더 쉽게 관심을 갖고 접근할 수 있으리라 생각합니다. 저희는 이 책이 작은 계기가 되기를 바랍니다. 아울러 시민 여러분의 관심에 어긋나지 않게 저희 서울역사편찬원에서도 더 좋은 강좌와 역사서를 만들기 위해 더욱 노력하겠습니다.

감사합니다.

2017. 8

서울역사편찬원장

차 례

간행사

제1강 구 서울역사, 기차를 타고 경성에 온 사람들이 처음 만나는 공간 ... 11

경인철도와 남대문정거장
경부철도와 남대문정거장 확장
일제의 이미지 정치와 경성역
식민지 도시경관과 문화

제2강 부민관과 명치좌, 경성의 문화시설과 부민들의 이용 ... 33

근대 서울의 문화시설
부민관 건립과 부민들의 이용
명치좌의 개관과 대형 영화관 문화의 형성

제3강 탑골공원, 근대적 대중공간의 탄생과 서울 시민들의 이용 ... 49

대한제국기, 근대 도시 공원의 탄생
식민지시기, 탑골공원에서 파고다공원으로
광복 후, 민족의 성역이 된 공원

제4강 대한의원, 근대의학과 시민들의 의료시설 이용 실태 69

대한의원의 연혁
근대의학의 도입과 한국사회의 변화
근대 서울시민들의 의료시설 이용 실태

제5강 근대 서울의 하수구, 근대적 오물처리와 위생 95

들어가면서
근대 도시와 오물처리라는 과제
'준천'에서 '치도'로, 홍수 대비에서 전염병 예방으로
식민지화와 함께 본격 도입된 일본식 오물처리 체계
식민지시기 경성의 쓰레기 · 똥오줌 치기, 무상수거 유상판매의 환상
식민지시기 경성의 시구개정 사업과 빈약한 하수도 시설
문화재가 된 하수구

제6강 경성방직 사옥, 근대 '민족자본'의 탄생과 서울 노동자들의 삶 115

경성방직 사옥
경성방직주식회사의 설립
산업혁명의 추진체 : 면방직업
기계제 면방직업의 출현
경성방직주식회사의 초기 경영
영등포의 공업지대화
경성방직의 발전
경성방직의 사람들
경성방직 사람들의 일상

제7강 구 서울대 본관, 식민지시기 경성제국대학 139

왜 경성제국대학인가?

경성제국대학이란 어떤 대학이었나?

식민지 대학생들의 일상과 우울

전시체제기 이후의 경성제국대학

경성제국대학은 무엇을 남겼는가?

제8강 동아일보 사옥, 일제강점기 한글신문과 서울의 독자들 165

문화통치의 실시와 《동아일보》 창간

《동아일보》의 운영과 내용

독자들의 인식과 활동

제9강 고희동 가옥, 그리고 식민지 수도 경성의 미술 흔적들 183

춘곡 고희동

개화의 요람, 경성의 미술

제10강 이태준 가옥, 이태준과 구인회 작가들이 그린 경성의 풍경들 205

모더니스트 작가가 지은 전통 가옥, 수연산방

이태준이 추구한 문학세계

구인회 작가들의 아지트, '낙랑파라'와 '제비'

구인회 작가들이 그려낸 '경성'의 풍경들

수연산방을 닮은 '선비'와도 같은 작가

제11강

전형필 가옥, 일제의 문화재 유출과 한국인들의 보존 활동 233

우리나라 전통시대 미술시장의 흐름
우리나라의 근대 미술시장
일제강점기의 미술품 시장과 수장가
간송 전형필의 생애

제12강

배화여고 생활관, 일제강점기 외국인 선교사들의 서울살이 253

개항 이후 선교사의 입국과 서울 정착
일제강점기 선교사들의 서울 생활
3·1운동에 대한 선교사들의 견해와 선교사 배척운동
신사참배 문제와 선교사의 철수

부록

참고 문헌
찾아 보기
필자 약력
도판 출처

【제1강】

구 서울역사,

기차를 타고 경성에 온 사람들이 처음 만나는 공간

전우용 서울시 문화재위원

01

구 서울역사, 기차를 타고 경성에 온 사람들이 처음 만나는 공간

경인철도와 남대문정거장

1899년 9월 18일 노량진과 인천을 연결하는 경인철도가 개통되어 '철도의 시대'가 열렸다. 이에 앞서 1894년 7월 23일 일본은 경복궁을 점령하고 청나라에 대해 전쟁을 선포하였고, 일주일 뒤인 7월 30일 조선정부에 내정간섭과 조선 내 이권 탈취를 합법화하기 위한 조약 체결을 요구했다. 조선정부는 일본군이 경복궁에서 철수할 것을 조건으로 이 요구에 응하여 7개 조항의 〈조일잠정합동조관〉을 체결했다. 이 조관의 첫째 조항이 "경부, 경인간에 부설할 철도는 조선정부의 재정이 아직 여유가 없음을 감안하여 일본정부 혹은 일본의 어느 회사와 약정한 다음 시기를 보아 기공되기를 원하는 바이지만, 목하 여러 가지 사정이 있어 처리하기는 곤란하다. 단, 모름지기 양법良法을 안출해 약정, 기공할 수 있도록 한다."였다.

그러나 조선정부와 일본정부 또는 일본 회사와 철도 부설에 관한 계약이 체결되기 전에 삼국간섭과 을미사변이 일어남으로써, 철도 부설권은 조

개축 이전 남대문정거장

선에 대한 열강의 영향력을 표시하는 지표가 되었다. 게다가 철도의 궤간軌間은 한국 철도와 이어질 만주 철도, 중국 철도 등과 긴밀한 관계를 갖는 문제였기 때문에 일본으로부터 철도 부설권을 빼앗으려는 미국, 영국, 독일, 러시아 등의 경쟁이 치열했다. 조선정부는 상대적으로 한반도에 대한 영토적 야심이 적다고 판단한 미국에게 철도 부설권을 넘겨주기로 결정했다. 이에 1896년 3월 미국인 모오스James. R. Morse에게 경인철도 부설권을 인허했다.

아관파천 이후 고종은 여러 외국 세력을 끌어들여 세력 균형을 이루는 것이 일본의 한국 침략 의도를 견제하는 방안이라고 판단했다. 그러나 모오스는 애초부터 직접 철도를 부설할 생각이 없었다. 그는 광산 채굴권, 철도 부설권, 목재 벌채권 등을 수익금을 배당받는 조건으로 열강에 양도했는데, 이 과정에서 한국의 경제 이권은 열강의 사업가들 사이에 일종의 물권物權처럼 취급되었다. 모오스 역시 철도 부설권을 웃돈 붙여 팔아넘길 이권으로 생각했다. 모오스가 계약을 이행하지 않고 시간을 끄는 사이에 일본이 그에게 접근했다.

1897년 봄 일본정부는 군사상 경제상 관점에서 경인철도 부설권을 확보한다는 방침을 정했고 중의원과 귀족원은 이에 필요한 자금 180만 엔을 쓸 수 있도록 조치했다. 모오스는 철도 부설권의 가격을 높이기 위해 3월 22일 인천부 우각현에서 일단 기공식을 거행했다. 5월 4일 일본의 대표적 정상政商인 이와사키 야노스케[岩崎彌之助], 시부사와 에이이치[涉澤榮一] 등이 경인철도인수조합을 결성, 나흘 후 모오스로부터 부설권을 사들였다.

1899년 경인철도인수조합은 경인철도합자회사로 개편되었으며, 4월 23일 인천에서 다시 기공식을 거행하고 4공구로 나누어 공사를 진행했다. 시공은 일본의 가지마구미[鹿島組]가 맡았고, 공사 기간은 인천~노량진 구간에 6개월, 한강 교량공사에 1년 3개월, 한강~남대문 구간에 1개월 정도 걸렸다. 1899년 9월 18일 한강 남쪽 전 구간이 개통되어 노량진에서 개통식을 했다. 개통 당시는 증기기관차 4대, 객차 6량, 화차 28량 등을 보유했다. 한강철교는 1900년 7월에 준공되었고, 종착역인 서대문역까지 완전 개통된 것은 7월 8일이었다.

후일 경성역으로 개칭된 남대문정거장도 이때 설치되었다. 당시 남대문정거장은 10평 크기의 목조 바라크 건물로서 용산역과 서대문역 사이의 간이역 구실을 했을 뿐이다. 경인철도의 서울 종점은 서대문정거장이었고, 외국인들은 이를 'Seoul Station'이라고 불렀다. 손탁호텔, 스테이션 호텔, 팔레 호텔 등 외국인용 호텔들도 서대문정거장과 경운궁 주변에 있었다. 남대문정거장이 경부, 경의철도를 중심으로 하는 한반도 종관縱貫 철도의 중심역이 된 것은 1904년 러일전쟁 발발 이후였다.

경부철도와 남대문정거장 확장

조선정부가 미국인 모오스에게 경인철도 부설권을 허가한 직후, 일본은 경부철도 부설권을 추가 확보할 목적으로 경부철도주식회사를 설립하고 1894년의 〈조일잠정합동조관〉에 따라 철도 부설권을 양도하라고 요구했다. 조선정부는 애초 이를 거부했으나 대한제국 선포 후인 1898년 9월, 결국 일본정부와 〈경부철도합동〉이라는 약정을 체결했다. 한편에는 서울시내에 전차를 부설하는 등 신문물 도입 정책으로 방향을 바꾼 마당에 철도 부설을 마냥 기피할 수는 없다는 판단이 있었고, 다른 한편에는 국내에 기술과 자본을 축적하려는 의도도 있었던 것으로 추정된다. 대한제국정부는 공사에 필요한 자재와 인력은 한국 내에서 조달할 것을 요구했고, 일본이 이를 승인함에 따라 경부철도역부회사, 대한철도용달회사 등 여러 관련 회사가 한인 자본에 의해 설립되었다.

기공식은 1901년 8월 20일 영등포에서 거행되었으며, 영등포와 부산에서 각각 남북 방향으로 공사가 진척되었다. 철도용 레일은 미국 카네기사의 것을 수입, 인천과 부산에 하역하여 사용했다. 그런데 1904년 2월 러일전쟁이 발발하자 일본군은 전쟁 수행에 철도가 반드시 필요하다는 이유로 임시 군용철도감부를 편성, 경부철도주식회사로부터 철도 부설권을 박탈하여 직접 건설하기 시작했다. 대한제국정부가 독자적으로 건설하고 있던 경의철도 역시 임시군용철도감부의 소유로 넘어왔다. 이를 계기로 작은 간이역 정도였던 남대문정거장은 한반도 종관 철도의 중심역으로 재편되기 시작했다.

1904년 2월 4일, 러시아를 상대로 전쟁을 도발한 일본은 서울에 입성하여 한국 군사 시설과 정부 기관을 강제로 빼앗아 주둔하는 한편, 대한제국 정부를 협박해 2월 23일 〈한일의정서〉를 체결했다. 이 협정의 핵심 조항은

1900년 경인철도 남대문 연장노선 개통식

제4조 "제3국의 침해나 내란으로 인하여 대한제국의 황실 안녕과 영토 보전에 위험이 있을 경우에는 대일본제국정부는 속히 임기응변의 필요한 조치를 행할 것이며, 대한제국정부는 대일본제국정부의 행동이 용이하도록 충분히 편의를 제공한다. 대일본제국정부는 이 목적을 달성하기 위하여 군략상軍略上 필요한 지점을 상황을 보아 편리한 대로 수용할 수 있다."였다. 형식상 외교문서이기에 여러 미사여구가 동원되었지만, 간단히 요약하자면 일본군은 필요에 따라 한국 내 어느 땅이나 점유할 수 있고, 한국정부는 그에 협조해야 한다는 것이다.

〈한일의정서〉 체결로부터 보름 남짓 지난 3월 11일, 일본은 한국주차군사령부를 설치함으로써 한국을 군사적으로 점령하겠다는 뜻을 공공연히 밝혔다. 남산 일본 공사관 옆에 임시로 사령부 건물을 마련한 일본군은 영구 주둔 시설을 확보하기 위해 적당한 장소를 물색했다. 그들의 눈에 띈 곳은 남산의 남사면南斜面에서 한강에 이르는 광활한 지역이었다. 이 일대는 한강

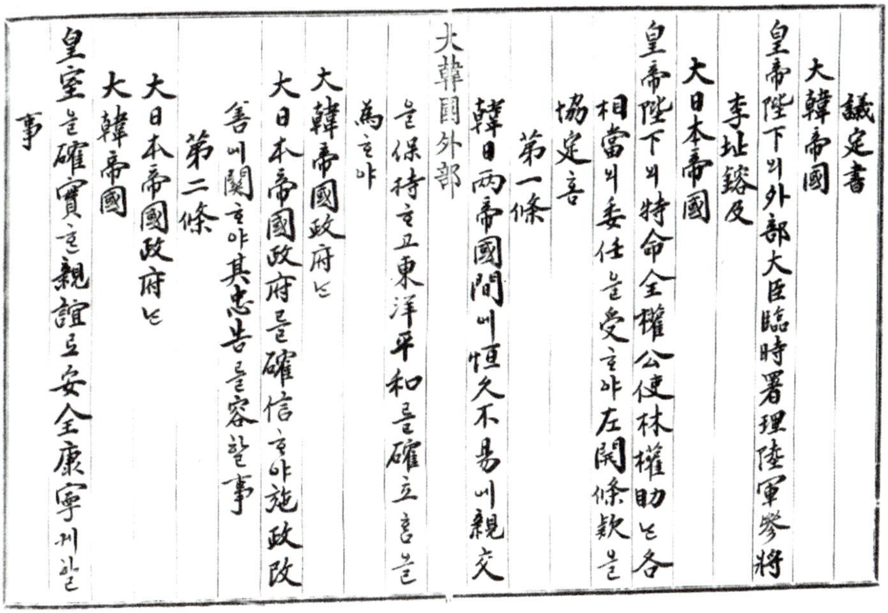
議定書
大韓帝國
皇帝陛下의外部大臣臨時署理陸軍參將
李址鎔及
大日本帝國
皇帝陛下의特命全權公使林權助는各
相當의委任을受ᄒᆞ야左開條款을
協定홈
第一條
韓日兩帝國間에恒久不易의親交
大韓國外部
를保持ᄒᆞ고東洋平和를確立홈을
爲ᄒᆞ야
大韓帝國政府는
大日本帝國政府를確信ᄒᆞ야施政改
善에關ᄒᆞ야其忠告를容ᄒᆞᆯ事
第二條
大日本帝國政府는
大韓帝國
皇室을確實ᄒᆞᆫ親誼로安全康寧케ᄒᆞᆯ
事

〈한일의정서〉

수로와 철도가 교차하는 수륙 교통의 중심지이자 남대문에 인접한 곳으로서 유사시 도성 안으로 군대를 진입시키기에 최적의 조건을 갖추고 있었다. 8월 15일 한국주차군사령관 하세가와 요시미치[長谷川好道]는 〈한일의정서〉의 규정에 따라 한국 정부에 군용지 수용을 통보했다. 그가 요구한 땅은 서울 용산의 300만 평, 평양의 393만 평, 의주의 280만 평 등 모두 1,000만 평에 달했다.

일본군이 요구한 토지의 규모도 엄청났지만, 한국정부를 더 곤혹스럽게 한 것은 그 장소였다. 수백 년간 서울 시민이 함께 이용해 왔던 공동묘지를 통째로 없애는 것은 한국인의 정서로는 용납할 수 없는 일이었다. 그 시절 한국인들은 부모가 죽으면 묘 옆에 초막을 짓고 시묘살이하는 것이 자식 된 도리라고 여겼다. 그 시절에 가장 많았던 민사소송은 다름 아닌 산송山訟,

러일전쟁 때 마포나루에 상륙한 일본군

즉 '묏자리 싸움'이었다. 한국인들은 산 사람의 집보다도 죽은 사람의 집이 가문의 길흉화복에 더 큰 영향을 미친다고 믿었다. 그런 백성들을 둔 정부에게 도성의 공동묘지를 내놓으라고 요구하다니! 한국정부는 그저 아연할 수밖에 없었다. 한국정부는 우선 대책을 마련하는 척하며 시간을 끌었다. 일부러 게으름 피는 한국정부에게는 다행하게도, 만주와 대한해협의 전선에 신경을 곤두세우고 있던 일본군은 심하게 독촉하지 않았다.

1905년 5월 대한해협 전투가 끝나자마자 사태가 일변했다. 다음 달 주차군 사령관 하세가와는 내부대신 이지용을 불러 한국정부의 어려운 재정 형편을 감안하여 특별히 20만 원을 지급할 테니 7월 26일까지 토지 수용을 완료하라고 독촉했다. 1,000만 평에 20만 원이면 1평 당 2전으로 계산한 셈이다. 이지용은 이 터무니없는 요구를 감지덕지하며 받아들였다. 백성들이 폭동을 일으키더라도 그건 나중의 일이었고, 당장은 일본군의 총칼이 훨씬 더 무서웠다. 이지용은 서울, 평양, 의주의 지방관들에게 일본군이 요구하는 토

일제강점기 용산의 일본군 기지

지의 이용 현황을 조사하고 보상가액을 산정하라고 지시했다.

며칠 뒤 한성부는 해당 구역 내에 분묘 111만 7,308기, 사유 전답 3,118일경日耕*, 가옥 1,176호가 있으며, 보상액은 89만 7,534원으로 추산된다고 보고했다. 한성부가 제시한 분묘 1기당 이장비는 50전이었는데, 이는 당시 장정 하루 일당도 안 되는 액수였다. 하지만 한국 정부는 이조차도 지급할 형편이 못 되었다. 일본군이 주기로 한 돈은 겨우 20만 원, 그 돈으로 평양과 의주의 토지 수용비까지 충당해야 했다. 산 사람을 위한 가옥과 농토에 대해서도 합당한 보상을 못 할 형편에 분묘 이장비에까지 신경 쓸 여유는 없었다. 보상비도 없이 며칠 내로 분묘를 옮기라는 청천벽력 같은 지시를 전달받은 사람들은 먼저 내부內部로 달려가 사정을 봐달라고 간곡히 호소했다. 그러나 내부는 이 일에 대해 아무런 결정권이 없었다. 흥분한 군중 일부가 소리를 지르고 기물을 집어던지자 일본군은 즉시 현장에 출동하여 총칼로 군중을 해산시켰다.

* 일경: 소 한 마리로 하루에 갈 수 있는 면적

일본군은 이렇게 약탈한 광대한 땅 위에 거대한 병영과 연병장, 철도 시설을 지었고 남은 땅은 일본인들에게 나눠주었다. 남대문 옆 칠패시장도 이때 사라졌고, 남대문정거장 부지 옆에서 용산에 이르는 광활한 지역은 일본군 병영이 되었다. 남대문정거장 주변 토지 50만 평을 철도용지로 확보한 일본군은 남대문역사를 대대적으로 증축했다.

일제의 이미지 정치와 경성역

조선총독부는 수백 년간 서울 주민들이 중시하고 신성시했던 장소들을 일본의 신 시설로 위압함으로써 일본적인 것은 선진, 문명, 진보이며 조선적인 것은 후진, 야만, 정체라는 인식을 심어주려 했다. 이른바 '이미지 정치'였다.

서울에서 일본인들의 건축행위가 일본인 거류지를 벗어나 서울 도시 경관 전체에 규정적 영향력을 행사하기 시작한 것도 러일전쟁 이후였다. 개항 이후 일본인 거류지가 진고개[泥峴]에서부터 형성되었던 사정과 관련하여 일제강점기의 주요 관공서는 모두(1926년 이후의 총독부를 제외하고) 남촌에 건립되었다. 1920년 이후부터는 시구개정사업 등을 이용하여 거부를 축적한 일본인 민간 자본가들도 다투어 신규 상업 건축물을 축조하기 시작했다. 1905년 이후 1920년대까지 남촌에 축조된 주요 근대 건축물은 다음 표와 같다. 특히 1925~1926년 사이 경성역, 조선신궁, 조선총독부 신청사, 경성부 신청사 등 대형 서양식 공공기관 건물이 잇달아 세워져 서울 경관을 근본적으로 바꾸었다. 반면 북촌에는 1907년에 건립된 YMCA 건물과 1921년에 완공된 천도교 대교당 등의 종교 건축물을 제외하고는 랜드마크가 될

만한 것이 없었다. 1926년 조선총독부 청사가 경복궁 앞을 가로막고 들어서기까지는 조선총독부의원(1907년 대한의원 본관 건물로 신축)이 북촌 유일의 공공건물이었다.

1927년의 한 잡지 기사는 북한산에서 서울을 조망하는 형식을 빌어 서울에서 랜드마크가 될만한 것들을 소개하고 있는데, 남촌에 소재한 것들은 조선은행 · 경성우편국 · 상업은행 · 조선식산은행 · 명동성당 · 동양척식회사 등 수직으로 솟아 오른 고층 건물들이었음에 반해 북촌에 소재한 것들은 구 궁궐이나 학교 등 넓은 평면만 확보한 것들이었다.

식민지 권력은 근대적이고 위압적인 고층 건물을 남촌에 집중시킴으로써 이 지역을 경성에서, 나아가 한반도에서 가장 근대색이 짙은 지역으로 만들었다. 그럼으로써 남촌과 북촌의 전통적 이미지를 역전시켰다. 남촌은 식민도시 경성의 새로운 공간적 중심이자 식민지 전역의 문화를 조율하는 문화적 중심이 되었다. 지방에서 서울로 구경 오는 사람들은 먼저 경성역의 위용에 압도되었고 북촌의 옛 궁궐보다도 먼저 남촌의 신문물과 신건물을 찾게 되었다.

남촌의 주요 근대 건축물

준공연도	건물명	소재지
1907	통감부청사(후에 조선총독부청사) 한호농공은행(조선식산은행, 1923년 증축)	남산 기슭 남대문통2정목
1908	광통관(대한천일은행, 수형(手形)조합)	남대문통1정목 19
1911	동양척식주식회사	황금정2정목 195
1912	한성은행 조선은행	남대문통1정목 14 남대문통3정목 110
1914	조선호텔	장곡천정
1920	경성상업회의소	장곡천정
1922	경성주식현물취인시장	황금정2정목 199
1923	총독부립 경성도서관	장곡천정 6

준공연도	건물명	소재지
1924	조선상업은행 경성일보사	남대문통2정목 111 태평통
1925	본정빌딩 경성본정종합빌딩 경성역	본정2정목 본정1정목 봉래정1정목
1926	경성부청 남대문빌딩	태평통 남대문통5정목 1
1928	경성전기회사 사옥 중앙호텔 경성부립도서관	황금정2정목 길야정 장곡천정 115
1929	상품진열관 경성은행집회소	남대문통 장곡천정 112

오늘날의 구 서울역사

일제 식민지 권력은 관청과 공공건물을 짓는 과정에서 다분히 의도적인 위치 선정을 통해 시각적 대비 효과를 노렸다. 식민지 권력이 선정한 관청 및 공공건물의 위치는 대개 한국인들이 신성한 이미지를 부여하던 곳이었다. 일제는 옛 궁궐이나 관청을 대부분 철거하고 흔적만 남긴 채 가까운 곳에 대규모의 서양식 건축물을 세웠다. 조선왕조의 정궁이던 경복궁은 1910년 9월부터 바로 훼손되기 시작했다. 훼철의 명분은 '공원조성'이었지만, '조성' 보다는 '훼철' 자체에 목적이 있었다. 이때 파괴를 면한 경복궁의 나머지 전각들도 근정전과 경회루를 제외하고는

일제강점기 당시의 창경원

1915년 조선물산공진회를 앞두고 사실상 전면적으로 철거되었다. 경복궁 전각 철거에 뒤이어 조선총독부 신청사 건축공사가 시작되었다.

순종의 거처 창덕궁과 함께 동궐을 구성했던 창경궁은 동물원·식물원·박물원으로 구성된 공원이 되었다. 대한제국의 정궁이던 경운궁은 고종 생

황궁우와 원구단

존시에는 규모가 축소된 상태로나마 유지되었으나 일제는 고종 사후 이곳을 경성부 청사 건축지로 검토하다가 1932년 8월 공원으로 개방했다. 경운궁 앞에는 1926년 경성부 청사가 새로 건립되었다.

경운궁과 홍교로 연결되어 보조 궁궐 역할을 하던 경희궁 부지 일부에 통감부 중학교가 건립된 것은 1909년의 일이었고, 1911년 6월에는 나머지 부지와 건물 일체가 총독부에 이관되어 왕실 재산에서 제외되었다. 총독부는 1926년부터 경희궁 역내의 건물들을 축차로 민간에 불하했다. 정전이던 숭정전과 회상전을 헐어 대화정 3정목의 조계사로 옮겼고, 흥정당은 서사헌정의 광운사로, 정문이던 흥화문은 박문사로 옮겼다. 전각의 훼철, 이전과 때를 같이 하여 궁지도 크게 축소되었다.

대한제국기 '자주독립' 또는 '반일反日'의 상징으로 건립, 설치되었던 건조물들과 그 주변도 새로운 건조물에 의해 위압되었다. 일제는 1909년 대한

독립문

제국의 상징으로 건조되었던 원구단 자리에 일시 도판제조장을 설치했다가 1914년에는 아예 원구단을 철거하고 그 자리에 철도호텔을 세웠다. 다만 경내의 황궁우만은 존치해 두었는데, 이로써 태조와 천지天地의 신위를 모시던 황궁우는 호텔의 장식품으로 전락해 버렸다. 본 건물이 헐린 채 남은 부속 건물은 현대식 호텔 건물 옆에서 대한제국의 기념비적 건물이 얼마나 초라한 지를 표상하는 역할만 담당했다. 대한제국의 독립을 상징하는 최초의 기념물이었던 독립문 주변도 이미지 왜곡의 대상이 되었다. 독립문과 함께 조망되는 위치에 당시로서는 최신식의 서대문감옥이 세워진 것은 1907년의 일이었는데, '독립'이라는 단어에 신경질적인 반응을 보이던 식민지 권력이 그 앞의 독립문을 존치시킨 것은 일견 의아스러울 정도이다.

을미사변의 희생자를 기릴 목적으로 설치되었고, 후에 국가를 위해 희생한 순사자 일반을 기리는 성소聖所로 자리매김 되었던 장충단 주변은 극단

장충단비

적인 이미지 역전의 대상이 되었다. 장충단 옆 쌍림동 일대가 유곽 부지로 할당된 것은 1904년의 일이었다. 일본인들이 대한제국의 성소를 매음굴로 조롱하려는 확실한 의도를 가지고 있었는지는 알 수 없지만, 어쨌든 한국인들에게 그 이미지의 역전은 엄청난 굴욕감을 주었을 것이다.

고종황제 칭경기념비각의 정문도 3·1운동 이후 일본인 후루시로 바이케이[古城梅溪]에게 팔려 개인 별장의 문이 되어 버렸다. 남촌 유일의 대형 국가기념시설이었던 영희전은 1909년에

고종즉위 40주년 칭경기념비전

옛 조선호텔

철거되었고 그 자리는 한동안 빈 터로 남아 있다가 1922년 수도사무소가 들어섰다. 서울의 안산으로 신성시되던 남산 국사당 사리에는 관폐대사官幣大社 조선신궁이 건립되었다. 조선신궁의 경우 강제병합 직후인 1912년부터 조선총독부 청사와 함께 자리가 물색되었는데, 조선총독부 청사를 경복궁 앞에 짓기로 하면서 이에 대응되는 위치인 남산에 설치하는 것으로 결정되었다. 경복궁 앞의 조선총독부 신청사와 남산 자락의 조선신궁은 서로 마주보며 도시 경관 전체를 제압하는 상징물이 되었다.

그런데 왕조시대의 궁성, 관아 등 주요 랜드마크들을 파괴하고 자국 내에서 유행하던 르네상스식 건물들로 대체하는 것은 당시 제국주의 국가들에서 흔히 사용하던 방식이었다. 다만 일본 식민 권력이 경성에서 행한 방식은 기존 랜드마크의 일부를 초라한 상태로 남겨 두어 규모에서나 양식에서나 새 건물과 극단적으로 대비되도록 했다는 점에 특징이 있다. 이같이 정형화된 건축 행위의 결과 당시 한국인들은 일본인들의 신규 건조물과 조선

일제강점기의 경성역과 그 주변

왕조의 옛 건물을 항상 짝하여 인지했다. 경복궁과 조선총독부 신청사, 덕수궁과 경성부 청사, 남대문과 상공장려관, 원구단과 철도호텔 등이 동시에 조망되었고 이는 각각 '구조선舊朝鮮'과 '신조선新朝鮮'(일본 지배하의 조선)을 대표하는 이미지 요소로 인지되었다. 이 같은 건물 배치는 한국인 주민들이 지녀온 장소의 이미지를 그대로 연장하면서 그 자리를 '일본의 지배'로 채우는 것이었다. 그리하여 동일 공간, 동일 시야에서 '야만과 문명', 또는 '초라함과 웅장함'이 극단적으로 대비되었고, 이는 한국인의 자의식 형성에 지속적이고도 반복적인 영향을 미쳤다. 경성의 도시 공간은 '조선적인 모든 것'을 멸시·부정하라는 메시지를 전달하는 텍스트가 되었다.

남대문정거장은 조선시대 내내 서울의 관문이자 한국의 상징물이라고도 할 수 있는 남대문에 인접해 있었기 때문에 이미지 정치에 활용하기에도 좋은 입지 조건을 갖추고 있었다. 남대문 주변 성곽은 이미 1907년 7월 일본 황태자의 방한을 계기로 일부가 헐렸고, 1908년 2월 성벽처리위원회가 설치된 후에는 문루만을 남긴 채 일대 성벽이 완전히 철거되었다. 남대문은 경성역사와 조선신궁에 좌우로 포위된 채 왕조의 몰락을 상징하는 건물로 남았다. 일제는 1922년부터 남대문정거장을 르네상스 양식의 새 역사驛舍로 바꾸는 공사를 시작했다. 이어 1923년 1월 1일에는 역명을 경성역으로 바꾸었다. 도쿄역의 뒤를 잇는 동양 제2의 규모로 설계된 역사는 1925년 완공되었고, 이후 만주 방면의 국제 열차를 취급하는 등 한반도의 철도 교통에서 중추적인 역할을 담당했다.

식민지 도시경관과 문화

식민지 권력의 도시 공간을 이용한 이미지 정치는 한국인으로 하여금 무력감과 설움을 느끼게 했다. 그들은 경복궁 앞에 낭낭하게 서 있다가 '총독부 새 집 앞에서 모든 학대 갖은 구박을 다 받는' 처지로 전락한 해태에 자신의 처지를 빗대었다. 총독부 신청사 건축과 함께 제자리에서 쫓겨난 광화문도 '경성의 설움을 혼자 도맡아 가지고 사시사철 우는' 존재로서 한국인들의 심사를 대변하는 존재였다. 한국인들의 이런 심사는 경성부청에 압도된 경운궁을 볼 때에도, 조선호텔의 장식품으로 전락한 황궁우를 볼 때에도, 경성역사와 조선신궁에 좌우로 짓눌린 채 상공장려관을 비롯한 고층 건물에 둘러싸인 남대문을 볼 때에도 마찬가지였다. 이 느낌은 곧바로 경성 전체에 대한 느낌으로 확대되어, "도로에 전차, 자동차가 달리고 3~4층 벽돌집이 생기고 좁던 길이 넓어졌어도 한국인에게는 아무 관계가 없는 것"일 뿐 아니라 오히려 한국인은 근대화되는 도시에서 '슬픔'과 '적막감'만을 느껴야 했다.

1930년대 서울 풍경

물론 한국인들은 그 슬픔과 적막감의 원인을 알고 있었다. 북촌과 남촌의 관계는 식민지화 이후 10년도 안되는 짧은 기간 동안에 극단적으로 역전되었다. 한국인들은 남촌에 압도된 북촌의 도시경관에서, 식민지 권력을 상징하는 육중한 근대적 건물에 위압된 옛 왕조의 상징물에서 자신의 처지를 보았다. 제국주의 일본이 자랑하는 '신문명'이 '야만적'인 방식으로 한국의 오랜 문명을 능욕하고 조롱하는 것을 보았다.

식민지 수도 경성의 도시공간에 반영된 식민지 권력의 의도는 명백했다. 그들은 경성의 도시공간 위에 남아 있는 '조선적 잔재'들에 '야만성'의 딱지를 붙여 두고자 했다. 중세 한국 건축의 백미였던 궁궐들조차 초라하고 낡은 모습으로 비쳐질 수밖에 없도록 했다. 식민지 수도 경성에 관해, 그곳에 사는 한국인에 관해 묘사하는 그림이나 사진 등은 모두 일본인의 관점에서 포착된 것이었다.

식민지 권력의 차별이 노골적인 만큼, 한국인들의 원한도 깊어갔다. 그러나 원인과 결과가 혼동되는 경우도 종종 나타나게 마련이다. 특히 옛 경성에 대한 기억을 갖지 못한 사람들에게는 변화의 배경과 원인이 제대로 인지되지 못했다. 지방출신자나 젊은 세대에게 이 같은 전도현상은 더 빈번히 나타났다. 이 같은 모습은 잡지《개벽》의 1929년 기사에서도 잘 드러난다.

> 종로 네거리 우리 동포들의 상점지대로부터 북촌 일대의 휑뎅그렁하며 비인 듯 하며 어둠침침한 그것에 비하여 모든 사람의 눈을 현혹케 하여 마지않는 그 광경에 우리 정신까지도 전부 거기에 빼앗기고 마는 것이다. 지방에서 올라온 우리 동포들이 한 번 이곳을 구경하고 이 땅을 밟을 때에 얼마나 찬란할 것인가. 이 놀람과 찬란이 드디어 부러움과 동경의 표적으로 변하여 그네들의 머릿속에 다 깊고 깊은 인상을 남기게 되는 것이다.

한국인을 차별하는 도시행정과 한국 문화를 모욕하는 공간이용 행대에 원한을 품지 않을 수 없는 상태에서도, 다른 일부는 한국적인 것과 바로 대비되는 세련되고 화려한 제국주의 일본의 문화를 동경하고 그 문화의 향유를 열망했던 것이다.

【제2강】

부민관과 명치좌, 경성의 문화시설과 부민들의 이용

김순주 한국학중앙연구원 선임연구원

02

부민관과 명치좌, 경성의 문화시설과 부민들의 이용

근대 서울의 문화시설

근대에 살았던 한국 사람들이 어떠한 목적으로 회합을 했으며, 어떠한 공간에서 회합을 했는가는 도시문화와 지역문화, 그리고 일상사에 관심 있는 이들에게 흥미로운 주제가 된다. 한국에서는 대략 1900년대부터 이전과는 다른 성격의 회합 공간들이 등장하기 시작하였다. 공회당公會堂, 학교 강당, 서양식 교당教堂, 상업 극장, 호텔 연회장 등의 공간들이 바로 그러한 사례이다. 대규모의 사람들이 한 공간에 모여 회합을 가진다는 것은 신분이나 혈연에 기초한 관계와 다른 새로운 성격의 사회적 관계가 형성되었다는 것을 의미한다.

서울은 다른 지역보다 이런 회합 공간이 발달하였다. 이 회합 공간 중에서도 1930대 중반에 서울 중심부에 등장한 부민관府民館과 명치좌明治座는 당시 서울이 어떠한 도시로 발달하고 있었으며, 또 서울 사람들이 어떠한 도시적 생활을 영위하고자 했는가를 엿볼 수 있는 대표적 문화시설이었다. 부민관은 경성부가 건립한 공공 문화시설이었다. 명치좌는 일본인 사업가가 개관한 사설 영화관이었다. 이 두 문화시설은 식민지 수도 경성이 소위 '대경성大京城'으로 불리는 때에 대극장大劇場, 대영화관大映畵館 건립을 바라던 부민들의 '기대감' 속에서 탄생한 곳들이기 때문에 경성의 도시문화를 살펴보는데 더욱 의미를 가진다고 할 수 있다. 아래에서는 부민관과 명치좌를 통해 경성 부민들의 도시생활의 일면을 살펴보고자 한다.

부민관 건립과 부민들의 이용

경성의 문화시설과 부민관 건립 배경

부민관은 현재 서울특별시의회 본관으로 사용되고 있는 건물로 태평로 1가에 위치해 있다. 이 건축물은 2002년에 등록문화재 제11호로 지정되었다. 한국 사회에서 부민관과 같은 공공 회합 공간을 건립하자는 붐은 1920년대에 일어나기 시작하였다. 이 무렵부터 공회당이라 불린 회합 공간이 전국적으로 나타나기 시작하여, 경성에는 상업회의소가 발의한 경성공회당이 1920년에 개관하였다. 경성공회당 외에도 조선YMCA, 경성제국대학 강당, 천주교당(현재의 명동성당), 조선호텔 강당 등 건축 전문가들이 꼽는 회합 공간으로 약 9군데의 시설이 있었다. 이중에서도 경성공회당과 조선YMCA는 공연과 집회에 많이 이용된 시설이었다. 경성공회당은 765명, 조선YMCA는 800명(1929년 현재)의 수용인원을 가지고 있었다. 한편 민간이 세운 사설 극장도 운영되고 있어, 1930년대 중반 경성부 내에는 약 10군데의 사설 극장(공연장과 영화관)이 있었다.

부내의 문화시설에 대한 부민들의 평판은 다양했겠으나, 이들 중에서도

오늘날 서울시의회로 사용하고 있는 부민관 건물

일본인들은 본국 대도시에 비해 경성의 문화시설이 낙후되었다는 인식을 가지고 있었다. 이들은 1930년대 초 인구 40만 명에 이른 경성에 대극장, 대영화관이 없음을 유감스럽게 생각하였다. 특히 일본으로부터 일류 가부키 극단을 초청하고 싶어도 그를 수용할 만한 훌륭한 대극장이 없다고 토로하곤 하였다. 한때 일본인 사업가들 사이에서 대영화관을 지으려는 시도도 있었지만, 이는 1930년대 중반까지 실현되지 못했다. 부민관 건립안은 이러한 대극장에 대한 부민들의 수요가 증가하는 분위기 속에서 제기되었다.

그렇다고 하여도 부민관과 같은 대규모 문화시설을 건립할 재원을 마련한다는 것은 경성부로서도 쉽지 않은 일이었을 것이다. 그런데 1932년에 부내에 전기를 공급하던 경성전기회사가 기부금 100만 원을 경성부에 전달하

건립 당시의 부민관

였고, 경성부회는 이 가운데 2차 기부금으로 받은 50만 원으로 부민관을 신축하기로 하였다. 물론 이 안이 부회에서 순탄하게 통과된 것은 아니었다. 실제로 부민관 건립안은 1년 뒤인 1933년 9월에야 부회에서 최종 통과되었고, 최종 통과된 시점에조차 부민관이 완공된다고 하더라도 한국인들은 제대로 이용하지 못할 것이라는 반대도 있었다. 그럼에도 부민관 건립은 현실화되어 1934년 7월 30일에 공사에 착수하게 되었다.

부립 문화시설, 부민관의 개관

경성부는 당시 태평통1정목에 소재한 경성기독교청년회와 이왕직 창덕궁 소유의 대지를 사들여 부지를 마련하였다. 부민관 총 부지는 1,780평으로, 본관과 별관으로 이루어져 있었다. 본관에는 대강당·특별실·집회실 등의 시설이 있었으며, 별관에는 중강당·소강당·다다미방·부속실·담화실

부민관 대강당의 관객석 모습

등이 있었다. 그 외에도 식당과 이발실도 있었다. 부민관을 상징하는 본관 건물의 탑옥塔屋은 높이 약 43.6m였는데, 이는 부내에서 가장 높은 건조물이었을 것으로 짐작된다. 지금의 서울시의회 본관 입구와 달리 부민관이 개관할 당시에는 태평통 도로변과 마주한 곳을 입구로 사용하였다.

부민관의 중추적 시설은 대강당이다. 대강당은 3층 관객석 구조에 좌석 1,800석이 설치되었다. 대강당은 강연회, 연극, 음악회, 무용회, 영화, 권투, 나아가 가부키도 개최할 수 있는 복합적 강당 시설로 설계되었다. 대강당의 복합적 용도는 장점이기도 했지만 단점으로 평가되기도 했다. 그러나 당시에는 아직 전용 강당이 제대로 도입되지 않던 시기였다.

부민관은 약 17개월의 공사 끝에 완공되어 1935년 12월 10일 개관하였다. 당일 오전 10시 30분부터 대강당에서 개최된 개관식에는 경성부윤을 비롯해 조선총독과 정·재계, 교육계 인사들이 참석하였다. 개관식 직후에도 행사들이 이어졌는데, 중강당에서는 개관식 참석자를 위한 성대한 연회가 베풀어졌다. 또 일반 부민들에게 부민관을 개방하는 행사로 축하연예회도 열렸다. 이 연예회에는 한국식 공연과 일본식 공연이 번갈아 개최되었다. 경성부는 부민을 위한 공공 문화시설 건립을 통해 민족 간, 부민 간 '화합'을 추구하는 이념을 표방하고자 하였다.

부민관의 운영과 활용

부민관은 부에서 운영하는 문화시설이므로 공공성을 중시하지 않을 수 없었다. 인기 프로그램을 입수하여 영리를 꾀하는 사설 극장과 다르게 부민관은 돈벌이를 위한 상업적 대관을 가급적 자제하고 부민의 복리에 부합하는 행사를 우선시해야 했다. 반면 연중 상시로 운영되는 부내 극장들과 달리 부민관은 대관에 의해 수시 운영되었으므로 운영상의 호조好調를 장담할 수 없었다. 이 때문에 난방, 입장료 유무, 사용 공간에 따라 사용료 기준을 차등화하면서 전반적으로 고가의 사용료를 책정하였다.

그렇다면 부민관이 어떠한 회합에 활용되었는가를 살펴볼 필요가 있다. 개관식이 개최된 직후인 1935년 12월 15일에 부민관 대강당에서는 경성제대 학우회學友會 음악부의 교향악 연주와 조선신문사 주최의 일본인 소프라노 가수 독창회가 개최되었다. 이 두 행사는 대중적 행사라 하기는 어려운데, 개관 후 개최된 이 첫 행사는 부민관의 수준이 어떠해야 한다는 것을 보여주는 것이라 해석할 수 있다. 독창회 입장료는 최고 1원 50전이었는데, 이는 50전인 부내 극장의 입장료에 비해 상당히 비싼 것이었기 때문이다. 대강당을 비롯해 중강당, 소강당, 집회실, 사교실 등 부민관의 여러 강당은 총회, 강연, 영화, 표창식, 사교모임, 결혼식, 애도식 등과 같은 행사에 다채롭게 활용되었다. 흥미로운 점은 결혼식이 많았다는 것인데, 1937년 1~6월

부민관 중강당에서 열렸던 애국부인회 경성분회 총회 모습

사이에 개최된 총 782건의 행사 중 결혼식은 134회로 다른 행사들보다 많았다. 결혼식장으로는 중강당과 소강당이 주로 이용되었고, 서양식 결혼과 일본식 결혼에 활용되었던 것으로 짐작된다. 그 외에 빈번하지는 않으나 일본에서 초청된 가부키단 공연도 대강당에서 개최된 것을 볼 수 있다.

대강당에서 정기적으로 개최된 행사도 있었다. 1936년 3월부터 경성학우영화회京城學友映畫會가 부내 초등생과 중등생을 대상으로 주말 월 4회씩 영화회를 열었다. 경성학우영화회에 참가한 한 일본인 학생은《보도월보保導月報》1936년 10월 기사를 통해 "우리들은 선생님의 인도로 부민관 안으로 들어갔다. 높은 천정, 흰 벽과 넓은 강당, 우리의 마음은 이유 없이 부드러워지면서 오늘 상영될 영화에 대한 기대로 가슴이 뛰었다."는 당시의 소감을 표현하였다. 한편 극예술연구회劇藝術硏究會와 같은 한국인 연극단체도 부민관 무대에서 정기공연을 꾸준히 개최했다. 이 연구회에서 활동한 유치진은 "극장 중심의 연극운동을 전개하려면 무대 스케일도 크고 요금도 저렴하여 보다 많은 관객을 유치할 수 있는 대극장이 소극장보다 낫다."는 의견을 피력하기도 했다.

부민관 의거 기념표석

1937년 7월 중일전쟁이 발발하자 전시 여파로 부민관 대관은 일시적으로 감소했다. 그러다보니 부민관 측에서는 영화나 연극 등 상업적 행사에 다소 무분별한 대관을 일삼았고, 이는 언론의 비난을 사기도 했다. 전시 중 부민관에서는 시국 인식을 강화하려는 행사들이 개최되었다. 이러한 행사들은 해방 직전까지 계속되었다. 1945년 7월 24일 부민관 대강당에서 친일파 박춘금이 연설하던 도중 대한애국청년단에 의해 장내에 설치한 폭탄이 터져 집회가 중단되었던 아시아민족분격대회 집회가 대표적인 전시 시국 행사였다.

명치좌의 개관과 대형 영화관 문화의 형성

명치좌의 개관

명치좌는 부민관과 함께 서울에 유일하게 남아 있는 식민지시대의 문화시설이다. 해방 이후 명치좌는 국제극장, 시공관市公館, 중앙국립극장 등으로 사용되다가 2009년 명동예술극장으로 새롭게 개관하였다. 식민지시기에 명치좌는 영화관으로 운영되었으나, 오늘날 명동예술극장은 공연 전용 극장으로 사용되고 있다.

명치좌는 이시바시 료스케[石橋良介]라는 개인 사업가가 개관하였다. 영화관 명성에 비해 관주에 대해 알려진 바는 별로 없지만, 나가사키현[長崎縣] 출신으로 경성에서 카페도 운영하고 있었고, 1939년에는 단성사를 인수하여 대륙극장으로 운영한 사업가라는 정도의 정보를 얻을 수 있다. 명치좌는 일본어로 '메이지자[明治座]'라고 한다. '메이지'는 근대 천황제가 실시되는 1868년부터 1912년까지 사용된 일본 원호元號이다. 한국 거류 일본인들이 극장이나 영화관 이름을 짓는 방식은 여러 가지였는데 본국 원호를 따서 극장명을 짓는 것도 그 하나였다.

명치좌는 개관 이전부터 이목을 끌었다. 당시 언론에서는 "대경성에서도 심장이라고 할 만한 명치정의 십자로점十字路點"에 "아사쿠사[淺草] 다이쇼칸[大正館]의 외관을 거의 그대로 본 따서"지었으며, "45만원을 들인 전 조선 제일을 자랑하는 대영화전당, 좌석 1,500석, 재생기(발성기)는 웨스턴 대형을 부착, 시사실 설비"를 갖추었다고 홍보되었다.

경성부내의 공연장과 영화관들

관 명	희락관	중앙관	동아 구락부	대정관	연예관	조선 극장	단성사	제일 극장	조일좌	우미관
소재지	본정2	황금정2	황금정4	앵정정	본정3	인사동	종로3	종로5	본정5	종로2
관람석 면적 (평)	120	126	129.75	109	64.25	122	133	130	94.7	100
수용인원 (명)	900	900	1,032	900	450	800	1,212	663	876	616

경성의 도시문화나 영화 문화에서 명치좌가 중요한 이유는 '대영화관' 시대를 열면서 영화관 운영 등에서 혁신을 꾀했기 때문일 것이다. 표에서 보

오늘날 명동예술극장으로 사용되고 있는 명치좌 건물

는 바와 같이, 1930년대 중반에도 동아구락부와 단성사를 제외하면 경성부 내의 극장들은 모두 1,000명 미만을 수용하는 규모였다. 그런데 1,800석의 대강당을 갖춘 부민관이 개관한 직후인 12월 30일에 1,000명의 인원을 수용하고 '퍼블릭 스페이스 public space'라 불린 휴게 공간을 설비한 약초영화극장若草映畫劇場이 개관하였다. 약초영화극장의 개관에 이어 1936년 10월에 명치좌가, 같은 해 11월에 황금좌黃金座가 개관하였다. 이 영화관들은 모두 1,000여 석 이상의 관객을 수용할 수 있었으며, 관객석 구조도 3층으로 되어 있었다.

이뿐만 아니라 명치좌는 개관 시점부터 운영에서 혁신을 꾀했다. 그 하나로 변사 해설을 없앤 것을 들 수 있다. 영화관에서 변사 해설을 제공한 것은 무성영화 시대의 관행으로, 경성에서는 한국 사람들과 일본 사람들이 같은

개관 당시의 명치좌 모습

영화관에서 영화를 보는 일이 흔치 않았으므로, 한국 사람들이 보는 서양영화와 한국영화에는 한국어 변사 해설이, 일본 사람들이 보는 일본영화와 서양영화에는 일본어 변사 해설이 제공되곤 하였다. 그런데 1930년대 초부터 발성영화가 선을 보이면서 변사 해설 없이 배우의 음성과 자막으로 영화를 관람하는 것이 영화를 제대로 볼 줄 아는 것이라는 인식이 생겨났다.

또한 명치좌는 개점 시점부터 오차코[お茶子]라는 관행도 폐지하였다. 오차코는 말 그대로 차 서비스를 제공하거나 자리를 안내하는 일종의 극장 도우미로, 일본 극장의 구습이 경성의 극장이나 영화관에 당시만 해도 잔존해 있었던 것으로 짐작된다.

상영 영화의 사례와 부민들의 이용

명치좌가 한창 건축 중이던 때에 관주 이시바시는 "재경在京 일본 내지인內地人만을 상대로 함이 아니고 한걸음 나아가서 대경성 60만 부민 전부를 상대로 할 것"이라고 극장을 홍보했다. 이는 경성의 영화 문화를 이해하는데 중요한 발언일 것이다. 위에서도 언급한 바와 같이, 호기심 많은 학생들을 제외하고는 서울에서 한국 사람들과 일본 사람들이 같은 영화관에서 영화를 보는 일은 그다지 흔치 않았는데, 이러한 현상은 다른 지역보다 영화관이 민족별로 양분된 서울에서 특히 그러했다. 부내의 한국인들은 단성사나 조선극장 등 한국인들이 운영하는 영화관에서 서양영화나 한국영화를 보았고, 일본인들은 희락관喜樂館이나 대정관과 같이 일본인들이 운영하는 영화관에 가서 일본영화와 서양영화를 관람하였다. 이런 경향은 1930년대 초까지 지속되었다. 그런데 이시바시의 발언과 같이 한국인과 일본인을 모두 관람자로 받아들이고자 한다는 것은 영화 관람에 있어 민족적 편향성이 어느 정도 와해되는 조짐을 나타내는 것일 수 있기 때문이다.

명치좌의 상영 프로그램에서도 이 같은 모습을 엿볼 수 있다. 명치좌는 일본 영화제작회사인 쇼치쿠사[松竹社] 영화의 개봉관으로, 개관 첫날인 10월 7일에는 쇼치쿠의 일본영화로 영업을 시작했다. 첫 주 프로는 〈아사히뉴스〉와 함께 〈남성대여성〉과 〈춤추는 아키라군〉이라는 제목의 영화였다. 매일 3회씩 영화를 상영했는데, 예를 들어 첫 주에는 11시부터 1회, 3시부터 2회, 7시부터 3회로 필름을 영사하였다. 입장료는 일반 50전, 학생 30전으로, '저요금주의'를 표방한다고 하였다. 개관 3주째부터(10월 19일 ~ 10월 24일)는 뉴스와 함께 일본영화와 서양영화도 함께 상영하였는데, 이 주에 상영된 서양영화는 〈최후의 전투기〉라는 프랑스 영화였다. 이후에도 프랑스 영화를 수시로 상영하였다.

명치좌 1층 현관

명치좌에서 상영된 영화 중 〈대지The Good Earth〉는 학생들이 많이 관람한 영화 중의 하나로 손꼽힌다. 이 영화는 MGM사의 제작으로 1937년 8월에 미국에서 개봉되었는데, 경성에서는 1938년 2월 4일부터 2월 15일까지 하루 3회씩 상영되었다. 당시 명치좌가 5일에 한 번 프로그램을 교체하던 패턴에서 보면 〈대지〉의 상영은 이례적인 일이었다. 명치좌에서 상영된 영화 중 또 눈길을 끄는 것은 러일전쟁을 배경으로 하여 제작된 〈여순항Port Arthur〉이다. 이 영화는 프랑스에서 1936년 12월에 개봉된 것인데, 명치좌에서는 1937년 9월 15일에 개봉되어 9월 22일까지 상영되었다. 때마침 중일전쟁이 발발한 지 두 달이 지난 때로, 명치좌를 비롯해 부내 다른 개봉관에서도 전쟁을 배경으로 한 영화들이 심심찮게 상영된 것을 볼 수 있다. 한국어 발성영화도 상영되었다. 1939년 5월 22일부터 5월 25일까지 최인규 감독의 〈국경〉이 상영된 것이 대표적인 예였다. 명치좌는 뉴스 필름을 고정적으로 넣고 정규적으로 일본영화와 서양영화를 상영하는 한편, 한국에서 제작된 발성영화도 한 번씩 상영하였다.

명치좌를 비롯해 1930년대 중반에 경성에 개관한 영화관들은 이전의 문화시설과는 확연히 다른 면모를 띠면서 한 단계 수준 높은 영화 문화를 선보였던 것이 틀림없었다고 판단된다. 예를 들어 경성에 거주하던 한 일본인이 "몇 년 전 경성의 극장과 영화관 수준은 비참한 상황이었는데 근래 단성사, 약초극장, 명치좌, 황금좌가 생겨 지금까지 영화를 싫어하던 사람도 영

측면에서 본 명치좌 내의 무대와 객석

화팬이 될 것"이라고 언급하기도 했다. 즉 경성의 모든 부민들이 영화관에 출입할 수 있는 여유를 누린 것은 아니었으나, 교육의 혜택을 누리고 있던 학생들을 비롯해 여성뿐만 아니라 많은 남성들이 영화관에 가게 되었던 것이다. 명치좌와 같은 대영화관은 경성 도시문화의 성장을 보여주는 문화시설이라고 하겠다.

【제3강】

탑골공원,
근대적 대중공간의 탄생과 서울 시민들의 이용

염복규 서울시립대학교 교수

03

탑골공원, 근대적 대중 공간의 탄생과 서울 시민들의 이용

대한제국기, 근대 도시 공원의 탄생

오늘날 서울시민 혹은 한국인에게 탑골공원은 어떻게 기억되는가? 아마 백이면 백, '3·1운동의 발상지'라고 답할 것 같다. 그러나 탑골공원이 처음부터 3·1운동의 장소였던 것은 물론 아니다. 현재 공원에 남아있는 '유적'은 국보 제2호 원각사지십층석탑圓覺寺址十層石塔, 보물 제3호 대원각사비大圓覺寺碑, 서울시유형문화재 제73호 팔각정 등이다. 현재 공원이 위치한 곳은 탑골공원이 생기기 전부터 '탑동' 혹은 '탑골'이라고 불렸는데, 그 것은 바로 십층석탑에서 유래한다. 석탑이나 비석은 이 자리가 과거 사찰이었음을 알려주며, 팔각정만이 '공원'의 흔적이다.

탑골공원은 원래 고려시대 창건된 흥복사興福寺의 터였다고 알려져있다. 그러나 흥복사는 조선이 건국하면서 1464년 원각사圓覺寺로 이름이 바뀌었다가 연산군대인 16세기 초 폐사되었다. 그리고 절터 주변은 19세기 말까지 방치되었던 것으로 보인다. 탑골공원을 조성하기 직전의 사진을 보면

오늘날의 탑골공원 전경

사찰 창건 때 세운 것으로 추정하는 원각사지십층석탑의 윗 부분이 보일 뿐 주변은 민가로 가득차 있다. 또 대원각사비도 특별히 관리하지 않고 있음을 알 수 있다. 1894~1897년 조선을 여러 차례 방문하고 기행문을 남긴 영국의 여행가이자 지리학자 이자벨라 버드 비숍Isabella Bird Bishop 여사는《한국과 그 이웃나라들korea and her neighbours》에서 이렇게 쓰고 있다.

> 백색 석탑은 빽빽이 들어선 주택들 뒤에 완벽하게 가려져 있는데, 이 도시에서 보기 드물게 나무가 울창한 숲을 가지고 있다. …… 석탑 자리는 옴짝달싹할 수 없을 정도로 좁아서 석탑 전체를 사진에 담으려는 사람은 아마도 근처의 담으로 기어올라가야 할 것이다.

국보 제2호 원각사지십층석탑(좌)과 보물 제3호 대원각사비(우)

원각사지를 공원으로 만들려는 작업은 1897년 대한제국 수립 전후에 시작된 것으로 추정된다. 이는 대략 1902~1903년경까지 지속되었다. 먼저 주변에 가득찬 주택의 철거와 담장 조성 등이 진행되었다. 1899년 《독립신문》에는 "탑동 등지를 공원으로 만든다더니 일전에 어느 서양 사람이 그 골에 가서 경계 4표를 측량하였다더라."는 기사가 실려 있다.

서양 사람이 측량을 했다는 구절이 상징적으로 보여주듯이 탑골공원의 조성은 대한제국의 '친서양(반일) 근대화 노선'의 산물이었다. 당시 서양에서 공원은 공중위생의 관점에서 도시 안에 적절한 녹지를 제공하고 정치적

탑골공원 내 팔각정

으로는 시민이 모일 수 있는 공간을 열어주는 것으로 근대 도시의 필수적인 요소였다. 구체적으로 공원의 조성을 건의하고 추진한 인물은 당시 대한제국 재정 고문 겸 해관海關 총세무사였던 영국인 맥레비 브라운J. Mcleavy Brown으로 알려져 있다. 공원 건설 비용도 해관 수입으로 충당했다.

공원 건설 과정에서 오늘날까지 탑골공원의 랜드마크로 남아있는 팔각정이 완성되었다. 팔각정을 완공한 후의 모습을 보면 석탑 주변의 난간석이 복구되어 있으며 대원각사비 둘레에 방형의 석지石池를 조성하고 원내는 평평하게 고른 모습을 볼 수 있다. 새로 심은 묘목도 보인다. 서양식 근대 공원으로서 외관을 갖춘 셈이다.

그런데 재미있는 점은 탑골공원이 서양의 영향을 받아, 서양인이 주도하

정비된 탑골공원의 전경

여 만든 공원임에도 불구하고 동양 전통의 의미를 담은 팔각정을 지었다는 사실이다. 탑골공원 팔각정이 어떤 의미를 담고 있는지 직접 말해주는 문헌은 없다. 그러나 보통 전통 건축물에서 팔각의 의미는 《주역周易》의 팔괘八卦이다. 이렇게 본다면 서양식 공원을 지향한 탑골공원에 팔각정을 지은 것은 대한제국의 근대화 노선인 구본신참舊本新參과도 통한다고 할 수 있다. 그렇다면 팔각정은 그냥 상징적인 건축물이었을까? 이에 대해 이후 발간된 잡지 《동명》의 1922년 기사에서는 다음과 같이 전한다.

> 공원이라는 말 뿐이오, 벽돌담을 높직히 쌓고 사방 문을 꼭 닫아두었으나 군악대가 그 곁으로 옮겨온 뒤에 비로소 공원 한복판에 순조선식 팔각정으로 음악당을 신축하였다.

에케르트(좌)와 군악대의 모습(우)

팔각정의 용도는 군악대의 연주회장이었던 것이다. 대한제국은 1900년 2월 군악대 설치령을 공포하고 독일인 프란츠 에케르트Franz Eckert를 초빙하여 군악대를 조직했다. 독일군 군악대에서 활동한 바 있던 에케르트는 당시 일본에 머물고 있었다. 그는 한국군 군악대를 조직하고 대원들에게 서양 음악을 처음으로 가르쳤으며, 훗날까지 한국에 살다가 1916년 사망 후 양화진 외국인 묘지에 묻혔다.

군악대는 1년에 2개월씩 매주 목요일 팔각정에서 연주회를 개최했다고 한다. 그러나 대중에게 관람이 허용된 것은 아니었으며 주로 서양인과 정부 관료에게만 공개되었다. 위 기사의 "사방 문을 꼭 닫아두었다"는 표현에서도 알 수 있듯이 탑골공원은 온전하게 대중에게 공개된 장소가 아니었다. 공원으로서 말 그대로 '열린 공간'이 아니었던 셈이다. 이렇게 볼 때 탑골공원은 대한제국의 근대화 노선을 상징하는 공간이었지만 대중의 집회와 휴식 장소라는 근대 공원 본래의 정의에는 다소 못미치는 측면이 있었던 셈이다.

식민지시기, 탑골공원에서 파고다공원으로

대한제국기 탑골공원은 황실 시설로 궁내부가 관할했다. 1910년 한일강제병합 직후 공원의 관할권은 궁내부를 개편한 이왕직李王職에서 조선총독부로 이관되었다. 그리고 이 무렵부터 사료에는 이 공원을 가리키는 말로서 '탑골공원' 혹은 '탑동공원'이라는 말보다 '파고다[パゴダ]공원'이라는 말이 많이 등장한다. 파고다pagoda의 사전적 의미가 별다른 것 없이 그냥 '탑'임에도 불구하고 탑골공원에서 파고다공원으로 명칭의 변화는 식민지시기의 표상인 셈이다.

강제병합 직후 조선총독부는 탑골공원을 일요일에만 일반에게 개방하고 평일에는 특별한 경우 일부의 사람에게만 개방했다. 한 사례로 1912년 7월 일본 귀족원 의원 일행이 경성을 방문했을 때 '관광' 코스는 '총독부 청사(당시 남산)→창덕궁 비원→파고다공원→경복궁'이었다. 평일은 이런 관광, 견학 때만 개방했던 것이다. 조선총독부가 탑골공원을 일반에 개방한 것은 1913년 7월부터였다. 처음에는 평일 오전 8시~오후 7시 낮에만 개방하다가 8월부터는 개방 시간을 밤 11시까지로 연장했다.

> 중부 탑골 파고다공원은 일요일 외에는 문을 열어놓지 아니 하다가 요사히 몇달 동안은 매일 낮에는 반드시 문을 열어오더니 명29일부터 10월 그믐날까지는 매일 오전 8시부터 오후 11시까지 문을 열어 일반 시민으로 하여금 자유 산보케 한다는데 매점은 경쟁입찰한 결과로 청목당靑木堂에서 경영하기로 결정하였고 또 밤에는 일한와사회사에서는 전등을 설비하고 일요일에는 육군군악대와 이왕가악대가 교대하여 오후 7시부터 9시까지 화양음악을 아뢴다더라.

일제강점기 탑골공원의 모습

1913년《매일신보》에 실린 위의 기사는 일반에 개방할 무렵 탑골공원의 여러 모습을 전해준다. 먼저 눈에 띄는 것은 청목당이라는 매점이 들어선 점이다. 또 전등이 설치되었으며, 예전 한국군 군악대를 이은 악대의 연주회가 계속되고 있음을 알 수 있다. 여기에 더하여 병합 후 탑골공원에는 여러 가지 새로운 시설이 들어섰다. 일본식 정원이 조성되었으며, 일본식 정자 사아옥四阿屋도 건립되었다. 유리 온실도 새롭게 들어섰고, 편의시설의 하나로 공중변소도 설치되었다.

경성악대 악장 백우용

19세기 말 탑골공원이 처음 만들어졌을 때 눈에 띄었던 한국군 군악대는 군대 해산 이후 옛 황실의 근위병으로 남은 조선보병대 군악대로, 다시 조선보병대 군악대가 해체된 후에는 민간의 경성악대로 재편되어 끈질기게 연주 활동을 이어갔다. 경성악대의 악장은 에케르트의

탑골공원 내에 있는 3·1독립선언 기념비

'제자'이자 군악대의 관악기 주자인 백우용白禹鏞이었다. 경성악대는 이후 별다른 지원을 받지 못하는 상황에서도 오래 동안 활동을 지속했다.

탑골공원의 존재가 사람들에게 크게 환기된 계기는 서두에서 언급했듯이 3·1운동이었다. 강제병합 후 10여 년간의 무단통치에 눌려있는 한국인의 목소리가 한꺼번에 터져나온 3·1운동은 탑골공원에서 시작되었다. 특히 민족대표 33인이 선언서만 낭독하고 순순히 일제 경찰에 끌려간 장소인 태화관泰和館과 대비하여 탑골공원은 청년, 학생을 중심으로 말이 아닌 행동으로 저항을 시작한 장소로 부각되었다.

그리하여 3·1운동 이후 탑골공원은 끊임없이 '그 해 3월'을 떠올리는 매개체로 호명되었다. 매해 3월이 되면 신문에는 봄을 맞이하는 사진이 자주

민족대표 33인

실렸는데 조선총독부 기관지인 《매일신보》에는 주로 남산이나 장충단 등지의 벚꽃 놀이 풍경이 많이 실린 반면 《동아일보》나 《조선일보》에는 봄 맞이 장소로 탑골공원이 자주 등장했다. 물론 탑골공원은 당시 시내 중심부에 위치한 주요 공원으로서 그 사진을 싣는 것이 당연할 수도 있지만 민간 언론에 '3월의 탑골공원'이 자주 등장하는 것은 그냥 지나치기에는 의미심장한 선택이었다. 다음은 잡지 《개벽》의 1923년 기사이다.

> 봄을 맞는 이 공원(탑골공원) … 아 3월을 맞는 팔각정 … 팔각정아 기억하겠느냐? 그 때의 그 일을? … 기억이 상신尙新이구려! 그 때가 벌써 5년이로구려. 우리들은 그대의 품에서 크게 소리치며 벅적거렸던 때가 … 저들은 우에노[上野], 히비야[日比谷]를 자랑하지만 우리는 영원히 너를 자랑한다.

위 기사는 공원의 랜드마크인 팔각정을 의인화하여 '1919년 3월'을 기억하느냐고 묻는다. 게다가 메이지유신 이후 새롭게 건립된 서양식 공원으로서 가히 일본의 국민 공원이라고 할 수 있는 우에노공원(1873년), 히비야공원(1903년) 등에 대비하여 탑골공원의 존재를 언급한다. "우리는 영원히 너를 자랑한다."고 했을 때, 이 기사의 필자가 정말 자랑하려는 것이 단지 물리적 존재로서 공원이겠는가? 3·1운동 이후의 탑골공원은 공원의 실제와는 무관하게 '민족의 공원'이 될 수밖에 없었다.

한편 이런 강렬한 상징성과는 별개로 탑골공원은 도시 공원으로서 도시민의 쉼터의 역할을 했다. 이 또한 당연한 것이었다. 그런데 1920년대 이래 탑골공원은 줄곧 민간 언론의 비판의 대상이었다. 그 주된 원인은 공원이 시민을 위해 공공적으로 운영되지 않고 그 안에 입지한 상업 시설의 편의대로 운영된다는 점이었다.

> 삼십만 인구가 웅게웅게 모여사는 경성시내에는 어른의 산보터 하나도 없고 아이의 놀이터 하나도 없다. 먹고입기도 어려운 우리의 신세에 산보터나 놀이터 같은 것은 꿈에라도 생각하는 것이 도리어 우스운 수작일런지도 모르는 일이다. …… 경성 시중에는 우리가 달음박질을 하고 장난칠만한 공원 하나가 없다. 특별한 부분에 거의 전용되다시피 하는 남산이나 장충단, 훈련원을 제한 외에는 돈짝만한 탑골공원이라 하는 것이 있을 뿐이다. 이 탑골공원이라 하는 것이 삼십만 시민의 유일한 놀이터이다. 그러나 놀라지 말어라. 이 곳은 공원이 아니라 술집의 정원이라 함이 좋을 것이다. 그 전부터 청목당靑木堂이라 하는 술집이 잇섯거니와 근일에 이르러 다시 청목당의 별명인지 승리勝利라는 요리집을 또 새로 지었다. 돈짝만한 터전에 술집만 지어놓고 일반의 불평이 있은 뒤 문은 닫아두면서 따로 담을 트고 문을 내는 꼴은 정말 화가 나서 볼 수 없다. 총독부 당

국자여 승리에서 내는 터세가 일년에 몇원이나 되는가. 예산이 부족하여 재원을 만들기 위함이라 하면 오히려 그대들의 처지를 동정치 아니함도 아니다. 그러나 삼십만 시민을 무시하는 죄는 누구가 지려느냐.

1924년 《동아일보》에 실린 위의 기사에서 말하듯이 탑골공원은 당시 서울 도심부의 유일한 공원 시설이라고 해도 과언이 아니었다. 도심부 중에서도 한국인 중심지인 북촌의 핵심적인 휴식 공간이었다. 그럼에도 불구하고 그 운영이 공원 매점 내지는 식당이라고 할 수 있는 청목당, 그리고 그 후신인 승리 위주로 되고 있었던 것이다. 단적으로 공원 개방 시간이 끝나서 정문을 폐쇄한 후에도 '청목당'이나 '승리'의 손님을 위한 문은 별도로 열어두는 식이었다.

당시 경성부협의회 회의에서 탑골공원의 공공적 운영은 매년 문제가 되었다. 문제를 주로 제기하는 것은 물론 한국인 의원이었다. 이들은 식민지 지방의회에 참여한 자로서 통상적인 의미에서 '친일파'라고 할 수 있지만 주로 한국인의 지지를 업고 당선되었기 때문에 그 여론을 대변할 수 밖에 없었다. 이들은 공원 운영권을 총독부에서 경성부로 옮기자고 주장했다. 경성부가 운영한다고 해서 상업 시설 위주 운영이 안되라는 법은 없었지만 당시 많은 사람들은 경성부가 운영을 해야 경성 '시민'의 뜻이 조금이라도 공원 운영에 반영될 것이라고 믿었다. 결국 탑골공원의 운영권은 1933년 경성부로 이관되었다. 이관 후 경성부는 여론에 따라 공원 내 상업 시설을 철거하고 그 자리에 아동유원지를 설치했다. 한국인의 여론이 공원의 상업 시설을 몰아내는 결과를 가져왔던 것이다.

이런 엇갈림 속에서도 탑골공원은 어떤 의미에서든 경성의 상징이었다. 예컨대 1928년 경성 시내를 관광하는 유람버스 안내 팜플렛을 보면 탑골

엘리자베스 키스가 그린 크리스마스 씰 도안

공원을 주요 관광 대상의 하나로 소개하고 있다. 또 1920~1940년대 한반도를 자주 방문하고 한국의 자연과 풍습을 소재로 많은 작품을 남긴 영국의 판화 작가 엘리자베스 키스Elizabeth Keith는 1936년 한국에서 최초로 크리스마스 씰 도안을 했는데, 그 소재 역시 탑골공원이었다. 공교롭게도 둘 다 탑골공원을 대표하는 것은 팔각정과 원각사지십층석탑이다. 이 두 가지가 가지는 대표성이 얼마나 큰지 짐작할 수 있다.

광복 후, 민족의 성역이 된 공원

1933년 경성부가 운영권을 가진 이래 탑골공원의 이용 형태는 크게 변화하지 않은 것 같다. 1940년경 탑골공원의 정경은 깔끔하게 정비한, 그리고 세월이 흐른만큼 나무도 크게 자란 도시 공원의 전형적인 모습이었다. 그리고 마침내 8·15광복을 맞이했다. 광복 이후 탑골공원은 3·1운동의 발상지이자 서울 도심의 랜드마크로서 다시금 부각되었다. 예컨대 1953년에는 새로운 1,000원권 도안에도 등장한다. 새로운 도안은 앞면은 이승만 대통령, 뒷면은 탑골공원의 팔각정과 석탑이었다.

그런데 1,000원권 앞면이 이승만 대통령이라는 데에서 알 수 있듯이 한

손병희 동상

국의 1950년대는 '이승만 우상화'의 시대였다. 시내 곳곳에 이승만 대통령의 동상이 세워졌다. 남산 옛 조선신궁 터(현재의 안중근의사기념관 자리)에 세워진 동상이 대표적이었다. 이런 때에 식민지시기 이래 줄곧 민족의 상징이자 위치상으로도 시내 한가운데에 있는 탑골공원에 동상이 안 세워질 수 없었다. 탑골공원에도 1956년 조각가 윤호중이 만든 이승만 동상이 세워졌다. 그러나 이 동상은 오래 가지 못했다. 1960년 4·19혁명 이후 각지의 이승만 동상이 철거되었다. 탑골공원의 동상도 이런 운명을 피해갈 수 없었다. 4·19혁명 일주일후 이승만이 하야 성명을 발표한 4월 26일 당일 해당 동상도 철거되었다.

그리고 이승만 동상이 쓰러진 자리는 새로운 시대를 알리는 기념물로 채워졌다. 1960년 서울시는 독립선언기념물을 건립할 계획을 세웠으나 정

6·25전쟁 직후 탑골공원과 주변의 판자촌

치·사회적 혼란의 와중에 이를 실현하지 못했다. 실제 독립선언기념탑은 5·16 군사정변 이후인 1962년 착공하여 이듬해 8·15를 맞아 제막했다. 이때 팔각정 보수 공사도 같이 이루어졌다. 1966년에는 천도교의 최고 지도자로서 민족대표 33인 중 한 분인 의암 손병희 동상도 제막되었다. 탑골공원은 점차 단순한 도시 공원에서 3·1운동의 상징, '민족의 성역'으로 자리매김 되어 가고 있었다.

1967년에는 도심 재개발에 따라 공원 주변 불량주택과 사창가가 철거되었다. 무엇보다 탑골공원의 외양의 큰 변화가 이루어진 때는 1969년도 였다. 식민지시기 이래의 철제 정문을 철거하고 이를 현재와 같은 맞배지붕 정문으로 교체한 것이었다. 이는 광복 후 20년 이상이 지나서야 탑골공원이 비로소 식민지시기로부터 완전히 벗어났음을 알리는 상징과도 같았다. 철거된 정문의 돌기둥은 당시 동숭동에 있던 서울대 법대에 기증되었다. 이후 서울대가 관악캠퍼스로 이전하면서 이 돌기둥은 다시 서울사대 부속초등학교에 기증되어 현재 그 정문으로 사용되고 있다. 이어서 1979년 인사동~낙원동 구간 도로 확장 공사 과정에서 탑골공원 주변은 거의 현재와 같은 모습을 정비되었다. 마침 3·1운동 60주년을 맞아 독립선언기념탑도 재건립되었다.

1980년대 들어서도 몇 차례 공원 정비 공사가 진행되었다. 1988년에는 올림픽을 맞아 탑골공원의 무료 개방이 설정되었다. 그리고 이듬해에는 이미 국보와 보물로 지정되어 있는 원각사지십층석탑과 대원각사비에 이어 팔각정이 서울시유형문화제 제73호로 지정되었으며, 탑골공원 자체도 사적 제354호로 지정되었다. 그보다 더 의미가 큰 것은 사적으로 지정되면서 비로소 탑골공원이 '탑골공원'으로 정식 명명된 일이다. 이 글에서도 줄곧 탑골공원이라는 명칭을 사용했지만 사실 이 때까지만 해도 공원은 주로 식민지시기 이래 '파고다공원'으로 불리는 경우가 많았던 것이다.

2000년대 들어서는 서울시의 본격적인 공원 성역화 사업이 시작되었다. 2001년 3월 1일 기공식을 가지고 사업에 들어가면서 문화재 시굴 조사와 그 결과에 따른 우물 복원, 팔각정과 담장 보수 공사 등을 진행하여 1년 뒤인 2002년 3월 1일 공원을 재개원했다. 2000년대의 성역화 사업은 탑골공원을 말 그대로 '민족의 성역'으로 완성한 것이라고 할 수 있다. 그런데 탑

오늘날 어르신들이 많이 찾는 탑골공원의 모습

골공원은 3·1운동의 강렬한 기억으로 말미암아 '성역화'되었지만 여전히 도시 공원이다. 성역이면서도 도시민의 쉼터로서 역할이 없어질 수 없다는 의미이다.

언제부터인가 탑골공원~종묘 거리에는 어르신들이 모여들었다. 이는 21세기 한국의 인구 구조와 사회 변화를 반영한 것이므로 부정할 수도, 인위적으로 막을 수도 없는 현상이라고 할 수 있다. 그러나 그냥 방치할 수도 없는 현상임에 틀림없다고 하겠다. 이에 서울시는 2012년 탑골공원~종묘 일대의 '어르신 거리' 만들기 사업을 결정했다. 이는 2014년부터 개시되었다.

이제 대한제국에서 식민지시기를 지나 현대 한국의 숨 가쁜 근대화 과정의 증언자였던 120년 탑골공원의 역사는 또 하나의 분기점에 서있는 듯하다. 민족 독립의 염원이 깃들어 있는 성역과 도심 빌딩숲 한가운데 위치한 시민의 오아시스로서 기능이 조화롭게 공존하는 탑골공원의 미래를 기대해 본다.

【제4강】

대한의원, 근대의학과 시민들의 의료시설 이용 실태

신규환 연세대학교 교수

04

대한의원, 근대의학과 시민들의 의료시설 이용 실태

대한의원의 연혁

대한의원에서 조선총독부의원으로

창경궁로에서 서울대학교병원 정문으로 들어서면 맨 처음 눈에 띄는 시계탑건물이 하나 있다. 돔 양식의 둥근 지붕과 네오 바로크풍의 시계탑, 르네상스 양식의 적벽돌, 자동차가 진입할 수 있는 현관 포치 등 근대 초기 건물의 반듯하면서도 위압적인 분위기를 자아낸다. 입구에 들어서면 입구 위쪽에 한자로 대한의원이라는 푯말이 보인다. 사적 제248호 대한의원 건물(1908년 10월 개원)이다. 출입구 옆에 세워져 있는 안내판에는 대한의원을 다음과 같이 설명하고 있다.

> 이 건물은 대한제국(1897~1910년) 시대 우리나라 위생 및 의료의 중추기관이었던 대한의원의 본관이다. 대한의원은 1907년 3월 당시 국립 의료기관에 해당하였던 광제원과 국립 의학교육기관이었던 의학교와 그 부속병원 그리고 대

서울대 의대 의학박물관으로 쓰이고 있는 옛 대한의원

한적십자병원을 통합하여 의정부 직할로 설립되었다. 대한의원은 1906년(광무 10) 8월에 과거 함춘원 터에 세우기 시작하였고, 1908년 10월에 개원하였다. 이 병원은 1910년 일제강점으로 인해 조선총독부의원 본관이 되었으며, 1928년부터는 경성제국대학 의학부 부속의원의 본관으로 사용되었다. 이 건물은 광복 후에는 국립서울대학교 의과대학 부속병원 본관으로 쓰이다가 현재는 의학박물관으로 사용되고 있다.

이 설명에는 대한의원의 설립주체와 목적이 명확히 나타나 있지 않다. 마치 대한제국시기의 고종황제가 기존 병원과 의학교를 통합하여 의정부 직속으로 대한의원을 설립하였고, 그것이 우리나라의 중추적 의료기관의 역할을 담당한 것으로 여겨지기 쉽다. 그러나 대한의원이 설립된 시기는 이미 을사늑약으로 대한제국이 외교권을 박탈당한 이후이고, 초대통감 이토 히로부미[伊藤博文]가 사실상 한국의 내정을 장악한 시점이었다. 이토는 '한국 시정개선에 관한 협의회'를 조직하여 한국정부의 내각과 현안을 협의토록 하였는데, 실제 국정운영은 협의회를 통해서 통감의 의제를 추인하는 방식으로 진행되었다.

1906년 4월, 이토는 제3회 한국시정개선에 관한 협의회에서 의료부문 현안으로 병원통합안을 제시하였다. 이토는 궁내부 소속 적십자병원을 중심으로, 내부 소속 광제원, 학부 소속 의학교 부속병원 등을 하나로 통합하라고 지시하였다. 세 달 후 이토는 적십자사 활동이 부진하다고 지적하고 새로운 병원은 진료와 교육뿐만 아니라 위생행정까지도 담당할 수 있는 기관이 되어야 한다고 주장했다. 이토는 새로운 병원을 '대한의원大韓醫院'이라고 칭하도록 했다.

1906년 7월 이토는 육군 군의총감인 사토 스스무[佐藤進]를 위원장으로 하는 일본인 7인의 대한의원 창립준비위원회를 결성하고 구체적인 세부사항을 협의하여 실행하도록 하였다. 사토는 대한의원의 설립 목적이 "아직 위생이 어떤 것인지 이해하지 못하거나 우리 일신의술日新醫術의 진정한 가치를 깨닫지 못한 일천만 민중으로 하여금 점차 그 꿈을 깨도록 하는 데 있다."고 천명하였다. 사토는 병원진료를 한국인에게 한국의 후진성을 인식시키는 중요한 수단으로 파악한 것이다.

1906년 10월 〈대한의원관제大韓醫院官制〉에 따르면, 대한의원은 의정부 직속 관할 아래 두고 진료와 교육 이외에 위생행정까지 담당하는 독특한 성격을 갖게 되었다. 명목상 원장은 내무행정을 주관하는 내부대신이 겸임하

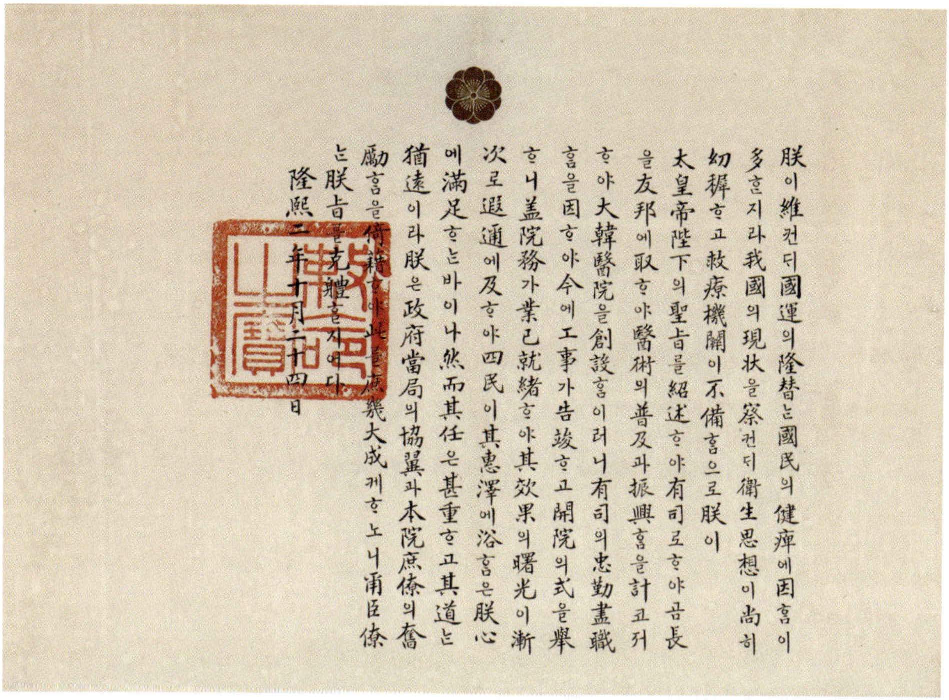
朕이維컨ᄃᆡ國運의隆替ᄂᆞᆫ國民의健瘁에因ᄒᆞᆷ이
多ᄒᆞᆫ지라我國의現狀을察컨ᄃᆡ衛生思想이尙히
幼穉ᄒᆞ고救療機關이不備ᄒᆞᆷ으로朕이
太皇帝陛下의聖旨를紹述ᄒᆞ야有司로ᄒᆞ야곰長
을友邦에取ᄒᆞ야醫術의普及과振興ᄒᆞᆷ을計코져
ᄒᆞ야大韓醫院을創設ᄒᆞᆷ이러니有司의忠勤盡職
ᄒᆞᆷ을因ᄒᆞ야今에工事가告竣ᄒᆞ고開院의式을擧
ᄒᆞ니蓋院務가業已就緖ᄒᆞ야其效果의曙光이漸
次로遐邇에及ᄒᆞ야四民이其惠澤에浴ᄒᆞᆷ은朕心
에滿足ᄒᆞᄂᆞᆫ바이나然而其任은甚重ᄒᆞ고其道ᄂᆞᆫ
猶遠이라朕은政府當局의協翼과本院庶僚의奮
勵ᄒᆞᆷ을倚藉ᄒᆞ야此를庶幾大成케ᄒᆞ노니爾臣僚
ᄂᆞᆫ朕旨를克體ᄒᆞᆯ지어다
隆熙二年十月二十四日

대한의원 개원 칙서

도록 했는데, 원장 위에 황족 출신 총재의 지시를 받도록 했다. 총재는 일체의 사무를 고문과 협의하도록 했기 때문에, 사실상 대한의원은 일본인 통감의 지시를 받게 되어 있었다. 1907년 3월 개정된 〈대한의원관제〉에서는 총재 관련 조항이 삭제되고, 내부대신이 원장을 겸임하게 했다. 아울러 외국인을 고용할 수 있는 항목도 신설되었다. 이에 따라 내부대신 이지용(재임 1907년 3월~5월)과 임선준(재임 1907년 5월~12월)이 각각 대한의원 원장을 역임하였다.

1907년 12월 개정된 〈대한의원관제〉는 의정부 직속에서 내부 관할로 변경하였으며, 고문을 없애고 대신 부원장과 학생감을 신설하였다. 신임 원장에는 대한의원 창립을 주도했던 사토가 임명되었다. 이토는 대한의원을 통해서 통합의 기치를 내걸어 일본인 위주로 위생조직을 개편하면서 위생행정을 장악하려고 했다. 그런데 일본인이 대한제국의 관리가 될 수 있는 길이 열리면서 군이 병원이 위생행정을 담당하는 편법적인 형태를 유지할 필요가 없어졌다. 이로써 위생행정은 내부 위생국으로 다시 이관되었고, 대한의원은 임상치료와 의학교육만을 담당하게 되었다.

1909년 7월 사토에 이어 제2대 원장으로 기쿠치 쓰네사부로[菊池常三郎] 군의총감이 부임했다. 기쿠치는 대한의원을 확대·발전시킨다는 구상을 갖고 있었다. 그런데 제2대 통감 소네 아라스케[曾禰荒助]가 일본으로 요양을 떠남에 따라, 기쿠치는 그를 돌보기 위해 원장직을 사임했다. 한일강제병합 직후인 1910년 9월 대한의원은 중앙의원으로 일시 개칭되었다가 다시 조선총독부의원으로 변경되었다. 새로운 병원장에는 후지타 쓰구아키라[藤田嗣章] 군의감이 부임하였다. 그는 "조선의 민도가 아직 지극히 낮아 의학교육도 2년 반이나 3년 정도로 충분하다."는 생각을 가지고 있었다. 또한 그는 의학교라는 칭호가 "조선의 시세민도에는 어울리지 않는다."고 여겨, 대한의원 부속의학교를 조선총독부의원 부속의학강습소로 강등시켰다. 후지타가 1914년 7월 퇴임하기까지 조선총독부의원은 일종의 암흑기였다.

후임 원장으로 하가 에이지로[芳賀榮次郎]가 부임하면서 경성의학전문학교 설립위원이 구성되는 등 조선총독부의원은 새로운 전기가 마련되었다. 1916년 경성의학전문학교가 설립되고, 조선총독부의원장이 교장을 겸직하게 됨에 따라 조선총독부의원은 경성의학전문학교의 부속병원처럼 사용되었다. 조선총독부의원은 1926년 경성제대 의학부가 설립되면서 그 부속병원으로 사용되었고, 해방 이후에는 서울대 의대 부속병원으로 사용되었다.

대한의원 이용실태

대한의원의 이용실태를 살펴보면 대한의원의 성격을 더 잘 이해할 수 있다. 제1대 원장이었던 사토는 대한의원의 설립 목표가 한국인 중 빈곤자를 시료하는 데 있다고 천명한 바 있고, 대한의원에서 적지 않은 한국인들이 진료를 받은 것은 사실이었다. 그러나 한국인이 진료를 받았다고 해서 대한의원이 한국인을 위한 병원인 것은 아니었다. 한국인들이 환자 중에서 어느 정도의 비중을 차지했는지, 얼마나 많은 사람들이 이용할 수 있었는지 살펴볼 필요가 있다.

1907~1910년 대한의원 이용 환자 수 (단위: 명)

<table>
<tr><th>국적</th><th>이용구분</th><th>환자구분</th><th>1907년</th><th>1908년</th><th>1909년</th><th colspan="2">1910년</th></tr>
<tr><td rowspan="4">일본인</td><td rowspan="2">입원</td><td>보통</td><td rowspan="2">116</td><td rowspan="2">428</td><td rowspan="2">699</td><td>786</td><td rowspan="2">825</td></tr>
<tr><td>시료</td><td>39</td></tr>
<tr><td rowspan="2">외래</td><td>보통</td><td rowspan="2">839</td><td rowspan="2">5,253</td><td rowspan="2">8,412</td><td>9,366</td><td rowspan="2">9,551</td></tr>
<tr><td>시료</td><td>185</td></tr>
<tr><td rowspan="4">한국인</td><td rowspan="2">입원</td><td>보통</td><td rowspan="2">59</td><td rowspan="2">159</td><td rowspan="2">208</td><td>100</td><td rowspan="2">278</td></tr>
<tr><td>시료</td><td>178</td></tr>
<tr><td rowspan="2">외래</td><td>보통</td><td rowspan="2">1,928</td><td rowspan="2">4,913</td><td rowspan="2">6,474</td><td>4,079</td><td rowspan="2">7,219</td></tr>
<tr><td>시료</td><td>3,140</td></tr>
</table>

위의 표는 일본인 환자가 한국인보다 더 많은 비중을 차지하고 있음을 보여주고 있다. 양적으로는 크게 차이가 나지 않지만, 당시의 인구 비율과 비교하여 이용자 수를 따지면 상황은 달라진다. 1910년 당시 서울 지역을 포함하는 경기도에 거주하던 일본인이 5만 4,760명이었고, 한국인은 136만 3,089명인 것에 대비하여 일본인은 거주자의 18.9%, 한국인은 거주자의 0.5%만이 대한의원을 이용하였다. 즉 한국인의 접근성은 현저하게 낮았던 것이다.

물론 시료환자의 경우는 무료로 진료를 받을 수 있었고, 1910년의 경우에는 한국인 환자의 44%가 시료환자였다. 그렇다고 해서 아무나 시료환자가

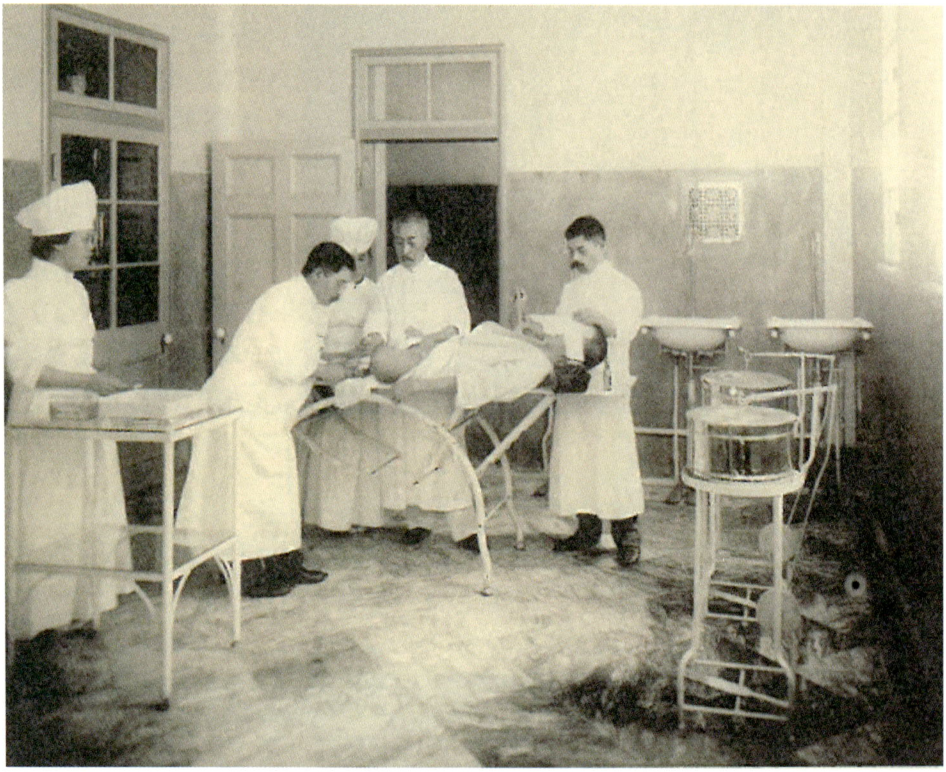

대한의원에서의 수술 장면

될 수 있는 것은 아니었다. 시료환자를 희망하는 자는 경찰서에 증명서를 청구하여 대한의원에 제출해야 했다. 일종의 자격심사를 거쳤던 것이다. 게다가 시료환자들은 '황은'에 감사한다고 하는 일종의 감상문을 제출해야 했다. 또한 시료환자들은 별도 취급을 받았으며, 일반 환자와 동등하게 취급되지 않았다. 예를 들면 시료병동의 경우 병원 본관에 있지 않고 의학교 안에 위치하였고, 온돌로 된 병동이었다.

시료환자를 무작정 늘릴 수 없었던 것은 대한의원의 재정 구조 때문이었다. 광제원, 의학교 부속병원, 적십자병원 등도 진료 수입이 있었지만, 예산의 대부분은 국고에 의존하고 있었다. 이와는 달리 대한의원은 전체 예산의

30% 이상을 국고보조가 아닌 환자 진료 수입에 의존하고자 하였다. 지방에 설립된 자혜의원의 경우, 진료수입이 총 수입의 10% 내외였던 것과 비교하면, 대한의원의 진료비 수입은 상당히 높은 수준이었다. 재정 구조상 대한의원은 일본인들에게 고급 의료서비스를 우선적으로 제공할 필요가 있었다.

실제로 대한의원의 입원비는 매우 비쌌다. 이 때문에 한국인의 경우 생활수준에 따라 진료비를 차등하여 산정하기도 했으나 비용 문제로 야반도주하는 등 일반인의 접근성은 매우 낮았다. 그럼에도 불구하고, 대한의원은 병원의 고급화 전략을 포기하지 않았다. 대한의원은 고급의료의 우수성을 널리 알리는 한편 부가적으로 한국인에게 시혜를 제공함으로써 제국 일본이 내세우는 자신들의 '선진성'과 식민지배의 '정당성'을 선전하는 가시적인 효과를 얻을 수 있었기 때문이었다.

대한의원은 기존 의료기관과는 달리 최고 수준의 설비를 자랑하였고, 한국인을 치료한다는 설립 목표를 표방하였다. 그러나 최고 수준의 설비를 갖추기 위해 건축비와 설비비에 30만 원 이상이 투입되었고, 경상비만 해도 매년 12만 원이 넘었다. 이는 기존 주요 병원들의 경상비 총액의 3배에 해당하는 비용이었다. 비용 역시 차관 형식으로 빌린 한국의 빚이었다. 결국 한국인을 위해 선심 쓰듯 선전했던 정책이 사실은 한국인의 빚으로 세워진 것이었다. 대한의원은 대한제국 시기에 설립되었지만, 그 주체는 대한제국이 아니라 통감부였다. 통감부는 대한의원을 통해서 자국 일본인에게 고급 의료서비스를 우선적으로 제공하고, 부가적으로 식민지배를 정당화하고 식민지인을 회유하는 수단으로 활용하고자 하였다.

근대의학의 도입과 한국사회의 변화

제중원 개원과 세브란스병원의 건립

1884년 12월 4일 오후 7시 우정국 개국 축하 연회가 우정국 청사에서 개최되었다. 축하연을 준비한 홍영식을 비롯한 국내외 정계의 실력자들이 한자리에 모였다. 김옥균, 박영효, 홍영식, 서재필 등 급진개화파는 이 연회를 민영익 등 온건개화파를 제거하기 위한 기회로 삼았다. 자객의 칼날에 쓰러진 민영익은 사경을 헤매게 되는데, 알렌Horace N. Allen의 서양식 외과치료를 받아 목숨을 구할 수 있었다. 이 사건을 계기로 조선왕실의 신임을 얻게 된 알렌은 조선정부에 〈병원건설안〉을 정식으로 제안하였고, 조선정부는 홍영식의 가옥을 제공하는 등 서양식 병원의 건립에 적극적으로 협조하였다. 이렇게 해서 1885년 4월 제중원濟衆院이 탄생하였다. 재동 제중원은 개원 당시 40병상 600평 규모였다. 현재 종로구 재동에 위치한 헌법재판소가 제중원 자리이다.

알렌

이미 개항장에 제생의원濟生醫院과 같은 서양식 병원이 설립되었지만, 모두가 일본인 거류민을 위한 병원이었고 조선 백성을 위한 것은 아니었다. 반면 제중원은 미국 북장로회 의료선교사들이 의료진을 구성하고 있었지만, 순전히 조선 백성을 위해 설립된 병원이었다. 치료 역시 신분과 지역에 구애받지 않았다. 거지, 나병환자와 궁중의 높은 양반이 모두 같은 병원에서 진료를 받았다. 구경꾼들이

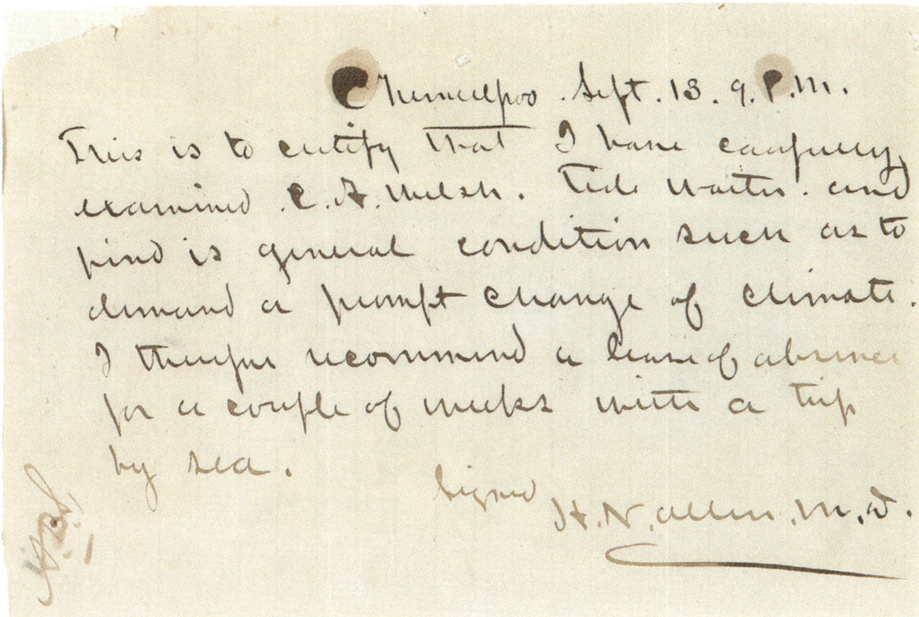

Chemulpoo. Sept. 13. 9. P.M.
This is to certify that I have carefully examined C. F. Welsh. Tide Waiter. and find is general condition such as to demand a prompt change of climate. I therefore recommend a leave of absence for a couple of weeks with a trip by sea.
Signed H. N. Allen. M.D.

알렌의 진단서

많아서 병원을 구경하고자 하는 사람에게는 입장료를 받기도 했다. 초기에는 약값을 일부 받기도 했지만, 가난한 환자들을 위해 약값을 받지 않았다.

알렌이 외과술로 명성을 얻었기 때문에 외과병실은 늘 만원이었다. 재동 제중원에는 침대가 없이 온돌방을 입원실로 사용했다. 외과병동 이외에 여성을 위한 병동도 따로 마련되었다. 알렌의 〈병원건설안〉에서는 병원뿐만 아니라 의학교를 세워 "조선의 청년들에게 서양의학과 보건학을 가르칠 것"이라고 제안한 바 있다. 1886년 3월 재동 제중원의 북쪽을 확장하여 제중원의학당을 건립하였고, 1887년 초에는 구리개 제중원으로 이전하였다.

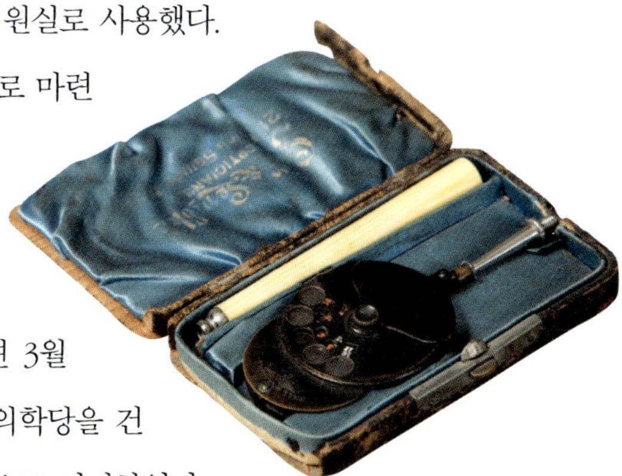

알렌의 검안경

재동 제중원

구리개 지역(현재의 명동성당 및 을지로 2가 일대)은 조선시대의 대표적인 대민의료기구인 혜민서가 있던 지역이었다. 조선정부로서는 제중원의 구리개 이전이 혜민서와 같은 대민의료기구를 부활시킨다는 상징적 의미도 있었다. 구리개 제중원은 한동안 번영을 누렸지만, 알렌에 이어 제중원 운영을 책임졌던 헤론John W. Heron이 사망하면서 위기를 맞았다. 한동안 책임자를 구하지 못했고, 새로 임명된 빈턴Charles C. Vinton은 제중원 운영과 선교문제 등으로 사사건건 조선정부와 대립했다. 제중원의 병원 기능은 사실상 중지되었고, 1893년 11월 에비슨Oliver R. Avison이 제중원 책임자로 임명되었을 때는 약국만이 제 기능을 다할 뿐이었다.

1894년 9월 조선정부와의 담판을 통해 에비슨은 제중원의 운영권을 완전히 이관받았다. 제중원은 이제 완전한 선교병원으로 탈바꿈했다. 에비슨은 병원의 발전을 위해서는 완전히 서양식으로 지어진 일정한 규모를 갖춘 새

세브란스 병원

로운 병원이 필요하다고 생각했다. 그는 1900년 뉴욕 만국선교대회에서 재력가인 세브란스Louis H. Severance를 만나 새로운 병원의 지원을 약속받았다. 에비슨은 구리개 제중원에 새로운 병원을 짓고 싶었지만, 구리개에 새병원을 지은 후 나중에 이전하게 되면 조선정부가 병원건축비 등을 포함한 모든 비용을 보상해야 하는 부담이 있었다. 이 때문에 새병원 건설안이 지지부진해지자 세브란스는 차라리 새로운 부지를 구입하여 새로운 병원이 건설되기를 희망했다. 그렇게 해서 1904년 '새로 지은 제중원'은 서울역 앞에 위치한 남대문밖 도동에 세워졌다. 에비슨은 기부자의 이름을 따서 새로운 병원의 이름을 세브란스병원이라고 하였다.

1904년 준공된 세브란스병원은 지하 1층, 지상 2층으로 지어진 르네상스 양식의 벽돌조 조적식 최신 건물로 40병상 규모의 한국 최초 근대병원 건축물이었다. 세브란스병원은 세균설과 실험의학의 이상을 공간적으로 실현하였다는 특징을 가졌다. 병원 건물 전체에 전기와 급수가 안정적으로 공급되었고, 채광, 통풍, 온도 및 온수 조절이 가능하였을 뿐만 아니라 목욕, 세탁, 화장실, 상하수도 등 시설 인프라를 구축하여 병원 위생이 획기적으로 개선되었다. 아울러 X-선 장비와 실험실을 구축함으로써 최신의학의 시연이 가능해졌다. 그밖에 전염병병동과 기숙사 및 사택 등을 별도로 건립하여 위생관리와 동선의 효율화에도 신경을 썼다. 3층의 건물에 진료, 병실, 실험실을 구축함으로써 진료, 연구, 교육이 효율적으로 이루어질 수 있는 공간을 구축하게 된 것이다.

구리개 제중원에서 재개된 의학교육은 세브란스병원에서 계속되었고, 1908년 6월에는 세브란스병원의학교 명의로 제1회 졸업생 7명을 배출하였다. 그들은 한국 최초의 의학박사이자 면허의사로, 의사면허에 해당하는 의술개업인허장을 부여받았다.

의료시설과 인력의 확충

과거에는 환자가 발생하면 의료인을 집안으로 불러 치료했다. 때문에 전염병이 창궐하지 않는 이상 환자를 위한 별도의 시설이 크게 필요치 않았다. 환자를 수용할 수 있는 시설, 환자를 돌보는 상근 의료인, 전문화된 시설과 장비 등을 갖춘 '병원病院'의 등장은 근대사회의 특징 중의 하나로 거론된다. 서구사회에서도 병원은 환자를 돌보는 자선기관에서 치료효과를 높이는 의료기관으로 탈바꿈하고 있었다. 우리나라에 병원 개념이 처음 소개된 것은 1880년대였다. 개항 이후 조선정부의 사절단들이 일본을 방문하면서 병원과 의학교 등을 방문하였다. 1881년 송헌빈이 쓴 《동경일기》에서는 병원을 다음과 같이 묘사하고 있다.

병원인즉 좌우에 긴 복도가 있었고 병을 고치고자 하는 사람이 무려 수백 명이었으며 의자醫者 역시 이와 같았다. 치병하는 기구는 많은 것이 껍질을 벗기고, 째고, 막힌 것을 뚫는 것이었다. 이를테면 체증의 경우에는 긴 실을 가지고 입으로부터 아래로 뚫었으며, 대변이 통하지 않는 경우에는 조그만 통을 항문 안으로 집어넣었다. 탕제는 쓰지 않았으며 오로지 환제와 산제를 썼다. 인형의 피부가 벗겨진 것, 베어진 장부와 폐, 이들을 보니 극히 통해痛駭스럽다. 병 걸려 죽은 자는 그 병이 생긴 곳을 입증하기 위하여 장부와 폐를 해부하니 그 술이 매우 정교함을 알 수 있으나, 그 마음 씀이 진실로 잔인하기 짝이 없으니 이 어찌 어진 사람이 할 수 있는 짓일까. 괴이하고도 통탄할 일이다.

병원은 서양의학이 행해지는 새로운 공간이었다. 서양의학은 정교하고 장점이 없는 것은 아니나 여전히 한국인들에게는 낯설고도 두려운 존재였다. 개항 이후 병원이 점차 광범위한 지지를 얻어나갔지만, 병원이 단지 서양식 병원만을 의미하는 것은 아니었다. 1899년 대한제국은 전염병관리와 구료기관의 필요성이 제기됨에 따라 내부 직속의 정부병원을 설립하고 〈병원관제病院官制〉와 〈병원세칙病院細則〉 등 관련 규정을 제정하여 내부병원內部病院을 설치하였다. 내부병원은 전염병관리와 구료병원의 성격을 가졌으며, 양약을 사용하기는 했지만 한의사와 한의학을 활용한 한방병원이었다. 1900년 내부병원을 광제원廣濟院으로 개칭한 것 역시 전통적 의미의 대민 구제시설의 성격을 분명히 한 것이라 할 수 있다. 1909년 이후 전국 각 도에 설치된 자혜의원은 20병상에서 200병상에 이르기까지 비교적 큰 규모의 병원이었다. 자혜의원은 해방 이후 도립병원으로 명칭이 변경되었는데, 일제강점기 동안에는 도립의원 혹은 도립병원이라는 명칭이 병용되었다.

이처럼 병원은 서양식 병원뿐만 아니라 한방병원을 지칭하는 경우에도 사용되었으며, 병원과 의원이라는 용어가 혼용되었다. 그러나 의원이라는 용어는 여전히 강한 생명력을 갖고 있었다. 병원과 의원의 명칭이 법적으로 명확히 구분되기 시작한 것은 1919년 4월 〈사립병원 취체규칙〉 제정 이후이다. 그런데 이 규칙에 따르면, 병원은 최소 10명 이상의 전염병 환자를 수용할 수 있는 시설을 갖추어야 했다. 말하자면, 사립병원은 적어도 일반병동과 전염병병동을 합쳐서 20여 병상 이상 규모를 갖춘 병원을 지칭하게 된 것이다. 병원은 설립 주체에 따라 관공립병원과 사립병원으로 나눌 수 있다. 관공립은 정부재원으로 운영되는 병원이고, 사립병원은 민간법인 혹은 개인이 설립·운영하는 병원을 말한다. 일제강점기 조선총독부는 사립병원을 일본인병원, 한국인병원, 외국인병원(선교병원) 등으로 나누어 분류하였다.

대한제국시기의 대표적 관립병원으로는 내부병원(1899년), 의학교부속병원(1902년), 적십자병원(1905년) 등이 있었다. 대한제국은 "옛 것을 근본으로 삼아 새 것을 참고한다."는 구본신참舊本新參을 표방하면서 국정을 운용하고자 했다. 대한제국은 의료분야에서도 한의학과 서양의학을 병용하고자 하였으며, 병원 운영도 한방과 양방을 병용하였다. 반면 일제강점기에는 서양의학 위주로 재편되었다. 대표적인 관공립병원은 대한의원(조선총독부의원), 순화원, 자혜의원(도립병원) 등을 들 수 있다. 대한의원과 전염병 전문병원인 순화원은 경성에 설립되었고, 자혜의원은 1909년 전주·청주·함흥지역에, 1910년에는 전국 13도에 설치되었다.

일본정부가 세운 관공립병원은 1877년 부산의 제생의원, 1880년 원산의 생생의원生生醫院, 1883년 서울의 공사관부속의원, 인천의 영사관부속의원 등이다. 이들 병원은 일본정부의 관립병원으로 출범하였는데, 1880년대 중반 일본정부의 재정긴축정책에 따라 정부지원이 중단되고 거류민회가 운영하는 형태로 변모했다. 개항지의 병원들이 거류민 보호를 목적으로 설립된

보구녀관

데 비해, 한성에 설립된 공사관부속의원은 한국인 회유를 설립목적으로 삼았다. 그러나 1885년 제중원 설립으로 의도했던 목표를 이루지 못하자 폐지되고 말았다.

한말 일제하에 서울에 있던 선교병원으로는 1885년 설립된 재동 제중원, 정동 시병원, 1887년 정동 보구녀관 등이 있다. 제중원은 미국 북장로회 선교부와 조선정부의 합작병원이었으며, 1894년 이후로는 선교병원으로 변모하였다. 재동 제중원, 구리개 제중원, 세브란스병원에 이르기까지 병상 규모는 40병상이었다. 시병원은 15병상 규모였고, 여성전문병원인 보구여관은 35병상 규모였다. 선교병원은 일제강점기 동안 20~30여 개를 유지하였으나 1940년대 이후 급감하는 추세였다.

일본인 사립병원은 개항 이후 꾸준히 증가하여 식민지 말기에는 70여 개까지 증가하였다. 한국인병원의 경우 10여개 내외를 유지하다가 1940년대에 40여 개로 급증하였다. 서울에 있던 일본인병원으로는 한성병원漢城病院과 찬화병원贊化病院 등이 있었다. 1895년 갑오개혁기에 들어서면서 위생고문으로 있던 세와키 도시오[瀨脇壽雄]가 한성병원을 설립했는데, 아관파천으로 세와키가 해고되자 일본 해군이 의술로써 정부의 고관, 대신을 회유하고자 한성병원을 매입했다. 일본 해군은 한성병원이 일본정부과 연계되어 있다는 사실을 감추고자 초대 원장으로 임명한 스즈키[鈴木勇三]에게 야스타[安田穰]라는 가명을 사용하게 했다. 한성병원은 주로 일본인을 치료했지만, 한국인 고관 치료와 일반인에 대한 무료 및 저가 진료를 실시하였다. 한국인 회유라는 정치적 목적에 충실하기 위한 것이었다. 한성병원은 세브란스병원과 대한의원이 등장하기 전까지는 한성에서 최고의 시설을 자랑했다. 1904년 러일전쟁 승리 후 대한제국이 황실 내탕금을 지급하자, 한성병원은 일본 거류민이 경영하는 공립병원으로 전환하였다. 한성병원은 1909년부터는 다시 사립병원으로 변모했다가 1913년 폐지되었다.

찬화병원은 고조 바이케이[古城梅溪]가 1891년 현재의 을지로 일대에 설립한 병원이다. 고조는 오이타현립의학교 출신으로 그의 실력에 대해서는 당시에도 논란이 있었다. 그는 졸업만으로도 의사자격을 취득할 수 있는 정규대학 출신이 아니라 별도의 자격시험을 통과해야 의사면허를 취득할 수 있는 을종의학교 출신이었기 때문이었다. 고조는 자신의 병원에 종두의양성소를 열어 한국정부로부터 신임을 얻은 바 있고, 그것을 계기로 의학교에 초빙되었다. 그러나 그는 해부학 강의 중 뼈의 요철과 좌우, 안팎을 구별하지 못한다는 이유로 학생들로부터 수업거부를 당했고, 결국 1년여 만에 의학교를 사임하였다.

한국인병원 중에서 규모를 갖춘 사립병원으로는 1930년대 후반 이후 등장한 경성여자의학전문학교 부속병원, 경전병원京電病院, 백인제외과병원

경성제국대학 의학부 부속병원

白麟濟外科病院 등이 있었다. 1928년 설립된 경성여자의학강습소를 모체로 1938년에 경성여자의학전문학교가 설립되었고, 1941년에는 100병상 규모의 부속병원이 건립되었다. 경전병원은 1937년 4월 경성전기주식회사의 운수부 의무실에서 출발했다. 경전병원은 1944년 다나카병원[田中丸病院]을 매입하여 1945년 1월부터 70병상 규모로 개편되었다. 1941년 1월 백인제는 30병상 규모의 우에무라외과병원[植村外科病院]을 인수하여 백인제외과병원을 설립하였다. 백인제외과병원은 일제하에서 사립병원 규모로 개원한 유일무이한 사례였다. 그만큼 대부분의 한국인 의사들은 규모가 있는 관공립병원이나 사립병원에 취직하는 경우가 아니면 진료소 수준의 개인의원을 여는 것이 일반적이었다.

1900년 대한제국은 〈의사규칙醫士規則〉을 반포하여 의학교를 졸업한 정규의사를 양산한다는 계획을 세웠다. 실제로 세브란스병원의학교와 관립의학교를 졸업한 의사들이 의술개업인허장을 받고 시내 곳곳에 개업하면서 병원이 확충되기 시작했다. 이후 일제강점기인 1916년 4년제인 경성의학전문학교 설립을 시작으로 1917년 세브란스연합의학전문학교 인가, 1926년 6년제인 경성제국대학 의학부를 설립, 1933년 평양의학전문학교와 대구의

학전문학교 인가, 1938년 여자의학전문학교 인가, 1944년 함흥의학전문학교와 광주의학전문학교 설립 등으로 의사 양성을 위한 기본 틀이 구축되었다. 1914년 144명에 불과했던 한국인 의사(일본인 의사 464명, 의생 5,827명)는 식민지시기 의학교육을 통해서 1927년 한국인 의사(762명)가 일본인 의사(711명)를 수적으로 넘어서기 시작했고, 1943년 한국인 의사는 2,618명(의생 3,337명)으로 증가하였다. 해방 직후 남북한 의사 수는 남한이 3,381명, 북한 1,000여명이었다. 불과 30여년 만에 서양의학을 배운 한국인 의사가 30배 이상 증가한 것이다. 그만큼 서양의학의 영향력은 나날이 증대되고 있었다.

근대 서울시민들의 의료시설 이용 실태

근대 서울시민들의 건강과 질병

19~20세기 서울시민들은 어떤 질병으로 고통 받았을까? 개항 이후 한국인의 건강과 질병에 관한 최초의 체계적인 보고서는 1885년 9월 작성한 알렌의 보고서이다. 알렌은 제중원 개원 6개월 동안 7,234명의 진료기록을 바탕으로《서울 사람들의 건강에 관한 알렌의 보고서》를 작성하였다. 이에 따르면, 개별 질병 중에서는 말라리아(11.0%), 매독(8.0%), 소화불량(7.0%) 순으로 내원환자가 많았다. 알렌과 헤론이 작성한《제중원 일차년도 보고서》(1886년)는 제중원 개원 이후 1년 동안 10,460명의 진료실적을 기록한 것이다. 이 보고서 역시 말라리아(11.0%), 매독(8.0%), 소화불량(6.0%) 순으로 내원환자가 많은 것으로 보고하였다. 대분류로 나눌 경우에는 소화기질환(19.4%), 성병(18.3), 말라리아(10.1%) 순이었다.

소화기질환은 한국뿐만 아니라 중국이나 일본 등 쌀·보리를 주식으로 하는 동아시아인들에게는 가장 보편적인 질병 중의 하나였다. 그 중에서도 소화불량, 설사, 치질 등의 순서로 환자가 많았다. 특히 서민층들은 초근목피로 연명하는 경우가 많아 만성적인 소화불량에 시달리는 경우가 많았다. 성병은 개항과 함께 일본인 거류지역의 향락문화와 함께 급속히 확산된 질병이었다. 성병 환자 중에는 매독이 가장 많았고, 그 다음으로 임질과 연성하감 등의 순이었다. 당시에는 수은 치료가 일반적이었는데, 치료 효과가 크지 않았음에도 불구하고 제중원에서 매독 치료가 가능하다는 입소문 때문에 제중원에 매독 환자가 적지 않게 몰려들었다.

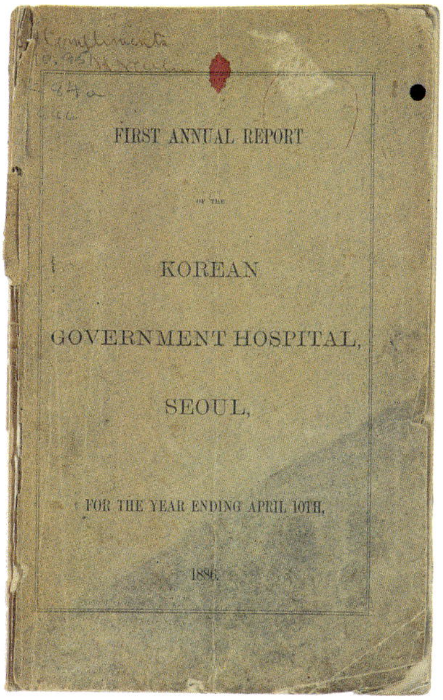

《제중원 일차년도 보고서》

말라리아는 한국의 대표적인 풍토병이었는데, 당시에는 아노펠레스 원충에 감염된 모기에 물려 말라리아에 감염된다는 사실을 몰랐다. 때문에 주기적인 열병을 말라리아로 진단하는 경향이 있었다. 말라리아 치료는 퀴닌을 주성분으로 하는 금계랍이 특효가 있었기 때문에 제중원의 약품 중 가장 인기가 많았다. 무료로 제공되는 다른 약품과 달리 금계랍의 인기가 너무 많아 제값을 받고 팔아야 할 정도였다. 통계적으로 보고하고 있지는 않지만,《제중원 일차년도 보고서》가 한국인 사망원인 1위로 지목한 질병은 두창이었다. 두창으로 병원을 찾는 이는 거의 없었지만, 한국인 사망의 50%가 두창으로 인한 것으로 추정될 정도로 두창은 가장 흔한 질병이었다.

일제강점기 서울의 하층민들은 치아질환(34.6%), 이비인후질환(25.3%), 외과질환(17.3%), 소화기질환(14.0%) 순으로 고통을 받았다. 남녀노소 할 것 없이 충치(치아우식증)가 보편적으로 많았다. 의료선교사들의 보고에 따르면, 한국인의 치아 건강은 매우 양호했던 것으로 설명된다. 한국인의 전통적인 식사법과 조리법은 치아 건강에 매우 유리하고, 굵은 소금을 이용한 치아관리는 살균효과와 치석 침착을 방지하는 효과를 가져다주었기 때문이다. 그럼에도 불구하고 20세기 한국인의 치아 건강이 위협을 받게 된 것은 개항 이후 설탕의 유입과 보급에 따른 필연적인 결과이기도 했다. 충치 다음으로 이비인후과, 외과, 소화기질환을 대표하는 편도선염, 임파선질환, 간질환 등이 많았다. 하층민들은 불결한 주거환경 및 영양결핍 등으로 각종 세균감염에 손쉽게 노출되었기 때문이다. 소화기 환자들은 복통과 기생충 배출로 인한 고통을 호소하기도 했다. 하층민들은 대체로 영양상태가 불량했는데, 특히 학령기 아동들의 영양상태가 심각한 수준이었다.

20세기 중반 서울시민의 건강과 질병에 대한 조사에 따르면, 서울시민들이 가장 고통을 받고 있는 질병은 치통이었다. 그 다음으로 식욕부진, 기생충병, 피로, 두통, 기침, 관절염, 요통 등의 순이었다. 서울시민들은 한의학보다는 서양의학에 대한 의존도가 높았는데, 소득이 높을수록 서양의학을 선호하였다. 그러나 서양의학과 한의학에 대한 선호도를 드러내지 않는 경우도 많았고, 질병의 고통을 받으면서도 아무런 치료를 받지 않는 사람들도 여전히 많았다.

근대 서울시민들의 의료기관 이용 실태

개항 이후 서양의학의 확산이 빠르게 이루어졌지만, 일제의 한의학 말살 정책에도 불구하고, 20세기 전반까지 한의학의 영향력은 절대적이었다. 그것은 일제강점기 의사와 한의사의 수적인 추이를 통해서 확인해 볼 수 있다. 1914년에 의사 641명(한국인 144명, 일본인 464명, 외국인 33명), 한지의사限

地醫師 91명, 의생醫生 5,827명이었다. 한의사가 의사에 비해 9배 이상 많았다. 의사가 한의사를 수적으로 넘어서기 시작한 것은 1942년인데, 1943년에는 의사 3,813명(한국인 2,618명, 일본인 1,194명, 외국인 1명), 한지의사 604명, 의생 3,337명이었다. 이전에 비해 의생 수가 많이 줄어들고, 의사 수가 많이 늘어났지만, 한국인 의사는 한의사를 여전히 수적으로 압도하지 못하는 실정이었다.

1920년 경성 및 경기 지역 의사 수는 264명이고, 의생은 615명인데, 의사 수는 13개 도 중에서 가장 많았고, 의생 수는 함남(859명)과 경남(668명)에 이어 세 번째였다. 경성 및 경기지역 의사 1인당 한국인 수는 6,374명이고, 의생 1인당 한국인 수는 2,736명이었다. 경성 및 경기 지역은 의사들이 선호하는 지역으로 의사들의 집중현상이 나타나 경성부민들의 입장에서는 다른 중소 도시민들에 비해 서양의학을 이용하기가 상대적으로 수월하였다. 반면 경성 및 경기지역 의생 수는 13개 도 중에서 세 번째로 많았지만 1인당 의생 수는 전국 평균보다 약간 좋은 편에 불과했다.

1940년 전국적으로 의사 수는 3,197명이고, 의생은 3,604명이었다. 1940년 한국인 사망자 41만 4,199명의 사망진단 중에서 의생에 의한 것이 24만 8,575명으로 60%를 차지하였고, 의사에 의한 것은 7만 7,521명으로 18.7%에 불과했다. 이는 의료행정에서 의생이 역할이 적지 않았음을 보여준다. 반면 1940년 경성 및 경기 지역 의사 수는 1,038명이고, 의생은 324명인데, 의사 수는 13개 도 중에서 가장 많았고, 의생 수는 함남, 경남, 경북, 평북에 이어 다섯 번째였다. 경성 및 경기 지역 의사 1인당 한국인 수는 2,495명이고, 의생 1인당 한국인 수는 7,994명이었다. 20년 전에 비해 경성에서 한의학의 접근성은 평균 이하로 떨어졌지만, 의사 수는 4배 정도 증가했고, 서양의학의 접근성은 훨씬 더 좋아졌다.

경성에서는 한성병원, 세브란스병원, 대한의원 등 대형 종합병원들이 서양의학의 메카로 기능하였고, 의학교와 의학전문학교를 졸업한 서양의사들이 계속해서 배출되어 개업의들이 사회로 진출하였다. 개업의들은 시장을 갖추고 구매력이 있는 경성과 같은 대도시에 개업하기를 원했고, 실제로도 대부분의 개업의들은 사대문 안에서 의원을 개설했다. 그 결과 경성에서 일반인들의 서양의학에 대한 접근성은 크게 나아지고 있었다. 그러나 값비싼 치료비와 의료자원의 희소성 때문에 일반인들의 접근성은 여전히 낮았으며, 주로 고위관료나 부유층, 그리고 시료환자의 혜택을 받을 수 있는 일부 극빈층이 서양의학을 이용할 수 있었다.

서울시민들의 의약 이용실태

20세기 전반기까지 서울시민들이 병에 걸릴 때, 지식수준이나 경제력에 상관없이 일차적인 대응방식은 집주변에서 구할 수 있는 의료자원, 즉 상약常藥을 최대한 활용하는 것이었다. 주로 울타리 밑에서 나는 식물이나 들판에서 자라는 약물을 이용하는 것이었다. 그 다음으로 병의 경중이나 경제적 수준에 따라 약국방을 찾아 약을 구매하거나 의료인을 찾아가는 방식이 선호되었다. 약국방에서 가장 손쉽게 구할 수 있는 약은 매약賣藥인데, 매약은 한약 혹은 양약 중의 몇 가지 성분을 혼합한 것이지만, 가내수공업 형태로 상품화가 쉽고 대량 생산이 가능한 장점이 있었다. 대표적으로 소화제인 활명수, 청심보명단, 영신환, 감기약인 쌍화탕, 말라리아 치료제인 금계랍, 종기 치료제인 조고약 등이 있었다. 소화제의 인기 때문에, 어느 소화제가 원조인가라는 원조 논쟁이 벌어지기도 했다. 제생당약방의 청심보명단淸心保命丹이 인기를 끌자 자혜약방에서 그에 대항하여 청신보명단淸神保命丹을 판매하면서 원조 논쟁이 일었다. 제생당약방과 자혜약방은 각각 대한의원

제생당약방의 청심보명단 광고

위생시험부의 검사와 통감부 특허국의 허가를 거론하면서 자신의 신용과 권위를 회복하고자 했다.

집에서 갖춰놓은 상약이나 간단한 매약으로 치료할 수 없다면, 마지막 선택지는 의료인을 찾는 것이었다. 서양의학이 비싸다고 여겨진다면, 그 다음으로 찾을 수 있는 의료인은 한의사와 무속인이 있었다. 한의사도 결코 저렴한 것은 아니었지만, 서양의사보다 비싸지 않았고 내복약의 경우는 약효가 좋다는 경험담도 공유되고 있었다. 무속인에 의한 푸닥거리나 독경 치료는 값이 쌌지만, 치료 효과는 미미했다. 상약과 매약으로 치료를 시도하고, 의료인을 찾아가 치료를 받을 수 있는 경우는 그나마 경제력과 지식수준을 갖춘 경우였다. 서민층들은 웬만하면 아무런 조치를 취하지 않고 참고 견디는 경우가 적지 않았고, 평생 병원 한 번 가보지 못하는 경우도 흔한 일이었다.

【제5강】

근대 서울의 하수구, 근대적 오물처리와 위생

서호철 한국학중앙연구원 교수

05

근대 서울의 하수구, 근대적 오물처리와 위생

들어가면서

쓰레기나 구정물 같은 오물을 만들어낸다는 것은 사람을 다른 동물과, 또 문명을 자연과 갈라놓는 결정적 특징 중 하나다. 여느 동물의 배설물이나 사체, 먹다 남긴 찌꺼기는 생태계의 물질 순환을 거의 벗어나지 않는다. 그러나 농사를 지어 정착하게 되고 또 잉여생산에 근거해서 도시를 만들면서, 사람의 똥오줌과 쓰레기는 여느 동물의 것과는 다른 차원을 갖게 되었다. 시대별·지역별로 차이는 있지만 모든 문화에는 깨끗함과 더러움을 구분하는 나름의 기준이 있다. 정착생활의 역사가 길어지고 삶이 여유로워질수록 그 구분은 더 까다롭고 유난스럽다. 그것을 '문명화 과정'이라고 한다면, 자연정화의 회로 속에서 다 처리되지 않는 오물의 양은 문명화의 중요한 지표가 될 것이다. 게다가 산업혁명 이래 화석연료와 내연기관에 의한 대량생산과 대량소비를 구가해 온 현대문명은 이전에는 없던 산업쓰레기와 오염을 만들어냈다. 물론 쓰레기와 오염을 양산하는 기술이 있다면 그것을 줄이거나 처리하는 기술도 있다. 모든 문명은 당대의 산업을 주도하는 생산기술,

20세기 초 청계천의 모습

깨끗함과 더러움의 구분과 위생기술, 그리고 오물을 처리하는 기술의 유동적인 균형 위에 서 있다.

근대 도시와 오물처리라는 과제

산업화 이전의 과거에 대해서는 상반되는 두 개의 그림이 있다. 미세먼지도 없이 하늘은 맑았고 마을 앞의 개울물도 그냥 마셨다는 그림이 하나라면, 옷과 머리에는 이가 들끓고 겨우내 씻지 않은 새까만 손잔등은 늘 터져 있었다는 그림이 다른 하나다. 예전에는 위생 관념과 기대치가 지금보다 훨씬 낮았다는 점을 감안한다면 이 두 그림은 같은 것일 수도 있다. 사람이 배출하는 오물도 어느 정도 자연과 생태계의 순환 속에서 처리되었다는 것은 분명하다. 그것 말고는 뾰족한 다른 방법이 없기도 했을 것이다. 웬만한 구정물은 길이나 밭에 뿌리면 그만이었다. 남을 것도 없었을 음식 찌꺼기는 짐승을 먹였고, 아니면 똥오줌과 함께 썩혀서 거름을 만들었다. 사실 지금도 농촌에서는 썩힐 것은 썩히고 태울 것은 태우고 나면 남는 것이 별로 없다. 비닐이나 플라스틱이 없고 물자가 훨씬 귀하던 시절 쓰레기나 똥오줌은 거의 문제가 되지 않았을 것이다.

사정이 급변한 것은 20세기 들어 도시화와 산업화가 이루어지면서다. 물론 꽤 오랫동안 큰 도시였던 서울에서는 이미 그 이전에도 쓰레기나 똥오줌, 구정물 처리에 어려움을 겪었을 것이다. 18세기 말에 박제가는《북학의》에서 서울에는 수레가 없어서 1만 가구의 똥을 성 밖으로 모두 쳐내지 못하고 오줌은 마당 한구석이나 길에 쏟아버리므로 길과 개천이 더럽기 짝이 없고 우물물이 짜다고 썼다. 그러나 서울의 오물 문제가 본격적인 논의거리, 해결할 수 있고 또 해결해야 할 과제로 부각된 것은 19세기 말 서구의 근대적 위생 관념과 기술이 소개·도입되면서부터다. 때 맞춰 콜레라 같은 낯설고 치명적인 진염병이 유행하면서 사람들은 위생의 중요성을 몸으로 느끼게 되었다.《독립신문》을 비롯한 언론매체와 공론장公論場이 형성된 것도, 한국사람들이 처음으로 남의 시선을 통해 밖으로부터 제 자신을 쳐다보게 된 것도 한몫을 했다.

그런데 오물처리와 위생이란 각자가 자기 몸, 자기 집을 깨끗이 한다고 해결되는 문제가 아니다. 자기 집 쓰레기와 똥오줌, 구정물은 일단 집 밖으로 내간다지만 그 다음에는 어떻게 하는가? 모든 주민이 각자 요강과 쓰레기통을 들고 성밖까지 왕래할 수는 없는 노릇이다. 성밖으로 내간 오물은 또 어떻게 하나? 도로, 하천, 공터 등 국유이거나 공유인 땅에 있는 오물은 누가 쳐야 할까? 골목, 동네, 시, 도 등으로 확대되는 권리와 의무의 사슬이 떠오른다. 물론 인구가 증가하고 사회적 분업이 발달하면 쓰레기 수거나 똥 푸는 일, 재활용품 수집·매매를 업으로 삼는 사람도 생겨나게 마련이다. 그런데 그것을 시장상황에만 맡겨둘 수 있을까? 그렇게 되면 수거업자들이 길이 멀고 불편한 곳은 기피한다든지, 빈민가에는 치워가지 않은 쓰레기가 쌓인다든지 하는 일도 생길 수 있다. 그러나 오물처리는 부자 동네와 달동네를 가릴지 몰라도, 불결한 환경에서 생기는 전염병의 위협은 그렇지 않다.

따라서 쓰레기와 똥오줌의 수거·처분은 중앙정부나 시 당국이 개입할 '행정'의 문제가 된다. 실제 일은 민간업자에게 맡기더라도 전체 과정에 대한 지속적 감시와 통제, 비非시장적 개입이 필요하다. 도시의 오물처리를 위해서는 골목마다 집들의 배치와 주민의 수도 알아야 하고, 수거 구역과 순회노선도 정해야 하고, 거기에 맞게 많은 노동력을 동원·관리해야 하고, 또 지형에 맞게 하수도도 파고 묻어야 한다. 게다가 도로나 상·하수도의 정비는 몇몇 사람의 힘으로는 도저히 할 수 없는 공공의 큰 사업, 도시 기반시설이다. 그것은 예전에는 없던 새로운 과업이다. 조선시대 목민관牧民官이라고 불린 지방 수령의 업무는 산업을 육성하고, 인구를 늘리며, 교육을 진흥하고, 군정과 부역을 공평하게 운영하며, 소송을 간명하게 하고, 법과 도덕을 엄격히 한다는 정도로 정리되었다. 이른바 수령칠사守令七事다. 그러나 이제 적어도 도시에서는 똥오줌과 쓰레기, 구정물을 처리해서 주민의 건강과 위생을 돌보는 일이 행정의 중요한 항목으로 등장했다.

'준천'에서 '치도'로, 홍수 대비에서 전염병 예방으로

조선시대 서울(한성)에서 오물을 어떻게 처리했는지에 대해서는 그다지 알려진 바가 없다. 베이징이나 도쿄 같은 큰 도시에는 똥장수가 있어 조합을 이루기도 했다는데, 서울에서도 근교의 농민들이 와서 똥이나 쓰레기 등을 가져가기는 했을 것이다. 다만 똥장수나 그런 사람들의 조직이 있었는지, 그들이 돈을 내고 똥을 사갔는지는 분명치 않다. 실화인지 허구인지 아리송한 박지원의 〈예덕선생전穢德先生傳〉에, 이덕무의 벗 중에 행수行首 엄씨라는 인물이 있어 장안의 똥을 모아다 왕십리, 살곶이 등 근교에 팔았다는 이야기가 있기는 하다. 흥미로운 것은 당시 한국인 똥장수, 거름장수들은 발채를 얹은 지게로 똥이나 거름을 져 날랐다는 사실이다. 여러 정황으로 봐서 조선시대 여염집의 변소는 지금 우리가 '재래식'이라고 알고 있는, 변소 밑에 똥과 오줌을 함께 모으는 통[槽]을 묻은 형태가 아니고, 대개는 변소 아래가 맨 흙바닥이었던 것 같다. 그렇다면 오줌은 그냥 바닥에 스미거나 변소 바닥에 밖으로 낸 구멍을 통해 수채로 흘려보내고, 남은 똥덩어리만 재와 섞어 '똥재[糞灰]'라는 거름을 만들거나 거름장수에게 져 보냈을 것이다.

집 앞이니 뒤에는 '수채'라고 부르는 작은 도랑이 있어, 부엌의 구정물이나 오줌이 흐르다 말다 하면서 개울로 이어졌다. 도성 안의 모든 물길은 '개천開川'이라고 불렀던 청계천으로 모여 동대문 쪽으로 빠져나가 한강으로 흘러들었다. 청계천은 서울에 도성을 세운 후에 더 깊게 파냈지만, 비가 올 때마다 흘러든 흙과 모래가 쌓여 매년 장마나 태풍 때면 홍수가 지곤 했다. 영조는 1760년 연인원 20만 명 이상을 동원한 국가적인 토목사업으로 청계천을 준설케 했다. 1760년이 경진년이어서 '경진준천'이라고 하는 이 사업의 흔적은, 지금은 장충단공원으로 옮겨진 수표교 교각 아랫쪽에 '경진지평庚辰地平'이라는 글씨로 남아 있다. 청계천 바닥을 그 글씨가 보이도록 유지해야 한다는 뜻일 터이다. 1773년에는 하천 둑을 돌로 쌓았고, 이후로도 고종 때까지 여러 차례 크고 작은 준천사업이 되풀이되었다.

그러나 조선시대의 청계천 준천은 일상적인 오물처리와 하수도 관리라기

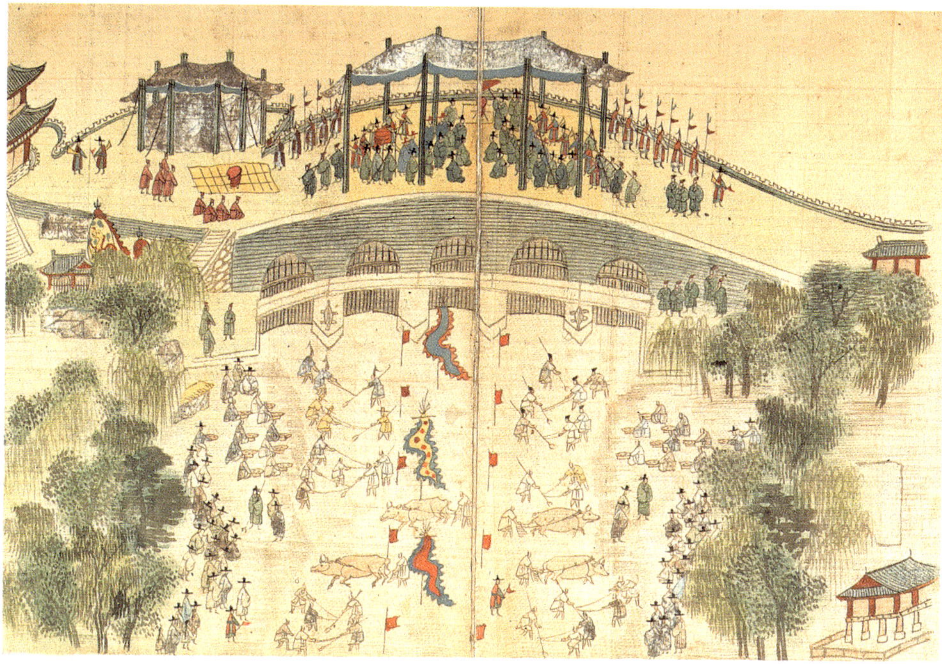

영조대 청계천 준천을 묘사한 〈수문상친림관람역도〉

보다는 간헐적인 홍수 예방책이었다. 문제의 초점이 근대적 위생 관념으로 옮겨가게 되는 것은 19세기 말에 와서다. 김옥균은 일본에서 보고 배운 문명개화의 방안을 《치도규칙治道規則》이라는 책으로 남겼고, 박영효는 그것을 일부 실천에 옮겼다. 갑오개혁의 개화파 정권이 실각하고 1897년 대한제국이 수립된 뒤에도 한성부 치도사업은 그대로 이어졌다. 《독립신문》은 외국인의 눈에 비친 서울 거리의 좁고 더러움을 개탄하고 나라의 체면을 걱정하면서 세균설 같은 근대적 지식을 소개하는 계몽과 위생의 담론으로 그것을 측면에서 지원했다. 이 시기의 '치도'란 넓게는 물화物貨의 수송 확대와 도시 개조 등 근대화 기획 전체를 가리키는 개념이기도 했지만, 역시 그 일차적 과제는 도로의 정비와 오물처리였다. 이 시기 정부의 적극적 치도사업

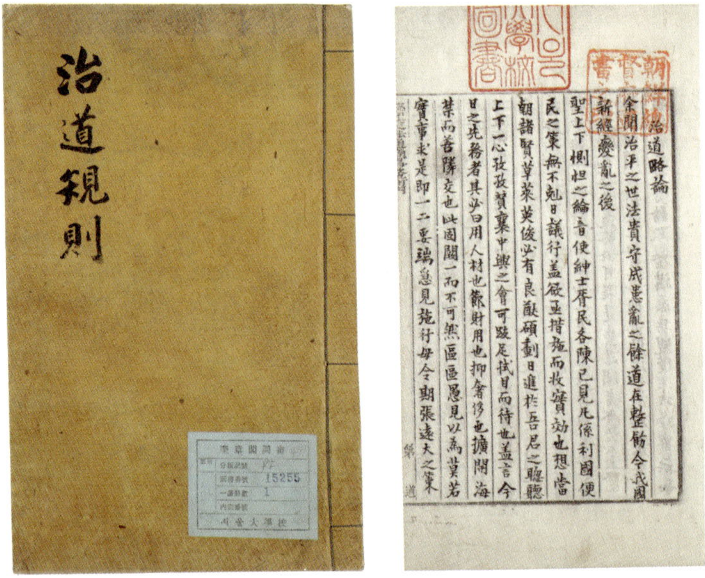

《치도규칙》

을 통해, 길을 침범한 불법건물인 가가假家들이 철폐되고 도로 보수, 청계천 준천 등도 어느 정도 이루어졌다. 경찰이 관리하는 쓰레기와 똥오줌의 수거체계도 일부 도입되었지만, 준비가 완벽하지 않다거나 집집에서 쳐낸 쓰레기를 쌓아둘 곳을 마련하지 못한다거나 하는 시행착오가 되풀이되고 있었다.

식민지화와 함께 본격 도입된 일본식 오물처리체계

러일전쟁과 통감부 설치 이후 일본인들의 한국 유입이 본격화되면서, 남산 북쪽 기슭으로 일본인 거류지가 형성되었다. 이들은 정착 초기부터 거류지 내의 자치를 위한 규칙을 정하고 똥오줌과 쓰레기 처리장을 마련했으며,

1905년에는 남산의 물을 이용한 상수도도 설치했다. 이때까지는 서울의 한국인 주민과 일본인 거류민은 주거지도 구분되어 있었고 오물처리를 비롯한 여타 행정도 소관이 달랐지만, 1907년 〈정미7조약〉 등을 거쳐 일본 세력이 대한제국의 내정을 차츰 장악해가면서 일본식 오물처리체계가 서울 전역에 도입되었다.

서울시내의 오물처리에 대해 최초로 상세하게 규정한 법령은 1908년의 경시청령 제2호 〈제예규칙除穢規則〉이다. '경시청'이란 갑오개혁 이래 서울 5부部의 경찰을 담당한 경무청이 1907년 이름을 바꾼 것으로, 당시 경시총감은 1905년 경무고문警務顧問으로 한국에 부임했던 마루야마 시게토시[丸山重俊]였다. 이미 궁궐을 비롯한 수도의 경찰권이 일본인들의 수중에 넘어간 상황에서, 일본의 〈오물소제법〉과 그 〈시행규칙〉을 상당부분 그대로 대한제국의 법령으로 공포한 것이다.

〈제예규칙〉에서는 오물을 '진개塵芥 · 오니汚泥 · 오수汚水 · 시뇨屎尿'의 네 가지로 분류하고, 각각에 대해 가정이나 건물에서의 처리방법을 규정했다. 쓰고 있는 용어도 모두 일본식 한자어인데, '진개'는 보통의 쓰레기, '오니'는 끈적한 진흙처럼 된 젖은 쓰레기, '시뇨'는 똥오줌을 말한다. 일본과 달리 한국의 가정에서는 온돌 난방을 했으므로 쓰레기 중에 재[煤灰]가 큰 비중을 차지한다는 차이가 있었지만, 재는 1930년대에야 법령에 추가된다. 쓰레기는 적당한 용기를 비치해서 수집해야 했다.

여기서, 1970년대까지 흔히 볼 수 있었던 담벼락에 부착된 네모난 쓰레기통이 처음 등장한다. 위의 뚜껑을 열고 쓰레기를 버리고, 수거할 때는 앞쪽 문을 열어 쓰레기를 꺼내는 식인데, 당시에는 나무로 만들었고 나중에 콘크리트로 바뀌게 된다.

오수는 돌이나 적벽돌[煉瓦], 도기陶器, 기타 물이 스미지 않는 재료로 만

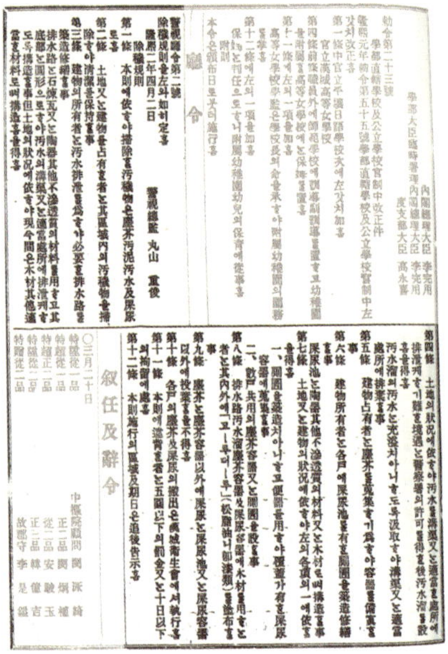

1908년 실시된 〈제예규칙〉

든 배수로를 통해 집밖 하수구[溝渠]나 적당한 장소로 배출해야 했다. 똥오줌에 대해서는 집집마다 '시뇨지 屎尿池' 즉 똥과 오줌을 함께 모을 수 있는 통이 있는 변소[廁圊]를 만들어야 했다.

쓰레기와 똥오줌은 일본인이 중심이 된 한성위생회에서 독점적으로 치워 가도록 했다. '위생비'라고 해서 한국인은 건물 1간당 한 달 2전, 일본인과 기타 외국인은 1명당 한 날 8전의 수거수수료를 부담해야 했다. 치워낸 쓰레기와 똥오줌은 성밖에 마련한 처분장으로 운반했다.

이 〈제예규칙〉은 일본의 〈오물소제법〉을 본뜬 것이지만, 〈오물소제법〉과 달리 시나 시 관계직원[吏員]의 의무와 행정처리는 다루지 않고, 토지·건물 소유주의 청소 의무만을 규정했다. 또 오물수거·처분을 한성부가 직접 운영하는 형태도 아니고 민간업자가 자유영업을 하거나 한성부로부터 도급을 받는 형태도 아닌, 한성부 주민 전체를 강제 가입시킨 한성위생회라는 별개의 '공공단체'가 운영하는 묘한 방식이었다. 〈정미7조약〉으로 일본인이 경시총감 등 대한제국의 관리가 될 수 있게 되었다지만 아직 대한제국이 엄연히 존재하는 상황에서 등장한 편법이었을 것이다. 또 이것은 서울 이외의 다른 도시에는 적용되지 않았다.

식민지시기 경성의 쓰레기·똥오줌 치기, 무상수거 유상판매의 환상

쓰레기청소부와 똥 푸는 인부가 골목을 돌면서 오물을 수거하는 풍경은, 종량제와 분리수거 실시로 쓰레기봉투와 음식물쓰레기통이 등장하고 수세식 변소가 일반화되기 전까지 흔히 보던 풍경이었다. 그런 수거체계는 서울에서는 1908년 〈제예규칙〉과 한성위생회 결성으로 수립되었다. 이런 오물 수거 방식은 이후로도 크게 달라지지 않았다. 쓰레기차가 손수레에서 트럭으로 바뀐다든지, 사람이 똥오줌을 퍼서 똥지게로 나르는 대신 펌프가 장착된 탱크차가 도입된다든지 하는 정도의 변화가 있었을 뿐이다.

그러나 전체 체계의 운영이나 특히 처분방식에는 몇 가지 굵직한 변화가 있었다. 첫번째는 1914년부터 경성부가 쓰레기·똥오줌 수거를 '직영'하게 된 일이다. 1910년 한국이 일본의 식민지가 됨으로써, '조선인'이라고 불린 한국인이나, '내지인內地人'이라고 불린 일본인이나 모두 조선총독부의 지배 아래 놓여 같은 법령의 적용을 받게 되었다. 1914년 조선총독부는 경성부를 비롯한 주요 도시를 '지방공공단체'로 규정하여 부분적 자치권과 재정권을 부여한 '부제府制'를 실시했다. 각지의 일본인

1970년대 가정집 담벼락에 부착되어 있던 쓰레기통 재현 모습

대한문 앞 하수도 공사

거류민단과 한성위생회 등은 해체되었고, 종전 한성위생회가 담당하던 시내의 오물 수거·처분 사업은 경성부가 인계했다. 이른바 오물처리의 '부 직영'이 시작된 것인데, 한싱위생회가 받던 수거수수료는 폐지되었다.

오물처리에 드는 비용은 막대했다. 부 직영이 시작된 첫 해인 1914년에는 오물(쓰레기 · 똥오줌)처리비 한 항목이 경성부 경상예산의 56.1%를 차지했다. 이후 다른 예산항목의 팽창으로 그 비중은 가파르게 감소하지만, 그래도 오물처리비는 식민지기 내내 수도비, 사무비와 함께 경성부 세출항목 중 상위 3위 안에 들었다(꺾은 선 A). 1923년부터 도입되는 상수도비, 그리고 대부분 도로·하수도 공사에 투입된 토목비까지를 합치면 거의 늘 경성부 경상예산의 40% 이상, 많을 때는 60% 이상에 이르렀다(꺾은 선 B). 경상예산이 아닌 '임시예산' 중에서도 도로나 오물처리와 관련된 비용이 상당한 비중을 차지했다(꺾은 선 C).

식민지시기 경성부 세출예산 중에서 오물처리 관련예산의 비중

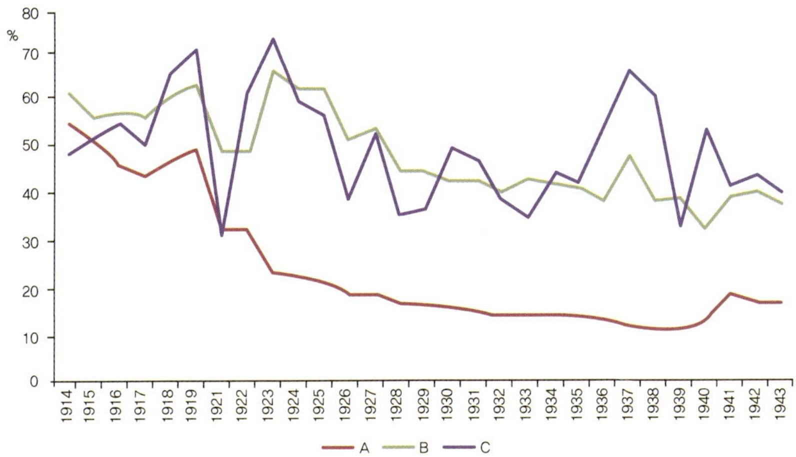

※ 비고 : A는 경상예산 중 오물소제비 비중, B는 경상예산 중 토목비+수도비(1923년부터)+오물소제비 비중, C는 예산총액(경상+임시) 중 토목, 수도, 오물소제 관련예산 비중이다.
※ 출처 : 《조선총독부통계연보》 각연도판.

경성부의 오물처리 사업은 늘 형편없는 적자였다. 1930년대 전반까지는 집집에 오물수거 수수료를 징수하지 않았으므로, 인부들에 대한 급여, 각종 도구, 쓰레기·똥오줌 처분장 운영 등에 드는 비용은 모두 부 예산으로 지출했다. 쓰레기나 똥오줌을 인근 농가나 농장에 거름으로 팔아 얻는 약간의 수입이 있었지만, 거름 판매는 예상보다 훨씬 미미했다. 경성부는 똥오줌을 이용해서 황산암모늄[硫安] 화학비료를 생산하는 공장과 계약을 맺기도 하고, 한강 건너 노량진이나 멀리 김포 쪽의 농장과 거름 공급 계약을 맺기도 했지만 성과는 신통찮았다. 거름으로 다 팔리지 않은 오물은 처분장에 그냥 쌓아두었으므로, 인근 주민은 악취와 불결함에 시달렸다. 홍수에 오물이 넘치기라도 하면 큰 문제였다. 1929년부터 8년 동안은 오물의 처분·판매는 경성비료주식회사라는 곳에 도급을 주었지만, 상황은 나아지지 않았다. 경성부와 회사 사이의 협잡과 특혜 시비도 끊이지 않았다. 결국 1935년에 가

서 경성부는 상·중·하로 차등화된 똥오줌 수거 수수료를 도입하게 된다. 위생상황 개선을 위한 하수도 개수 비용을 마련한다는 명목이었다. 1936년 〈제예규칙〉을 대신한 〈조선오물소제령〉이 공포되어 이듬해 10월부터 시행되었고 이와 함께 오물처리도 다시 경성부가 직영하게 되었으니까, 1914년에 이어 또 한 번의 큰 변화를 맞은 셈이다.

식민지시기 경성의 시구개정 사업과 빈약한 하수도 시설

조선총독부는 1910년대부터 '시구개정市區改正'이라는 이름으로, 특히 서울에 대한 도시개조 사업을 벌였다. 그것은 도시의 미래에 대한 거시적 비전이나 혹은, 충분한 조사와 종합적 계획에 입각한 도시계획이 아니라, 간선도로망 정비를 위주로 한 미봉책이었다. 일본 본국, 식민지 타이완에서와는 달리 서울의 시구개정이 조악한 방식으로 이루어진 것은 예산 부족이 가장 큰 원인이었다. 식민지 지배를 위한 철도·체신·전매·경찰·토지조사 등에 많은 비용이 필요했지만, 본국 정부는 조선총독부에 재정 독립을 요구하는 판이었다. 경성부 시구개정 사업의 일부로 1918년부터 몇 개의 시기로 구분되어 하수도의 개수도 이루어졌지만, 그것은 시구개정 사업 안에서도 후순위에 속했다.

집집마다 배출한 하수는 집 둘레에 판 '수채'를 따라 하수구에 흘러들었다. 하수구가 잎맥처럼 갈래를 치면서 도시 곳곳으로 뻗쳐서, 동네마다의 지선支線 하수구가 다시 간선 하수구로 이어졌다. 서울의 간선 하수구는 모두 청계천으로 모였다. 대부분의 간선 하수구와 중요한 지선 하수구는, 창동천이니 필동천이니 지금은 이름만 남아 있는 청계천 남북의 많은 지류를 그대로 이용한 것이었다.

하수구는 지하에 하수관을 묻는 '암거식暗渠式'과 노출된 도랑 형태의 '개거식開渠式'으로 나뉜다. 암거식은 위생적이고 땅 위의 길 모양이나 건물 배치와 무관하게 최단거리로 하수로를 배치할 수 있다는 장점이 있지만, 설치하는 데 비용이 많이 든다. 예산이 부족했던 경성부의 하수도 개수사업에서는 많은 부분을 개거식으로 처리할 수밖에 없었다.

하수처리장은 더 말할 나위도 없다. 일본에서는 이미 1900년에 〈오물소제법〉과 함께 〈하수도법〉이 공포되었고, 1914년 착공된 도쿄 미카와시마[三河島]의 오수처분장이 1922년부터 가동되고 있었다. 그러나 경성에서는 하수의 종말처리는 고사하고, 성밖 처분장에 모아놓은 똥오줌 처리에도 골머리를 앓는 형편이었다. 1908년 한성위생회 시절부터 각 집에서 쳐낸 똥오줌과 쓰레기는 일단 성밖 처분장으로 실어 갔는데, 앞서 말한 것처럼 그 다음에 처분할 방법이 마땅찮았다.

서울의 지형상 종로를 중심으로 한 동북쪽의 오물은 광희문 밖 신당리 처분장으로, 서대문부터 서울역 쪽과 용산의 오물은 이촌동이나 아현동의 처분장으로 모였다. 그러나 그 바깥으로는 한강에 둘러막혀 넓은 경작지대가 없었기 때문에, 오물을 거름으로 처분하기도 신통치 않았다. 생거름으로 팔기도 하고 가공비료도 만들어보는 등 여러 가지 실험을 거듭한 끝에 1920년대 후반 경성부는 신당리 처분장은 숭인면으로 옮겨 마차로 오물을 실어가고, 남쪽으로는 아현리에서 마포 한강변까지 지하 철관으로 매일 똥오줌 5백 석을 흘려보낸 뒤 배편으로 한강 연안 농촌에 거름을 공급한다는 계획을 세웠다. 그러나 거름 수요는 크게 증가하지 않았고 또 계절적 편차가 심했으므로, 마포 쪽에서는 넘치는 똥오줌을 몰래 한강에 그대로 방류하기도 했다. 강 건너편 노량진의 인천 상수도 취수장까지는 몰라도, 한강물을 식수로

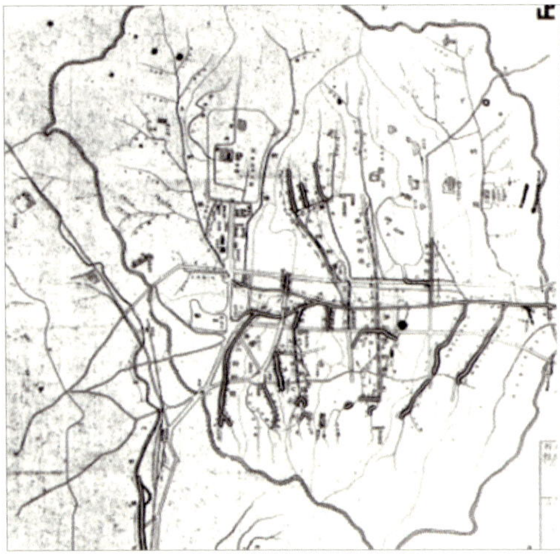

〈경성시가 하수도 간선계획도〉

쓰고 있던 마포의 좀 더 하류 동막·토정 주민들은 큰 불편을 겪었다.

1936년 〈조선오물소제령시행규칙〉에 가서야, 오물처리조를 통과하지 않은 똥오줌은 하수도나 하천, 운하, 못[池沼] 같은 공유수면에 방류할 수 없다는 규정이 만들어졌다. 그러나 이듬해 〈조선오물소제령〉이 시행된 시점은 이미 일본이 중일전쟁을 일으킨 뒤였다. 이후 1945년까지 전국이 전쟁 수행을 위한 총동원에 내몰리게 되는 상황에서 이런 규정이 제대로 실천에 옮겨졌을지는 의문이다. 1930년대 들어서는 경성에도 수세식 변소가 많이 늘었지만, 경성부 차원의 오수처리장은 없었으므로 그런 경우에는 개별 건물에 정화조를 설치할 수밖에 없었을 것으로 생각된다. 서울에서 수세식 변소의 비율이 50% 이상이 되는 것은 해방이 되고도 한참 세월이 지난 1986년부터다. 아시안게임, 올림픽 개최가 상당한 역할을 하지 않았을까 싶다.

88서울올림픽 당시 개량사업으로 신축된 신모델의 화장실

서울시의 재래식/수세식 변소 구성비와 변소 당 주민수

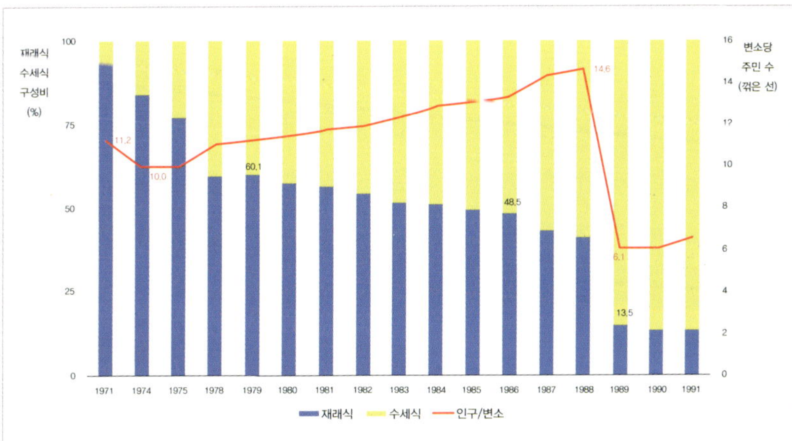

문화재가 된 하수구

2012년 9월, 서울시청 앞 서울광장과 남대문로 지하에서 1백여 년 전의 하수구가 발견되어 화제가 되었고, 2014년 7월 각각 서울특별시 기념물 제38호(서울광장 지하배수로)와 제39호(남대문로 지하배수로)로 지정되었다. 적벽돌과 모르타르 등으로 만들어진 서울광장 하수구는 동북쪽을 향하는 길이 127.7m의 간선과 서쪽인 덕수궁 쪽에서 흘러드는 두 개의 지선으로 이루어져 있다. 간선과 지선 하나는 단면이 원형이고 다른 지선은 계란형이다. 덕수궁(경운궁)을 중건한 1902년 전후 만들어졌을 것으로 추정되는 덕수궁 안의 지하배수로는 석재로 된 사각형 단면의 것이고, 1918년 시작된 경성 제1기 하수개수공사부터는 철근콘크리트가 사용되었다는 점에서, 전문가들은 이 하수구의 조성시기를 1910년대 전반으로 추측하고 있다. 1928년 경성부에서 낸《경성도시계획자료조사서》에 보면 시구개정 전에 시공된 암거 중 하나로 태평정(지금의 태평로) 2정목에서 경성일보사(서울시청 자리) 앞까지 폭 3.0척, 높이 4.5척의 내면 계란형 붉은벽돌[煉瓦] 및 모르타르[膠泥], 또는 안지름[內徑] 5.0척의 원형 모르타르조의 하수도를 들고 있다. 시공연대는 당시로서도 불명이었다. 서울광장 하수구는 청계천 지류인 정릉동천의 물길

서울광장 배수로

남대문로 배수로

태평로 배수로 내부

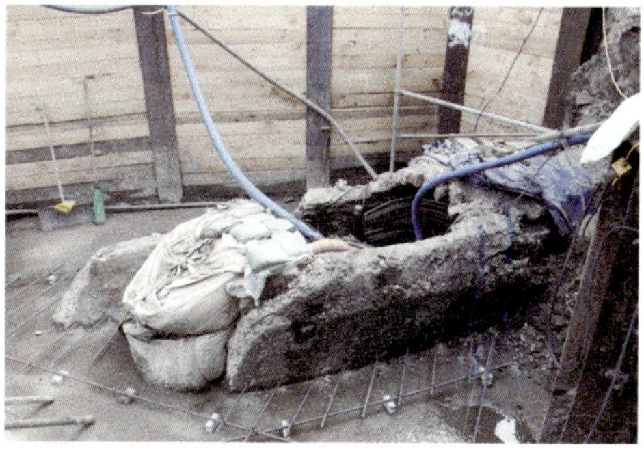

태평로 배수로 외부

과 일치하는 것이어서, 이 하수구가 암거가 되면서 정릉동천은 복개된 것이 아닌가 싶다.

한편 남대문로를 따라 한국은행 사거리에서 소광통교 구간까지 약 550m가 이어지는 남대문로 하수구는, 두 군데 현대식 하수관으로 교체된 부분을 제외한 약 394m가 지금도 그대로 사용되고 있다. 이 하수구는 아래쪽에 콘크리트가 사용되어서 서울광장 하수구보다는 너 늦은 시기의 것으로 추정된다. 아마 경성부 하수개수사업으로 조성되었을 것 같다. 혹 조선시대 회현동천의 물길과 일치하지 않나 싶지만, 역시 분명하지는 않다. 이 하수도 하류 쪽의 소광통교, 삼각동 구간에는 창동천을 암거화한 이른바 'C간선'과 접속된 흔적이 남아 있다. 아직 더 많은 연구가 필요한 부분이다.

【제6강】

경성방직 사옥,

근대 '민족자본'의 탄생과 서울 노동자들의 삶

서문석 단국대학교 교수

06

경성방직 사옥, 근대 '민족자본'의 탄생과 서울 노동자들의 삶

경성방직 사옥

영등포 역 앞 거대한 쇼핑몰 옆에는 다소곳한 새색시처럼 옷매무새를 잘 다듬은 예쁜 건물이 단아하게 서 있다. 경성방직 사무동 건물이다. 붉은 벽돌에 목조 트러스 지붕을 하고 있는데, 1936년에 지어진 이후 원형이 거의 그대로 남아있다고 한다.

이 사무동은 2003년 경성방직 영등포 공장이 폐쇄되면서 사용이 중지되었지만 2004년 12월 31일에 등록문화재 135호로 지정되었다. 그 후 이 건물은 2006년 복합쇼핑몰 공사 때에 해체되어 부자재 상태로 보관되었다가 쇼핑몰에 밀려서 처음 위치에서 남쪽으로 이동한 자리에 복원되었다.

복원과정에서 일부 외형에는 불가피한 변형이 있었다고 하더라도 우리 자본으로 세운 최초의 근대적 대규모 공장의 일부였다는 측면에서 이 건물의 의의는 충분하다. 근대적 의미에서 공장이라고 하면 기계제 대공장을 가리킨다. 여기에서 기계제 대공장이란 자체 동력장치를 갖춘 대규모 기계 설비를 중심으로 대량생산이 이루어지는 공장을 말한다. 이런 근대적 기계제 대공장 중에서 한국인 자본으로 세운 첫 번째 공장이 경성방직주식회사 京城紡織株式會社였고, 이 건물이 바로 경성방직주식회사의 사무동이다.

세월이 흘러 공장의 가동이 중단되자 사무동도 그 역할을 마감했다. 그리고 공장부지에 대형쇼핑몰이 등장한 이후 이 건물은 경성방직주식회사의 화려했던 역사를 간직하고 있는 유일한 흔적으로 남아 있다. 따라서 이 사무동은 모습 자체보다도 그 역사적 의미가 각별한 유산이라고 하겠다.

경성방직 사옥 복원 전 외부(상)와 내부(하)

경성방직주식회사의 설립

경성방직주식회사는 1919년 고창 김씨 가문의 김성수金性洙에 의해 설립되었다. 그는 일본 유학을 마치고 귀국하여 동아일보를 창립하였고 고려대학교의 전신인 보성전문학교를 인수하는 등 여러 방면에서 활발하게 움직였다. 해방 이후 1951년에 제2대 부통령으로 선출되는 등 한국근현대사에 큰 족적을 남겼지만 일제 말기의 친일행적에 대한 논란에서 자유롭지는 못하다.

김성수는 전국의 자산가들을 설득해서 투자자금을 모아 경성방직주식회사를 설립했다. 이 회사는 초대 사장에 박영효를 영입하며 의욕적으로 출발

경성방직 사옥 복원 후 외부

하였으나 설립 준비과정에서 잘못된 투자로 심각한 손실을 입었다. 회사가 긴급자금을 마련해야 하는 상황까지 몰리자 김성수가 가산을 담보로 은행에서 자금을 차입해야만 했다. 그리고 집안의 도움을 얻어 증자를 하고서야 회사가 정상화 될 정도로 설립과정에서 우여곡절을 겪었다.

이렇게 김성수가 면방직공장의 설립에 매달리게 된 것은 일본 유학 중에 근대자본주의의 기점에 면방직업이 있으며 개항장에서 가장 많이 수입된 상품도 서양 면직물이라는 사실을 알게 되었기 때문일 것이다. 그런 상황 속에서 일본 자본에 의해 조선방직주식회사朝鮮紡織株式會社가 먼저 설립되자 그도 회사 설립에 직접 나서게 되었다. 조선방직은 일본 미쓰이[三井] 계열의 자금을 배경으로 1917년 부산 범일동에 설립된 한반도 최초의 근대적 대규모 공장이었다. 이 공장이 설립되는 것을 보면서 김성수를 비롯하여

경성방직 사옥 복원 후 내부

경성방직의 설립에 참여한 인사들은 우리 민족도 스스로의 방직공장을 가져야겠다는 생각을 하였다고 한다.

산업혁명의 추진체 : 면방직업

면방직공장이 중요한 것은 이것이 산업혁명의 출발점이 되기 때문이다. 대부분의 국가에서 근대적인 산업발전은 면방직부문에서 시작되었다. 가장 먼저 산업혁명을 달성했던 영국에서도 새롭게 발명된 기계를 중심으로 면방직 공장들이 세워졌다. 그리고 이런 발전과정은 거의 모든 나라의 근대적 산업발전과정에 그대로 적용되었다.

서울 중앙고에 있는 김성수 동상

면방직업이 산업혁명을 주도하게 된 데에는 몇 가지 이유가 있었다. 첫째는 면제품이 생활필수품이었다는 점이다. 따라서 면제품은 생산만 되면 얼마든지 팔릴 수 있을 정도로 충분한 수요가 확보되어 있었다. 이런 사정 때문에 많은 사람들이 면방직업에 관심을 가졌고, 새로운 기계가 발명되고 개선되었다. 둘째는 면방직업의 원료인 면화가 다른 섬유 원료보다 기계화하기 쉬운 기술적 측면을 가지고 있었다는 점이다. 실을 만드는 과정에서 목화솜이 다른 섬유원료보다 훨씬 다루기가 쉽고 기계화도 쉬웠다. 따라서 효율적인 기계들이 발명되고 개량되면서 생산을 크게 늘릴 수 있었다. 셋째는 서양에서 면방직업은 새롭게 등장한 산업이었기 때문에 사회적인 제약이 상대적으로 적었다는 점이다. 중세의 특권에 얽매이지 않았던 면방직업은 자유롭게 생산하고 유통시킬 수 있었다. 넷째는 면방직업이 경공업이기 때문에 상대적으로 적은 자본으로도 창업할 수 있었다는 점이다. 따라서 금융제도 등의 경제적 기반이 갖추어지기 이전이라고 하더라도 투자가 이루어질 수 있었다. 다섯째는 면방직업이 노동집약적 생산방식을 활용했기 때문에 산업 발전 초기에 상대적으로 풍부한 노동력을 활용할 수 있었다는 점이다. 따라서 높은 실업률에 시달리던 후진국에서 면방직업은 실업을 감소시켜서 산업화의 동력을 이끌어 낼 수 있는 효율적인 산업이었던 것이다.

기계제 면방직업의 출현

인도가 원산지로 알려진 면화는 중국을 거쳐 우리나라에는 고려 말경에 전래되었다. 이후 남부지방을 중심으로 면화가 재배되었고, 목화솜으로 실을 만들고 천을 짜서 옷을 만들어 입었으며, 시장에 내다 팔기도 했다. 이런 전통적인 면직물은 무명, 토착면포土着綿布, 재래면포在來綿布 등으로 불렸다.

근대가 시작되던 19세기 말에 개항장을 통해 서양 면제품이 우리에게 소개되었다. 1876년에 부산항이, 1883년에 인천항이 개항되자 그동안 우리가 만들었던 재래 면제품과는 다른 모양의 서양 면제품이 대거 몰려들었다. 서양 면제품 중에 대표적인 상품인 직물은 실을 뽑는 방적과정과 천을 짜는 직포과정에서 모두 최신 기계를 활용한 것이었다. 따라서 면사綿絲는 굵기가 일정할 뿐만 아니라 강도도 높았다. 또한 이 실을 가지고 짠 면포綿布는 재래면포보다 폭이 훨씬 넓었을 뿐만 아니라 표면도 매끄러웠고 표백이 된 것도 있었다. 그래서 옥양목玉洋木, 서양포西洋布, 양포洋布, 광목廣木, 상목上木 등으로 불리었다. 당시 개항장에서 가장 많이 수입되었던 것이 바로 서양 면직물이었다. 이 면직물의 인기는 대단해서 수백 년 이어오던 우리 재래 면사와 면포는 그 자리를 내어주어야만 했다.

이렇게 기계제 면사와 면포에 대한 수요가 확보되자 일본 상인들은 일본

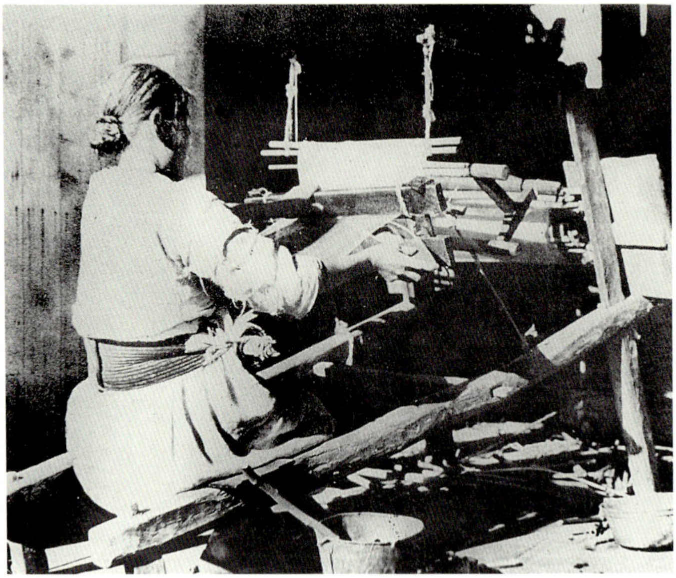

전통적인 베 짜는 모습

산 기계제 면제품을 한국에 판매하기 시작했다. 일본산 면제품은 한국의 시장을 빠르게 장악하면서 판매량을 늘려갔으며, 한국이 식민지로 전락하자 그 비중을 더욱 높여갔다. 바로 이런 시장상황을 활용하려고 했던 것이 조선방직주식회사였고, 이런 움직임에 대해 우리도 스스로 면직물을 생산해야겠다는 생각으로 생산설비를 갖추었던 것이 경성방직주식회사였다.

경성방직주식회사의 초기 경영

경성방직주식회사는 1919년에 자본금 100만 원으로 설립되어 직기 100대를 가지고 1923년에 조업을 시작했다. 하지만 초기 상황은 녹록하지 않았다. 국내시장은 이미 일본 동양방적주식회사東洋紡績株式會社의 3A표 광목이 장

1923년 《동아일보》에 게재된 경성방직 광고

악하고 있었다. 여기에다가 조선방직주식회사는 1917년에 자본금 500만 원으로 설립되어 1만 5,200추의 방기와 610대의 직기를 가지고 1919년부터 이미 생산을 하고 있었다. 따라서 이 회사의 면제품과도 경쟁을 해야만 했다.

경성방직이 면직물을 생산하기 시작하였지만 판매가 원활하게 이루어지지는 않았다. 생산 경험이 적은데다가 면사를 수입해서 직포만 하는 상황이었기 때문에 일본제품들과의 경쟁에서 우위를 점하기가 쉽지 않았던 것이다. 그래서 일본제품의 침투가 상대적으로 적었던 한반도 북부 지역에 판매망을 구축하기 시작했다. 관서·관북지역에 집중적으로 제품을 선전했고, 각 지역에 적절한 다양한 면직물을 생산하는 동시에 물산장려운동과 총독부와의 보조금 협상 등을 통해 초기의 어려움을 극복해 나갈 수 있었다.

영등포 공장지대

영등포의 공업지대화

경성방직이 영등포에 공장을 건설하기로 결정하기 이전까지 영등포는 공업지대가 아니었다. 조선 후기부터 영등포보다 더 많은 물자가 서울로 올라가는 길목은 용산이었다. 하지만 용산은 저지대라서 수해가 잦았기 때문에 제대로 활용되지 못하고 있었다. 그런데 1900년에 철도가 개통되자 용산역 부근에 대규모 공장들이 들어서고, 1910년대에 들어서면서 용산을 시가지로 개발하려는 계획이 구상되기 시작했다. 따라서 용산에 공장의 신설이 제한되었고 그 대신에 영등포가 새로운 공업지대로 부상했다. 이렇게 영등포가 공업지대로 떠오르게 된 데에는 무엇보다도 경인선과 경부선의 분기점으로 육상교통이 편했다는 이점 때문이었다. 또한 한강을 통한 수상교통까지 편리했으며, 강물을 공업용수로 활용할 수 있다는 장점도 가지고 있었다. 그리고 영등포역 주변의 땅이 평탄했기 때문에 대형 공장들이 자리 잡을 수 있는 지형적인 조건까지 갖추고 있었다.

1911년 조선피혁주식회사의 설립을 신호탄으로 1919년에 용산공작소 영등포공장, 1923년에 경성방직주식회사 영등포공장 등이 설립되었고, 1924년에는 대일본맥주주식회사가 영등포에 공장 부지를 구입하였다. 하지만 1930년대부터는 이 지역의 성격이 달라지기 시작했다. 이전까지 영등포에 설립된 공장들은 대부분 식민지 조선 내의 수요에 부응하기 위한 것들이었지만 이후부터는 일본제국 전체의 시각이 투영된 공장들이 세워지기 시작했다.

미국으로부터 대공황의 여파가 밀어닥치자 일본에서도 중요산업에 대한 통제정책이 시행되었을 뿐만 아니라 만주국에서조차 일본재벌의 투자를 제한했다. 그러자 일본 자본들은 이런 모든 통제로부터 벗어나 있는 식민지 조선으로 눈을 돌리게 되었다. 식민지 조선에는 저임금의 노동력이 풍부했을 뿐만 아니라 북부지역의 수력발전을 통한 저렴한 전기 공급까지 가능했다. 그 결과 한반도는 일본 자본의 매력적인 투자처가 되었다. 여기에다가 1931년 조선총독으로 부임한 우가키 가즈시게[宇垣一成]의 '일선만日鮮滿 블럭' 구상에 따라 식민지 조선이 조공업지대粗工業地帶로 설정되면서 일본 자본의 식민지 조선에 대한 침투가 본격화되었다.

1930년대 영등포에 대규모 공장을 세운 선두주자는 조선맥주주식회사朝鮮麥酒株式會社였다. 이 공장에 이어 경쟁업체인 기린맥주주식회사麒麟麥酒株式會社도 그 해 12월에 소화기린맥주주식회사昭和麒麟麥酒株式會社를 설립했다.

이어서 일본의 대표적인 섬유재벌들도 영등포에 공장을 세우기 시작했다. 먼저 1936년에 종연방적주식회사鐘淵紡績株式會社가 경성방직 옆 8만여 평의 부지에 최신설비를 갖춘 1만 2,000여 평 규모의 공장을 신축하였다. 이어서 1937년에 동양방적주식회사東洋紡績株式會社도 종연방적 옆 2만여 평에 최신 설비를 갖춘 공장을 건설했다. 그리고 1939년에는 대일본방적회사大日本紡績株式會社도 조선피혁주식회사 남쪽 4만 3,000여 평의 부지에 공장을 설립했다. 이제 일본의 3대 방적회사가 모두 영등포에 공장을 건립함으로써 영등포가 섬유산업의 중심지가 되었다. 당시 영등포에 설립되었던 경성방직, 종연방적 경성공장, 동양방적 경성공장의 해방 직후 설비 규모는 전체 면방적업계 방기의 37%, 직기의 42.4%를 차지할 정도로 비중이 컸다.

해방 당시 서울지역 대규모 면방직 공장의 설비 상황

공장별	방적기(추)			직포기(대)		
	설치설비	미설치설비	업계전체 설비 대비 비중(%)	설치설비	미설치설비	업계전체 설비 대비 비중(%)
경성방직(경성)	25,600	4,600	8.9	896	0	9.3
종연방적(경성)	48,320	1,400	14.7	1,525	0	15.8
동양방적(경성)	45,328	0	13.4	1,440	231	17.3
3공장 합계	119,248	6,000	37.0	3,861	231	42.4
	125,248			4,092		
업계전체합계	253,848	83,464	100	8,640	969	100
총합계	337,312		100	9,609		100

이외에도 1930년대 후반에는 수천 평의 부지를 갖춘 여러 공장들이 영등포에 설립되었다. 이렇게 많은 공장이 설립되자 영등포는 1920년대부터 모여든 사람들로 1930년대 후반이 되면 주택난이 심각한 수준이 되었다. 이 문제를 해결하기 위하여 대규모 공장들이 직원들을 위한 숙소를 만들기 시작하였다. 또한 전문적인 주택업자들이 주택을 짓기 시작하면서 영등포 공

장 주변의 모습이 바뀌기 시작했다. 각 공장들은 공장 부근에 소규모 땅을 마련하고 이곳에 숙소를 만들었다. 종연방적의 경우에는 구내에 100여 세대의 직원들을 위한 사택촌을 마련했으며, 단독주택이나 연립주택까지도 제공했다. 뿐만 아니라 동양방적·대일본맥주·경기염직·용산공작소 등도 직원 숙소를 만들었으며, 1941년에는 조선주택영단에서 영등포지구의 2만여 평에 약 500채의 영단주택을 건설하여, 현재까지 문래동의 오백채마을로 그 흔적이 남았다.

경성방직의 발전

1930년대에 최신설비를 갖춘 대규모 면방직공장들이 영등포에 신설되자 경성방직도 염원이던 방적설비를 갖추기로 하였다. 경성방직은 그동안 수입에 의존하던 면사를 직접 생산하기 위해 방적설비를 갖추기로 한 것이다. 이런 결정은 면사를 직접 만들어서 천을 짜는 다른 공장들과의 경쟁에서 살아남기 위해서는 어쩔 수 없는 선택이었다. 당시 조선총독부가 면화의 수입에는 관세를 감면해 주었지만 면사의 수입에는 관세를 부과했기 때문이다.

경성방직은 조선방직에 근무하던 한국인 방적기술자들을 영입하여 1936년 가을부터 면사를 생산하기 시작했다. 이로써 경성방직은 방기 2만 1,600추, 직기 896대를 갖춘 일관생산방식의 근대적 공장이 되었다. 이렇게 공장을 증설하면서 사무동 건물도 신축했던 것으로 보인다. 경성방직은 한걸음 더 나아가 1939년에 만주 소가둔蘇家屯의 27만 평 대지에 3만 5,000추의 방기와 1,000대의 직기, 1,000만 원의 자본금을 가진 남만방적주식회사를 설립하였다. 당시 영등포공장 자본금이 280만 원인 것을 감안하면 대규모 투자였다.

경성방직 공장 전경

경성방직 공장 내부

남만방적 공장

그러나 경성방직은 일본이 패망하고 한반도가 분단되면서 만주의 남만방적과 북한지역에 있던 3개의 조면공장을 잃게 되었다. 뿐만 아니라 해방 직후 혼란과정에서 양평공장이 소실되었고 6·25전쟁으로 의정부공장과 시흥공장을 잃는 등 해방과 전쟁 와중에서 큰 손실을 보았다.

하지만 이런 어려움을 극복하고 1956년에는 우리나라에서 최초로 주식을 상장했으며, 1970년에는 회사명을 주식회사 경방으로 바꾸었다. 1974년에는 최신설비를 갖춘 용인공장을 신설하였고, 1984년에는 영등포공장의 가공시설을 옮겨 반월공장을 완공하였고, 1988년에는 광주공장을 준공하였다. 반면에 영등포공장은 설비가 노후화함에 따라 1990년에 직포부문을 폐쇄하였으며, 2006년 6월에는 공장동을 철거하였다. 이로써 경성방직의 영등포시대는 마감되었다.

경성방직의 사람들

그렇다면 경성방직에 종사했던 사람들은 어떤 사람들이었을까? 먼저 경영진에는 회사를 창립하고 기반을 마련했던 김성수와 그의 동생 김연수金秊洙가 있다. 김연수는 1921년에 교토제국대학 경제학과를 졸업하고 경성방직에 입사해서 1935년에 사장이 되어 경성방직을 이끌었다. 그리고 초대 사장을 맡았던 박영효도 조선식산은행과의 원만한 관계를 통해 자금운용을 원활하게 하는 데에 공헌했던 것으로 알려지고 있다.

김연수

자본과 경영을 맡았던 경영진들 이외에 공장의 기술부문을 맡고 있던 기술자들이 있다. 1940년 전후에 경성방직에는 모두 12명의 한국인 고급기술자가 있었다. 일제강점기에 다른 대규모 면방직 공장에서 근무했던 한국인 기술자가 3개 공장에 4명만이 있었던 것을 감안하면 이런 정도의 한국인 고급기술자의 규모는 아주 많은 것이었다. 경성방직 주변의 종연방적 경성공장과 동양방적 경성공장에는 한국인 기술자가 전혀 없이 일본인 기술자들로만 운영되었다.

12명의 기술자는 이강현 · 현득영 · 김규선 · 윤주복 · 유홍 · 황영모·김선태·김석훈·진재홍·김병운·김종규·유종만 등이었다. 이들을 전공별로 보면 '염직과'가 개설되어 있던 경성공업전문학교京城工業專門學校 출신의 현득영과 김규선만 '염직'이고, 나머지는 방직학과가 개설되어 있던 경성고등공업학교京城高等工業學校 졸업생들로 모두 '방직' 전공이다. 일본에서 교육을 받았던 이강현은 '기계', 윤주복은 '응용화학', 김선태는 '전기'를 전공하였다. 결국 경성방직은 섬유관련 고급기술자와 기계, 전기, 응용화학 등 당시 대규모 면방직공장에서 갖추었던 모든 분야의 고급기술자를 한국인들로만 구성하고 보유하고 있었다.

출신학교별로 보면 경성고등공업학교와 이 학교의 전신인 경성공업전문학교 졸업생들이 8명으로 대부분을 차지하고 있으며, 규슈제국대학, 와세다대학, 도쿄공업대학 졸업생들이 각각 1명씩 있었다. 졸업연도별로 보면 1910년대 졸업자는 2명, 1920년대 졸업자는 3명, 그리고 나머지 7명은 모두 1930년대 졸업자들이다.

경성방직주식회사 소속 고급기술자

성명	출신학교	전공	졸업년도
이강현	도쿄공업대학	기계	1911
현득영	경성공업전문학교	염직	1918
김규선	경성공업전문학교	염직	1920
윤주복	경성고등공업학교, 규슈제국대학	방직, 응용화학	1923 1929
유홍	경성고등공업학교	방직	1924
황영모	교토제국대학	기계	1931
김선태	와세다대학	전기	1932
김석훈	경성고등공업학교	방직	1933
진재홍	경성고등공업학교	방직	1934
김병운	경성고등공업학교	방직	1935
김종규	경성고등공업학교	방직	1938
유종만	경성고등공업학교	방직	1938

경성고등공업학교 정문

경성고등공업학교에서의 공업 수업 광경

해방 직후에는 경성방직이 만주에 설립했던 남만방적에서 근무하던 기술자들도 귀국했다. 이들은 기술인력이 부족해서 큰 어려움을 겪고 있던 옛 일본인 소유 공장들에서 기술공백을 메우는 중요한 구실을 하였다. 특히 동양방적 경성공장에서는 이들이 중심이 되어 조업이 재개될 수 있었다. 이런 측면에서 보면 경성방직은 일제강점기에 한국인만으로 공장을 운영했다는 사실보다 오히려 스스로의 역량을 확보하여 해방 이후 면방직업 재건에 큰 기여를 했다는 점에 더 큰 의의가 있다고 할 수 있다.

한편 기능인력은 공장 내의 기술관련 분야에서 중간관리를 담당하고 있는 종사자들로 공업학교에서 기능을 습득하였거나 공장 내에서의 오랜 실무경험을 바탕으로 하고 있는 사람들이다. 하지만 학력과 근무처가 드러나 있는 고급기술자들과는 달리 이들에 대해서는 단편적인 기록들만 남아있어서 그 전모를 파악하기는 어렵다. 기록들을 참조하면 직포설비만 갖추고 있었던 1926년과 1931년에는 직공이 각각 370명, 350여 명 수준이었다. 하지만 방적설비까지 갖추었던 1938년에는 직공이 526명, 여공이 1,172명, 남성직원이 19명, 여성직원이 18명으로 총 1,698명이었다. 그리고 영등포공장 이외에 다른 여러 공장들이 설립되었던 1940년대에는 남만방적을 제외한 산하 공장의 종업원이 약 3,500여 명에 이르렀다고 한다.

경성방직 사람들의 일상

경성방직에서는 한국인 기술자들을 고용하기 위해서 경성고등공업학교 방직학과의 우수한 한국인 졸업생들을 미리 영입했다고 한다. 이들은 재학시절에 이미 경성방직에서 실습기간을 갖기도 했다. 방학기간 중 약 1달 정도 진행된 실습기간에는 집에서 통근을 하면서 여러 부서에서 잡일을 하며 공정을 익혔다. 졸업 후 경성방직에 취업을 하면 6개월의 실습기간 동안 전체 공정을 이해할 수 있도록 각 공정의 업무를 익히는 기간을 가졌다. 실습기간을 마치면 하루 12시간씩 근무하는 운전이나 보전保全 등의 담임을 맡는 것이 일반적이었다고 한다. 이들은 승진도 빨랐고 공장의 기술적 책임을 지는 공장장이나 이사가 되기도 했다.

한편 기능인력들은 주로 설비의 보수와 운전을 담당했다. 1950년대에 이들은 아침 6시부터 저녁 6시까지 12시간 근무를 했기 때문에 새벽 5시 반까지 출근해야만 했다. 출근복장에 제한은 없었으며, 출근할 때 경비실에 제출하는 작은 수첩형태의 출근카드는 총무과로 보내졌다가 다시 각 부서별로 나눠져 현장에서 도장을 찍어서 개인별로 되돌려 받았다. 사무실에 출근한 이들은 각 부서별로 마련되어 있는 사무실에서 자신들이 미리 가져다 놓은 작업복으로 갈아입고 일을 시작했다. 당시 남자 기능인력들이 주로 근무하던 보전반은 8~9평 정도 되는 공간에 과장이나 수석, 차석 등이 공동으로 사용하는 책상과 의자가 있었으며 중요한 공구들이 갖추어져 있었다. 사무실은 자신들이 보전을 책임진 설비가 있는 건물 옆에 있었다. 공장에 출근한 기능인력들은 작업이 시작되기 전에 조회를 열어 지시사항을 검토하고 업무지시를 받았다. 이들은 별도로 사내교육을 받지는 않았지만 기계를 다루는 과정에서 점차 숙련공이 되어갔다.

기능인력들은 작업 중에 화장실 등을 자유스럽게 다닐 수 있었지만 3시간 정도 일하고 10분 정도 쉬는 방식으로 오전에 한 번, 오후에 한 번 정도 쉴 수 있었다. 6·25전쟁 직후에는 식당 건물이 없었기 때문에 아무 곳에서나 자기가 집에서 가지고 온 점심을 먹었으며 남는 시간은 비슷한 연배들끼리 운동을 하면서 보냈다. 어려운 환경 속에서 휴식보다는 생계유지를 위해 주말과 휴일, 심지어는 명절도 없이 기계의 소음 사이에서 생활해야 했다. 하지만 때때로 퇴근 이후에는 우체국, 영등포시장 쪽의 야시장에 가서 술·부침개·빵 등을 사먹기도 했으며, 경성방직 사람들이면 외상도 주는 막걸리집들과 유명한 송죽장에 가서 중국음식도 먹었고, 영등포 로터리에 있던 영보극장에서 영화를 보는 '호사'를 누리기도 했다.

하지만 전체 공장의 인력 중에서 대다수를 차지하는 것은 소위 '여공'이라고 불렸던 여성 직공들이었다. 이들은 설비가 자동화되면서 점차 그 비중이 감소했지만 1960년대까지도 공장 전체 인력의 약 80% 내외를 차지했다. 식민지시기에 여공들은 심지어 11살짜리부터 있었으며, 지방에서 흉년이 들거나 홍수가 나면 담당 직원들이 가서 미혼 여성들을 보통 부모와 3년 계

1970년대 경성방직 공장 전경

약을 하고 데려와서 기숙사에서 생활을 하도록 했다. 이들은 계약기간 동안 외출도 자유롭게 할 수가 없었으며, 퇴사조차도 쉽지 않았다. 하지만 경성방직에 입사하는 것이 어려웠던 1960년대에는 식모살이를 하며 취업을 기다리기도 하였고, 다른 산업이 급성장하던 1970년대에는 다시 방직공장의 구애를 받기도 했다.

1960년대 입사시험에는 학력제한이 없었지만 젓가락질, 실 매듭 짓는 것 등으로 입사시험을 대신했다. 또한 150cm 이상의 키와 47kg 이상의 체중도 중요한 합격기준이었다. 여공들이 입사하면 각 부서마다 양성반장이 신입 여공들을 교육시켰다. 2~3개월 동안 양성반에서 훈련을 받은 대부분의 여공들은 방적과 직포 공정에 배치되었지만 일부 여공들은 기계의 먼지를 닦

오늘날 전시공간과 카페로 사용되는 경성방직 사무동 내부

고 기름을 쳐주는 보전반에서 근무하기도 했다. 1960년대에 들어서면 집진 시설과 온도와 습도 조절장치가 갖춰지고, 최신 설비가 도입되면서 작업환경이 나아졌다. 하지만 그 이전에는 시야가 흐릴 정도로 먼지가 가득차거나 청각 장애를 겪을 정도의 큰 소음이 나는 작업환경에서 12시간의 장시간 노동에 시달려야 했다.

일제강점기에는 여자기숙사 시설이 갖추어져 있었으나 6·25전쟁으로 소실되었고 일부 남아있던 시설을 공장시설로 전용하여 전쟁 이후에는 기숙사시설이 없었다. 이때 여공들은 주로 도림동이나 영일동, 신풍동에서 방을 얻어서 여러 여공들이 함께 자취를 하기도 했다. 12시간 2교대로 이어지던 작업시간이 1960년대 후반에 3교대로 전환되면서 그나마 작업강도는 조금 나아졌지만 여전히 이들은 작업시간에 전혀 쉬는 시간이 없었다. 반장이나 조장을 통해야만 화장실도 갔다 올 수가 있었다. 식사시간에조차 기계가 정상 가동되도록 순번대로 밥을 먹고 와야 하는 했으며, 업무시간이 끝날 때도 기계 앞에서 다음 작업자와 기계 상태에 대해 전달하고 교대를 해야 할 정도로 24시간 가동되는 기계에 얽매여 있었다.

지금 이 경성방직 사무동에서 공장의 소음과 창백한 얼굴의 여공들 대신에 세련된 문화공간이 들어서 있다. 하지만 한강의 기적을 일구어냈다는 자부심과 함께 화려한 성장의 그늘에서 어려운 시대를 온몸으로 겪었을 그들의 애환은 복원된 사무동의 벽돌마다 켜켜이 쌓여 이곳을 찾는 따뜻한 마음의 눈 밝은 사람들에게 고스란히 되살아 날 것이다.

【제7강】

구 서울대 본관, 식민지시기 경성제국대학

정준영 서울대학교 규장각 HK교수

07

구 서울대 본관, 식민지시기 경성제국대학

왜 경성제국대학인가?

1945년 8월 경성제국대학은 일제의 패망과 동시에 역사의 무대에서 사라졌다. 대학설립이 확정된 것이 1924년 5월이었고 학부교육은 1926년 4월에야 시작되었으니, 경성제국대학이 식민지사회에서 최고 학부로 존속했던 것은 채 20년도 안 되는 짧은 시기였다. 학교의 규모 또한 크지 않아서 이공학부가 세워졌던 1941년 이전까지는 학부는 2개, 입학생은 160명 정도였고, 졸업생 또한 15회 1,977명에 불과했다. 이것은 당시 일본의 종합대학인 다른 제국대학과 비교해도 현격하게 작은 규모였다.

이처럼 경성제국대학은 규모가 작은 일개 학교에 불과했지만, 그렇다고 이것이 차지하는 역사사회학적 비중과 교육사적 함의가 결코 작았다고 할 수는 없다. 경성제대는 식민당국에 의해서 세워지기는 했지만, 한국사회에 설립된 첫 '대학university'이었기 때문이다. 물론 한국사회는 서유럽에서 기원한 이 '대학'이라는 제도가 도입되기 훨씬 이전부터 독자적인 고등교육의 오랜 전통을 가지고 있었다. 근대체계 속에 편입된 이후에는 근대지식의 수

구 서울대 본관 일제강점기 경성제국대학 본관 건물로, 현재에는 한국문화예술진흥원 건물로 사용되고 있다.

용에 대한 필요성이 대두되면서 다양한 방식으로 서구적 고등교육 제도인 '대학'의 설립이 모색되기도 했다. 하지만 학술지식의 생산, 즉 연구에 중점을 둔 근대적 형태의 '대학'은 일제 식민통치의 기간 동안에는 경성제국대학 하나뿐이었다. 조선총독부는 자신들이 설립한 이 학교 이외에는 대학을 설립하려는 어떠한 시도도 허용하지 않았다. 그런데 여기에서 식민지공간에서 경성제국대학이 차지했던 독특한 측면들이 드러난다.

무엇보다도 경성제국대학은 총독부가 세운 식민대학이었다. 총독부는 식민화 이래 '동화'를 통치의 이념으로 표방했다. 특히 식민교육은 한국인을

경성제국대학 전경

제국일본의 신민臣民으로 만드는 중요한 정책적 수단으로 간주되었는데, 경성제국대학의 설립은 초등교육부터 시작되는 식민교육의 체제가 '완성'되었음을 과시하는 상징적인 사건이었다. 실제로 경성제국대학이 얼마나 식민통치에 순응적인 기능적인 토착엘리트를 창출했는지는 보다 면밀한 고찰이 필요하겠지만, 이 대학의 존재 자체가 체계적인 식민교육을 통해 제국신민을 창출하고, 이를 통해 식민통치의 영속성을 지향했던 이데올로기적 장치로 기능했던 것은 확실하다.

더욱이 경성제국대학은 식민모국의 최고학부를 본 따 만든 제국대학이기도 했다. 메이지유신 직후 일본은 단기간 내에 서구열강을 따라잡기 위해서는 서구의 과학과 학술지식을 집중적으로 수용하는 한편, 이를 바탕으로 근대국가의 구축에 필요한 학술적 지식을 체계적으로 생산해야 할 필요성에 직면했다. 1866년 처음 설립되었던 제국대학은 이러한 국가적 필요성에

공릉동 구 서울공과대학 건물 1942년 경성제대 이공학부가 신설되면서 지어졌다. 현재 서울과학기술대학교 건물로 사용되고 있다.

부응해서 설립된 특권적 기관으로 근대지식을 몸에 익힌 국가엘리트를 집중적으로 육성하는 한편, 학술지식의 생산을 제도적으로 독점함으로써 '근대지식'을 국가통치의 중요한 지적知的인 자원으로 활용하는 배타적 토대를 마련하게 되었다. 경성제국대학은 이러한 제국대학의 일원이었다. 특히 경성제국대학은 식민통치의 대상으로서 식민지 조선을 위시한 '동양'과 '대륙'에 대한 과학적·학문적 지식을 체계적으로 생산함으로써 일본의 제국경영에 기여했다. 더욱이 경성제국대학은 식민지에서 이러한 학술지식의 체계적인 생산을 유일하게 허용 받은 공간이기도 했다. 식민지 지식인의 입장에서는 대항의식을 가지면서도 끊임없이 의식하고 영향을 받을 수밖에 없었던 학술권력이었다.

그런데 경성제국대학이 식민권력의 의도, 제국통치의 기능으로 수렴될 수 있는 단순한 이데올로기 장치였냐 하면 꼭 그렇지만도 않았다는 사실은 주의할 필요가 있다. 어찌되었든 일본의 제국대학이 학문적 자율성을 근간으로 하는 '근대대학modern university'의 이념에 바탕을 두고 있었고, 설립당국의 의도와는 무관하게 "국가에 수요須要한 학술"을 창출해야 한다는 사명과 제대로 된 학술이 가능하기 위해서는 학문적 자율성을 확보해야 한다는 당위 사이에서 끊임없는 긴장과 갈등이 유발되었기 때문이다. 경성제국대학도 제국대학으로 설립되었기 때문에, 총독부의 의도와는 무관하게 이러한 긴장관계에서 자유롭기 어려웠다. 더욱이 이러한 긴장관계는 식민지라는 특수 상황과 맞물려 독특한 양상으로 나타나기도 했다. 제국대학이라는 특권 하에서 오히려 그 밖의 식민지 공간에서는 완전히 봉쇄되었던 반反제국주의, 반反식민주의적인 학문실천이 가능할 수 있었다는 역설은 이러한 양상을 단적으로 보여주는 사례였다.

이처럼 경성제국대학은 식민권력의 의도에 의해 설립된 식민대학이었고 제국통치에 기능하는 제국대학이었지만, 동시에 이례적으로 제한적이나마 학문적 자율성을 보장받은 근대대학이었다. 그리고 이 세 가지 측면들은 실제 경성제국대학의 설립과 운영과정에서 끊임없이 상호모순과 타협을 일으켰다.

경성제국대학이란 어떤 대학이었나?

경성제국대학의 구체적인 탄생 경위와 변천과정을 살펴보기 이전에 경성제국대학이 어떤 대학이었는지를 간단히 살펴볼 필요가 있겠다. 경성제국대학은 전문 연구자가 아니더라도 꽤나 친숙한 이름이지만, 이 대학이 제도적으로 오늘날의 대학과는 상당히 다른 형태라는 점은 그다지 많이 알려지지 않고 있는 것 같다. 가령, 일제시기의 교육기관은 '중학교', '고등학교', '대학' 등 오늘날 우리에게도 친숙한 이름으로 불리고 있지만, 실제 오늘날의 교육기관과는 다른 것이다.

일제강점기 한국인과 일본인은 별도의 학교를 다니고 있었는데, 1939년까지 한국인 학교의 경우 일본의 초등학교인 소학교는 '보통학교', 중학교는 '고등보통학교'로 불렸다. 이들 한국인 학교는 1910년대까지는 일본인 학교에 비해 열등한 위치에 놓여 있었다. 보통학교 4년, 고등보통학교 4년으로 교육연령이 3년이 짧았던 것. 이것은 한국인 학생이 고등교육기관에 진학할 때 실질적인 장벽이 되었다. 그리고 이러한 한국인의 교육 불만은 대안적alternative 대학설립의 모색으로 이어지기도 했다.

결국 3·1운동 이후 식민당국은 한국인의 불만을 완화시키기 위한 방편 중 하나로 교육제도를 일본 본토에 준해서 설정한다는 입장, 즉 내지준거주의를 표방하기에 이른다. 즉 보통학교와 고등보통학교도 일본의 소학교와 중학교와 동일한 학제로 만드는 조치를 단행했던 것이다. 그런데 이러한 조치의 실질적인 의미는 식민지 조선에 대학을 설립하겠다는 의도와 맞물려 있었다. 그것이 실현된 것이 1924년 경성제국대학의 설립이었다.

경성제국대학 예과 건물

대학예과

그런데 일본의 제국대학은 진학을 위해 중학교 이후 3년의 교양교육을 받는 '고등학교'의 교육단계가 필요했다. 그리고 일본 본국에서 '고등교육'은 실용·전문교육 위주의 다른 교육기관과는 다른 이례적인 교육기관으로 일본 엘리트문화의 산실이었다. 원칙적으로 고등학교 졸업자는 무시험으로 제국대학에 진학하기 때문에 상당히 자유로운 분위기에서 사상과 철학을 공부하고 다양한 활동을 전개할 여지도 다분했다. 그런데 조선총독부는 한국에 '고등학교'를 설립하지 않기로 결정했다. 대신에 2년제(1934년부터는 3년제)의 대학예과豫科를 두어, 일부 예외를 제외하고 예과의 입학자만이 경성제국대학에 입학시키는 방침을 정했다.

그렇다면 왜 식민당국은 고등학교 대신에 대학예과의 설립을 결정했을까? 사실 이런 결정은 제국의 교육체제와 식민지 교육체제의 접속과 단절을 어떤 식으로 설정할 것인가의 문제와 깊은 관련을 가졌다. 먼저 생각해 볼 것은 당시 식민사회에서 쟁점이 되었던 것은 대학의 설립이었지 고등학교의 설립이 아니었으며 따라서 식민당국이 대응해야 하는 것도 대학설립 문제였다는 사실이다. 식민당국은 대학예과의 설립을 통해 식민지를 제국의 교육체제 내부에 포괄하면서도 실질적으로는 제국 중심부로의 학생들의 이동을 가로막는 실질적인 장벽을 설정하고자 했던 것이다.

더욱이 대학예과는 독립된 학교가 아니라 대학의 부속기관이었기 때문에 대학설립을 일찌감치 확정지을 수 있는 이점도 있었다. 실제로 조선총독부는 대학이 실제로 시작되는 1926년이 아니라 대학예과가 시작되는 1924년에 경성제국대학의 설립을 확정지을 수 있었다. 타이완의 경우 대조적으로 같은 시기 고등학교를 설립한 이후, 정작 대학의 설립은 본국정부의 반대로 애를 먹었다. 오늘날 연구자들이 경성제국대학의 설립연도에 대해 1924년으로, 혹은 1926년으로 인식하는 이유도 이 때문이었다. 엄밀히 말하면 대학교육은 1926년에 시작되지만, 경성제국대학을 다닌 학생들의 입장에서 대학예과와 학부는 사실상 같은 학창시절일 따름이었다.

교양주의

경성제국대학의 교양주의는 몇 가지 점에서 일본 본국에서 유행했던 교양주의와는 차이점을 보인다. 첫째로 교양주의가 경성제국대학생, 특히 한국인 학생들이 처했던 식민지적 상황과 이에 대한 경험에 바탕을 두고 있는 것은 분명하지만, 교양주의 이념의 형식과 내용 자체는 당시 일본에서 유행했던 조류가 그대로 도입된 것에 불과했다.

당시 식민사회의 지성계에서 유행했던 다른 사상적 조류들과 마찬가지로, 교양주의는 부조화상태에 있었던 한국인 학생들의 내면적 가치로 전화되기보다는 제국대학 학생이라는 자기 정체성을 외면적으로 드러내는 수단, 즉 사회학자 부르디외Bourdieu의 개념으로는 '구별짓기'의 수단으로 전락할 위험성이 존재했던 것이다. 다시 말해 교양주의는 진지한 성찰을 가능하게 하는 이념적 수단이기보다는, 다른 범상한 한국인들과 구별되어 보이기 위해 《중앙공론》이나 《개조》와 같은 종합잡지를 들고 다니며 읽는 것과 같은 외면적 표식으로 치우치는 경향이 강했다. 경성제대의 한국인 학생들은 현실에서의 차별을 교양주의라는 대학문화 속에서 상상적으로 극복하려 했지만, 극복의 방식은 엘리트의 차별성 위상을 드러내는 수준에서 머물고 말았던 것이다.

둘째로 일본의 교양주의는 서구어 지향과 번역서 지향을 특징으로 했다. 그런데 식민지의 교양주의는 '서구어-일본어-한국어'라는 언어의 위계구조가 식민지에 확립되는 계기가 되었다. '서구어〉일본어'로 특징적인 일본의 엘리트문화가 '일본어〉한국어'가 지배적인 식민지에 적용된 결과였다. 그런데 여기서 흥미로운 것은 이러한 언어의 위계구조가 한국인들에게는 '일본어 지향'을 강제하는 결과를 낳게 된다는 것이다.

경성제국대학 및 대학예과는 교육의 내용에 있어서는 이전 단계의 교육기관의 식민교육과는 달리 철저하게 '본국 지향적'이었다. 대학교육의 예비단계였던 대학예과 또한 본토의 고등학교와 거의 동일한 교과과정을 채택하고 있었는데, 외국어교육의 중시가 특징적이었다.

그런데 이와 같은 대학예과의 외국어 중시 경향이 식민지에 적용되면서 반드시 의도했다고 할 수 없는 현상이 일어나게 된다. 즉 교양주의의 서구어 지향이 식민지에서는 일본어 지향을 강화시키는 '식민적 효과'를 낳았던 것이다. '내지준거'에 입각해서 설립된 만큼, 대학예과의 입학시험과목 및 수준은 일본의 고등학교와 완전히 일치했다. 시험과목은 문과의 경우에는 일본어 및 한문, 외국어, 수학, 역사(세계사와 일본사)였고, 이과는 박물(동물 및 박물통론)이 역사를 대체했다. 일본인 학생이라면 당락을 결정하는 것은 역시 외국어와 수학이었다. 하지만 한국인 학생들의 경우에는 사정이 다

하늘에서 본 경성제국대학 구내 모습

소 달랐다. 외국어시험도 수학시험도 모두 일본어로 치러졌기 때문이었다. 일본어를 모국어로 하지 않는 한국인들에게 일본인학생들과 동등한 조건에서 외국어 능력 및 수학적 능력을 입증하기 위해서는 이에 앞서 이런 능력을 자유자재로 표현할 수 있는 일본어능력을 입증하는 것이 급선무였던 것이다. 일부 고등보통학교가 식민당국의 지도가 없었음에도 진학시험과는 무관한 한국어 수업을 줄이는 대신 일본어 수업을 늘렸던 것도 이러한 핸디캡에도 불구하고 진학률을 조금이라도 높이려는 학교당국의 자발적 노력의 산물이었다. 반감과 저항이 없었다고는 할 수 없겠지만, 대부분의 한국인 학생들도 진학을 위해 이를 묵인했다. 제국대학의 교양주의에서 특징적으로 나타나는 서구어 지향은 역설적으로 한국어와 서구어를 매개하는 존재로서 일본어의 헤게모니를 강화시키는 결과를 낳았던 것이다. 그리고 이런 헤게모니 효과를 물질화하고 있는 것이 경성제국대학의 한국인 학생들이었다.

보통의 일본인과 동등한 일본어 능력을 입증함으로써 식민지의 민중들과 차별화될 수 있었던 이들은 제국대학에서 외국어 능력을 집중적으로 조련받음으로써 보통의 일본인들과도 구별되는 존재로 부각될 수 있었던 것이다.

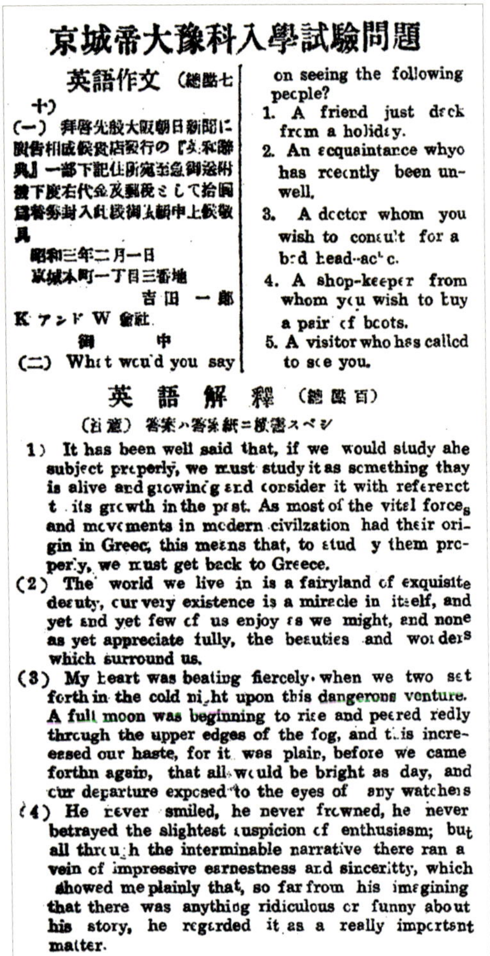

京城帝大豫科入學試驗問題

英語作文（總點七十）

（一） 拜啓先般大阪朝日新聞に廣告相成候貴店發行の『英和辭典』一部下記住所宛至急御送附被下度右代金及郵税として拾圓爲替券封入此段御依頼申上候敬具

昭和三年二月一日
京城本町一丁目三番地
吉田一郎
K アンド W 會社
御中

（二） What would you say on seeing the following people?

1. A friend just back from a holiday.
2. An acquaintance who has recently been unwell.
3. A doctor whom you wish to consult for a bad head-ache.
4. A shop-keeper from whom you wish to buy a pair of boots.
5. A visitor who has called to see you.

英語解釋（總點百）

（注意） 答案ハ答案紙ニ記書スベシ

1） It has been well said that, if we would study the subject properly, we must study it as something that is alive and growing and consider it with reference to its growth in the past. As most of the vital forces and movements in modern civilization had their origin in Greece, this means that, to study them properly, we must get back to Greece.

（2） The world we live in is a fairyland of exquisite beauty, our very existence is a miracle in itself, and yet and yet few of us enjoy as we might, and none as yet appreciate fully, the beauties and wonders which surround us.

（3） My heart was beating fiercely when we two set forth in the cold night upon this dangerous venture. A full moon was beginning to rise and peered redly through the upper edges of the fog, and this increased our haste, for it was plain, before we came forth again, that all would be bright as day, and our departure exposed to the eyes of any watchers.

（4） He never smiled, he never frowned, he never betrayed the slightest suspicion of enthusiasm; but all through the interminable narrative there ran a vein of impressive earnestness and sincerity, which showed me plainly that, so far from his imagining that there was anything ridiculous or funny about his story, he regarded it as a really important matter.

1928년 당시 경성제대 예과 입시에 출제된 영어문제

입신출세주의와 학력사회의 창출

그런데 경성제대 예과의 교양주의와 동전의 양면을 이루는 것이 입신출세주의였다. 경성제국대학의 학생은 "엘리트 중의 엘리트"로서 식민사회에서 특권적 존재로 군림했다. 특히 한국인 학생들은 민족별 쿼터를 비롯한 여러 불리한 여건 속에서도 1924년 경성제국대학 예과의 설립과 더불어 비로소 확립된 식민교육체제의 정점에 올라서는데 성공한 사람들이었고, 1920년대 이후 점차 치열해져갔던 입학경쟁의 최종적 승리자이기도 했다.

식민사회에서 입학경쟁이 점차 사회적 문제로 제기되었던 것은 1920년대 중반부터였다. 3·1운동 이후 대중적 수준에서 근대교육의 필요성을 절감했던 한국인들은 식민당국이 식민지의 학교체제를 본국제도에 준거해서 전면 개편을 시도하고 학교증설을 모색하게 된 것을 계기로 학교진학을 적극적으로 모색하게 되었다. 보통학교를 예로 들어 보아도 1927년 합격률 84.8%로 이미 정원이 부족했으며, 식민당국의 학교 증설에도 입학난은 가중되어 1936년에는 절반 가까운 아동들이 보통학교 입학에 실패하는 사태까지 이른다. 그리고 보통학교의 입학난은 중등학교 진학에도 연쇄적으로 영향을 미쳐

1930년대에 들어서면 고등보통학교의 입학난이 사회적으로 큰 이슈로 부각되기도 했다.

입학희망자는 급격히 늘어나는 반면, 식민당국의 학교증설은 지지부진했다. 때문에, 식민사회에서도 일본 본토에서 관찰되는 사설입시학원의 등장, 진학참고도서의 범람, 가정교사의 유행 등의 현상이 나타나기도 했다. 학생들 중 일부는 상급학교에 진학하기 위해 재수·삼수는 물론 해외유학까지 모색하는 경우도 생겨났다. 심지어 고등보통학교가 상급학교 진학을 위한 특별반을 편성하여 운영하는 경우도 있었다. 이러한 입학경쟁은 높은 취업률과 사회적 대우가 보장될수록 더욱 치열해지는 양상을 보이는데 그 정점에 있는 것이 경성제국대학 대학예과였다.

> 실로 조선인 학생에게 있어서 이 경성제국대학에의 입학은 하늘에 별따기보다도 더 어려울 것이다. 매년 입학시험율을 살펴보면 7,8대로 12~13대 이상의 일본 전국에 있어서 그 유례를 어더 보기 드문 기이한 현상을 나타내고 있음을 보나니, 매년 전선 각지에서 중등교의 교문을 나스는 수백명의 생도들이 '시험지옥'의 사선을 넘어서, 해마다 이 '성대城大'로 명예의 학로를 구하게 되는 행운아는 불과 20~30명 내지 40~50명을 넘지 못하는 사실을 볼 때, 그들은 과연 불행한 자중의 가장 행운한 자이라 않을 수 없다.

1935년 잡지《삼천리》에 실린 이 기사는 당시 대학예과의 극심한 입학 경쟁은 본토의 학교들에서도 유례를 찾기 힘들 것이라고 지적하면서, '하늘에 별따기', '시험지옥의 사선'이라는 표현을 쓰고 있다. 실제로 당시 대학예과의 평균 경쟁률은 1924년 3.9:1에서 시작해서 계속 상승해 1929년에는 7.6:1을 기록했다. 이후 1938년까지 서서히 떨어져 4.8:1이 되었다가 다시 치솟아

1940년대 들어서서는 10:1을 넘어서게 되었다. 매년 변폭은 있지만 대학 예과는 평균 6.96:1 이상의 경쟁률을 기록했다.

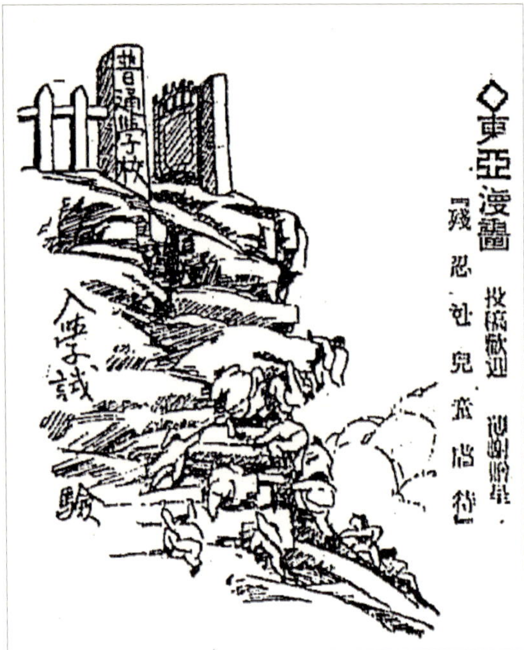

당시의 입학난을 풍자한 신문 삽화

그런데 한국인 학생들의 경우에는 이처럼 드러난 수치보다 훨씬 가혹한 경쟁 환경에 놓여있었다. 식민 당국이 공식적으로 표명하지는 않았지만, 대학예과의 정원에는 한국 거류 일본인과 본국에서 온 일본인, 그리고 한국인을 1:1:1로 한다는 민족별 쿼터가 암묵적으로 존재했기 때문이었다. 결국 경성제국대학의 한국인 학생들은 평균 20:1 이상의 높은 경쟁률을 뚫고 입학경쟁에서 살아남은 승리자였던 것이다. 이것은 경성제국대학이 최소한 진학에 관심을 가졌던 학생과 학부형들 사이에서 '입신출세'의 코스로 자리 잡아가고 있었음을 알려준다. 경성제국대학의 설립을 통해, 고등학교와 제국대학이 입신출세주의의 정점에서 학력엘리트를 생산하는 일본의 시스템이 식민사회에서도 어느 정도 정착하게 된 것이다.

입학경쟁의 승리자들이었던 이들은 식민사회에서는 특히 희소했던 만큼, 특권적 대우를 보장받았다. 이들은 치열했던 학력경쟁에서 벗어나 대학예과에서 전공지식의 습득에 필수적인 기초교양과 외국어를 배울 수 있는 기회를 얻었고, 대학에 진학해서는 전문적 지식의 습득과 학문연구에 필요한 체계적인 훈련도 가능했다. 대학을 졸업해서는 고등문관 1차 시험 면제와 같은 제국대학 출신자로서의 특혜도 받을 수 있었음은 물론이다.

하지만 한국인 학생들의 이러한 특권적 위상은 한계가 명확했다. "엘리트 중의 엘리트로서 경성제국대학을 졸업한 한국인 학생들은 그들이 학창學窓에서 한 발자국만 나서면 구체적인 현실로 커다란 차별"을 받았던 것이다. 이는 한국인 학생들이 진로문제에서 겪었던 딜레마에서도 분명히 드러난다. 1924년 수석으로 대학예과 '문A반(법문학부 법학과 진학반)'에 진학한 유진오가 예과졸업 무렵 철학과 전과를 진지하게 고민했지만 좌절되었다는 일화에서도 알 수 있듯이, 설립 초기 대학예과에 입학한 한국인 학생들 사이에서는 '법과'보다는 '문과'를 우선시하는 문과지향성이 강했다. 일본 제국대학의 문학부는 현실적으로는 중등교원의 양성이 목표로 설정되어 있었지만, 실제로는 연구자양성의 풍토가 강했기 때문이었다. 초기 한국인 학생들의 문과지향성 또한 이러한 맥락에서 해석할 수 있다. 하지만 유진오 등을 비롯하여 교수가 되기를 희망했던 한국인 학생들의 노력은 대부분 좌절되었다.

1930년대 이후 한국인 학생들이 급격하게 문과회피 경향을 보였던 것도 이러한 좌절에서 비롯된바 적지 않았다. 연구자로의 길이 사실상 좌절된 상태라면, 문과계열 졸업자의 진로는 중등학교 교원밖에 없었기 때문이다. 한국인 학생들 사이에서 차라리 고등문관시험이 공평하다는 시각이 대두되었던 것도 이 무렵부터였다. 1934년 대학예과의 문과 내에 진학구별의 규정이 철폐되자 한국인 학생들이 대거 법과로 몰리기 시작했으며, 문학사를 받은 학생들이 법과로 다시 진학하는 경우도 속출했다. 1930년대부터 경성제국대학 한국인들 사이에서 확산된 '고시열풍'은 노골적인 입신출세를 지향했던 이들 학생들의 굴절된 엘리트의식에서 비롯된 것은 분명하다. 하지만 제국대학 출신이기 이전에 한국인이라는 식민사회의 차별적 현실에 대한

吳越同舟의八千名
試驗關門으로突擊
市內、七高專、三高普의入試
明日부터 一齊開始

水產專門
技術者

입시 일정을 보도하는 기사

좌절도 하나의 원인이 되었음을 주의해야 한다.

이런 점에서 본다면, 서구어 지향과 일본어 지향을 양 축으로 했던 경성제국대학의 교양주의와 입신출세주의는 식민통치의 일상화를 낳은 중요한 도구 중 하나였다. 그리고 이런 일상화에서 결정적인 역할을 했던 것이 경성제국대학이었다. 입신출세주의와 교양주의는 물질과 정신으로 나뉘기는 하지만 상승욕망이라는 공통점을 가지는 데, 경성제국대학은 한국인들의 근대교육에 대한 요구를 신분상승의 세속적 상승욕망으로 전환시켜주는 장치로 작동했기 때문이다. 미국의 사회학자 어빙 코프만E. Goffman의 이론을 빌어 말한다면, 경성제국대학은 두 가지 측면에서 식민체제의 안정화에 기여했다. 경성제국대학이 첫째로는 '입신출세주의'와 '교양주의'를 통해 학생들과 학부형의 상승욕망을 부추겨 식민당국의 지향했던 가치체계에 대한 암묵적 승인을 촉진시키며, 둘째로는 가혹한 경쟁 환경을 통해 학력경쟁 실패자들의 불만을 냉각시켜 이러한 불만이 통치체제 자체에 대한 불만과 비판으로 이어지는 것을 가로 막았다. 다시 말해, 경성제국대학은 한국인의 체제에 대한 불만을 경쟁의 실패 탓으로 돌리게 하고, 따라서 체제에 저항하는 대신에 학력획득을 위한 재투자에 몰입하게 만들었던 것이다.

식민지 대학생들의 일상과 우울

그래서였는지, 당시 당시 경성의 식민지 '학력엘리트'들은 식민지 현실과의 괴리, 그 속의 우울한 모습으로 묘사되곤 했다. 1932년 잡지《동광》에 실린 기사를 보면 경성제국대학 예과 학생들에 대해 "원시인을 연상케 하는 장발에 실사회實社會는 잘 알아도 조선말은 모르고 또 조선글은 쓸 줄도 모르는 조선학생들"이라고 설명하였다. 또한 경성제국대학 한국인 학생들에 대해서는 다음과 같이 묘사되어 있다.

> 자살구악부가 조직될 뻔하엿다나. 조직되지 않엇기가 다행이지 자살하기 위해 한강으로 가는 대학생들로써 경전京電수입이 매월 돈 10원이나 증가될 번하엿다고. 그리고 독약과 쥐잡는 약이 원가에 배나 올랏을지 누가 아나! 웬걸 참말 조직되엇다면 칼과 노끈 장사에게도 주의를 시켜야 할 뻔하였다.

경성제대 예과 학생들의 통학 모습을 묘사한 신문 삽화

낙하산처럼 뚝딱 지어진 대학은 식민지 사회와는 전혀 섞이지 않은 채 특권적 온실처럼 존재했고, 치열한 경쟁을 거쳐 그곳에 비집고 들어간 한국인 학생은 다른 식민지 공간에서는 불가능했던 교양교육을 경험할 수 있었다. 능숙한 외국어, 일본인보다 더 뛰어난 일본어를 기반으로 그들은 다른 식민지 사람들에게는 금지된 지식들을 마음껏 접할 수 있었던 것이다.

이런 학창생활의 모습은 1937년 무렵 조사된 〈경성제국대학예과 문화생활보고〉에서도 여실히 드러난다. 제국대학에서 본격적인 전공수업을 받기 전 대학예과 시절 학생들은 어떤 신문과 잡지를 통해 세상에 대한 지식을 접했을까?

설문결과를 보면, 일반 신문 중에서는 경성일보가 단연 두드러지는 가운데, 《오사카마이니치신문》, 《오사카아사히신문》 등 주요 일본어 신문들이 뒤를 잇는다. 한국어 신문 중에서는 《조선일보》를 많이 보았고 《동아일보》는 상대적으로 소수였다. 왜 이런 결과가 나왔을까?

일본인 학생까지 포함되어 있는 조사이기 때문에 속단하기는 어렵지만, 당시 일본어신문이든 한국어신문이든 신문들 대부분은 주요 통신사들의 기사정보를 받아서 수록하는 경우가 많았다는 점을 고려해야 한다. 논설과 학예 등을 제외한 일반 정보 취득의 측면에서 본다면 한국어신문은 일본어신문에 비해 정보의 양과 범위에서 한계가 분명했는데, 같은 노력이면 일본어 신문을 통해 얻는 것이 더 많았지 않았을까? 물론 식민지이기는 하지만 제국대학 학생이라는 자부심과 정체성도 영향을 미쳤을 것이다.

학생들이 선호했던 잡지는 일본 문화계의 동향을 대면하는 《문예춘추》, 《중앙공론》, 《일본평론》, 《개조》가 수위권이었다. 제국의 구석에 살고 있지만, 일본 중심부의 문화동향을 놓치고 싶지 않다는 자격지심이 발동한 것은 아니었을까? 학생들은 일본 본토의 문화 · 학술계의 동향에 매우 민감하게 반응했다. 상당한 학생들이 한국어신문보다는 차라리 도쿄제대의 대학신문인 《도다이신문[東大新聞]》을 구해서 읽었던 것도 이런 심리의 발로였다.

이런 경향은 이들의 독서생활에도 드러난다. 우선 흥미로운 것은 학생들이 문과와 이과를 막론하고 문학에 심취했다는 사실이다. 이과 학생들은 문과학생들 못지않게 《문예춘추》와 같은 문학잡지를 즐겨 읽었을 뿐 아니라, 다른 신문과 잡지를 읽을 때도 문예면을 대단히 즐겨 읽었다. 오늘날에도 일본에서 대문호로 평가받는 나쓰메 소세키[夏目漱石]의 작품을 열광하며 읽었으며, 소세키의 문하에 속하는 야마모토 유조[山本有三]의 소설, 백화파白樺派 소설가로 저명한 구라타 하쿠조[倉田百三]의 《출가와 제자》 등도 즐겨 읽었다. 외국문학으로는 단연 러시아 문학이 인기였다. 도스토예프스키의 《죄와 벌》, 톨스토이의 《부활》, 막심 고리키의 《밑바닥》 같은 소설을 탐독했으며, 괴테의 교양교설 등의 고전들에 대한 관심도 높았다. 다만 많은 소설가들과 작품들이 열거되고 있는 가운데에서도 조선인 소설가 혹은 소설은 단 하나도 거론되지 않았다. 물론 학년이 올라갈수록 문과와 이과 사이에 독서의 취향은 다소 달라지기도 했다.

이과학생들이 대체로 문학지향이 강한 가운데 카와이 에이지로[河合榮次郎]의 《학생과 생활》, 아베 지로[阿部次郎]의 《인격주의》와 같은 교양철학에 대한 관심이 높아져가는 양상을 보였다면, 문과학생들은 학년이 높아질수록 니시다 키타로[西田幾多郎], 와츠지 테츠로[和辻哲郎]와 같은 교토학파의 철학에 대한 관심이 강해졌고, 사회과학 및 사회문제에 대한 관심도 더불어 높아졌다. 경성제국대학의 입학이 가까이 다가오자 전공과 관련된 독서도 점차 늘어나는 양상도 관찰된다.

경성제국대학 예과에 다녔던 문과 학생들은 하루 평균 2시간 31분 동안 책을 읽었고, 한 달에 평균 3원 75전을 책을 사는데 썼다. 대학예과의 1년 수업료가 50원이었던 것을 생각하면 만만치 않는 금액이다. 이과 학생은 하루에 평균 1시간 48분 독서를 했으며, 책값으로 한 달에 2원 99전을 썼다. 청량리 예과교사校舍에 있는 도서관은 이용이 불편했기 때문에, 그들은 주로 자기 집에서나 카페에서 책을 읽었던 듯 보인다.

앞서 본《동광》의 기사는 경성제국대학 예과생들을 한국말보다 일본말을 더 잘하는 장발구락부長髮俱樂部로 묘사했다. 그리고 경성제국대학 본과생들을 '우울한' 자살구락부로 그렸다. 무엇이 이들을 '우울'하게 만들었을까? 일본 본토의 고등학생들, 제국대학생들과 다름없던 그들의 학창생활에 도리어 실마리가 있지 않을까?

그들은 엄청난 경쟁을 뚫고 "특권적인 온실"에 들어가는데 성공했지만 그 대가는 만만치 않았다. 성공하기 위해서는 교과내용 속에서 관통하는 통치이념을 신체에 각인시키는 과정이 불가피했으며, 일본교육의 기준으로 일본인과 경쟁한 결과 일본인보다도 더 일본어를 잘하는 한국인, 서로 간에도 사투리가 강한 한국어 대신에 일본어로 소통하는 것이 편한 한국인, 생각마저도 일본어로 하는 한국인이 될 수밖에 없었다. 게다가 이 학창생활을 마치면 그들은 다시 한 사람의 한국인으로 돌아가야 했다. 많은 이들이 식민지에서 '생활'을 영위하기 위해 식민권력이 허용하는 체제부역의 길에 들어섰으며, 더 나은 '생활'을 위해 적극적으로 체제옹호의 도구로 나서기도 했다. 이를 거부하고 남은 길은 '불온한' 사상을 의심받은 '고등잉여高等剩

餘'로서 식민당국의 감시 아래에 놓이는 수밖에 없었다. 그런데 그나마의 특권적 온실조차 일본의 군국주의화 속에서 점차 사라지고 있었다.

전시체제기 이후의 경성제국대학

한편 경성제국대학은 1930년대 말 식민권력의 전면적인 개입 속에서 특유한 긴장관계를 상실하고 전쟁도구로 전락하게 된다. 이전까지인 1930년대 대학이 누렸던 '자유'는 사실 식민당국의 묵인, 허용을 전제로 한 것이었다. 총독부가 대학운영에 소극적인 것은 분명하지만, 그렇다고 대학의 활동을 억압했던 것은 아니었기 때문이다. 대체로 총독부는 1930년대 내내 경성제국대학이 '제국대학의 위상'을 유지할 수 있도록 허용했다. 이 시기 경성제국대학의 교수들이 총독부의 적극적인 개입 없이 총장선거, 교수충원 등에서 대학 자치의 특권을 누릴 수 있었다. 더욱이 연구기관으로서 경성제국대학이 학문적, 과학적 권위를 확립하는 과정에서도 식민당국의 협조가 결정적인 역할을 했다. 조선어학, 문학, 고고학, 조선사, 법제사, 경제사, 종교·민속연구, 체질인류학, 위생학, 기생충 및 풍토병연구, 한약연구 등 식민지뿐만 아니라 본토의 학계에서도 큰 평판을 얻은 경성제국대학의 학문적 성과는 식민당국 및 조선 주둔 일본군의 협조가 없었으면 불가능했을 방대하고도 체계적인 조사를 바탕으로 하고 있었기 때문이다.

다시 말해, 1930년대 들어 경성제국대학이 "대륙유일의 제국대학"으로써, 연구 중심의 근대대학으로써 일정한 성과를 거둘 수 있었다. 또한 그것은 총독부가 '내선일체'라는 통치이념의 실현을 위해서는 식민지인들의 자발적인 복종이 필수적이라고 보았고, 대학을 이런 헤게모니 확보의 수단으

목검 연습을 하는 여학생들

로 간주하고 있었기 때문이었다. 대학당국 및 대학인의 자체적인 시도는 식민당국이 상대적으로 소홀히 여겼던 헤게모니 기획으로서의 대학의 또 다른 측면, 즉 조선에 대한 학술적 지식의 독점적 생산수단으로서의 대학, 독점적인 학문적·과학적 권위로서의 대학의 헤게모니적 효과에 주목한 것이라고도 볼 수 있다.

그런데 이와 같은 대학의 전제 조건은 1937년 중일전쟁을 계기로 식민지 조선을 포함한 일본제국 전체가 본격적으로 강력한 전쟁체제를 구축하기 시작하면서 근본적으로 바뀌게 되었다. 1936년 조선총독에 부임한 미나미 지로는 중일전쟁을 계기로 1938년부터 이른바 황국신민화정책을 본격적으로 추진했다. 물론 이 시기에 '내선일체'가 확고부동한 통치목표로 규정되었던 것은 병탄 이래 식민당국이 일관되게 동화주의를 강조해 왔다는 점에서 새삼스러울 것도 없는 것이었다. 오히려 이 시기에 주목해야 할 것은 식민당국의 태도변화였다.

전쟁에 돌입해 위기감이 증폭되고 있던 상황에서 식민당국은 내선일체의 심화는 "현 상황으로 만족할 만한" 수준이 아니었다. 한반도의 모든 것이 전쟁에 동원되어야 할 상황에서 한국인이 황민화되기를 기다리는 것은 불가능하며, 창씨개명과 징병제를 통해 어떻게든 한국인을 황국신민으로 만들어야 하는 것이 지상 과제로 부각되었던 것이다. 이것은 식민사회 내부에서 헤게모니를 창출하여 이를 통해 내선일체에 도달하는 것이 아니라, 내선일제를 식민지인들에게 강제하여 이를 통해 전쟁체제에 동원 가능한 인적, 물적 자원을 확보하려는 것으로, 사실상 헤게모니 기획의 해체·포기를 의미한다. 그리고 이런 식민당국의 입장변화는 곧바로 대학정책에도 영향을 미쳤다. 식민당국은 1939년을 기점으로 그 동안 암묵적으로 허용해왔던 대학의 자율적 관행을 전면 부정하는 한편, 본격적으로 대학에 '개입'하며, 대학을 총동원을 위한 문화정책의 도구로써 적극 활용하고자 했던 것이다.

1930년대 후반 학생들의 노력동원 모습

경성제국대학은 무엇을 남겼는가?

결국 일본은 패전했고, 경성제국대학 또한 식민통치의 종식과 동시에 역사의 무대에서 사라졌다. 경성제국대학 졸업생이었던 모리타 요시오는 경성제국대학의 최후를 다음과 같이 묘사했다.

> 경성제국대학에서는 종전의 날, 교수·직원·학생 약 200명이 모여 라디오 방송을 들었다. 그 다음날에 대학 내의 조선인 직원들에 의해 '경성대학자치회'가 결성되었는데 여기에 조선인학생들도 참가했다. 그리고 야마가[山家信次] 총장에게 학내의 경비, 문화재의 관리책임의 이관을 요구했고, 학내 교실의 열쇠를 넘기라고 했다. 17일에는 대학정문에 태극기가 게양되었고, 경성제대 본부의 현판에는 '경성대학'이라 쓴 종이가 붙었다. 그리고 의학부의 현판에는 '京城帝國大學'의 '帝國' 2자에 흰 종이를 붙여 '경성대학'으로 읽을 수 있도록 만들었다.

이 최후의 장면은 경성제국대학의 역사적 의미와 관련하여 시사하는 바가 적지 않다. 경성제국대학의 위상과 특징, 역할과 의미는 모두 "경성제국대학"이란 교명 속에 포함된 '제국'이란 표현에 수렴된다. '제국empire'라는 말이 식민지인들에게는 식민모국을 의미하지만, 정작 모국에서는 '식민지'를 상기시키는 것에서도 알 수 있듯이, 경성'제국'대학은 식민지와 식민모국 사이의 모호한 존재로서, 식민공간 속에서도 탈脫배태된disembedded 공간, 즉 고립된 상아탑으로 자리 잡고 있었다. 식민지에 있으면서도 식민적 상황에 초연한 채 제국적 가치를 구현했던 경성제국대학은, 동화정책을 표방했던 식민당국으로서는 가장 강력한 이데올로기적 통치장치 중 하나가 될 수 있었다. 경성제국대학은 식민지사회를 외면하고 스스로 고립된 공간을 자처함으로써 오히려 식민지배의 강력한 도구가 될 수 있었던 것이다. 이런 점에서 볼 때 모리타의 회고에 등장하는 '경성대학자치회'의 조치는 경성제국대학에서 청산되어야 할 지점이 무엇인지를 상징적으로 드러내고 있다고 하겠다.

【제8강】

동아일보 사옥, 일제강점기 한글신문과 서울의 독자들

박용규 상지대학교 교수

08

동아일보 사옥, 일제강점기 한글신문과 서울의 독자들

문화통치의 실시와 《동아일보》 창간

1919년의 전 민족적인 3·1운동은 일본제국주의의 한국지배에 커다란 타격을 주어 일제는 종전의 헌병경찰에 의한 무단통치로는 도저히 지배를 계속해나갈 수 없게 되었다. 일제는 3·1운동 이후의 고조된 민족적 분위기를 감안하여 폭력적인 무단통치보다는 '정신적인 교화'를 앞세우는 소위 문화통치를 실시하려고 했다. 일제는 민족을 내부로부터 분열시키는 분할통치를 위해 친일파나 민족개량주의 세력을 지원하는 한편, 언론·출판·집회·결사의 자유도 어느 정도 허용하는 정책을 실시했다.

일제가 제한된 범위에서나마 언론의 자유를 허용하겠다고 하며, 한국인의 신문 창간을 허락하겠다고 했던 이유로는 다음의 네 가지를 들 수 있다. 첫째, 한국인의 사상동향을 파악하고, 둘째, 민중의 반일감정과 불만의 폭발을 막기 위한 안전판으로 이용하며, 셋째, 일본어 해독률이 낮은 상황에서 한국어로 된 신문과 잡지를 통해 문화통치의 선전을 하며, 넷째, 내외의 여론을

오늘날 일민미술관으로 사용되고 있는 동아일보 사옥

무마하고 가혹한 식민지 통치의 진상을 은폐하기 위한 것이었다.

일제의 기만적 문화정치의 덕택으로 1920년에 《동아일보》, 《조선일보》, 《시사신문》 등 세 종류의 한글신문이 창간되었다. 일제는 신문 창간을 희망했던 세력들의 분포를 고려하여 창간을 허용했다. 《동아일보》의 창간과정에 참여했던 진학문은 당시 총독부는 신문허가를 신청한 한국인들을 내지연장주의자, 자치주의자, 민족주의자로 구분하여 각각 하나씩 신문 창간을 허락했다고 하며, 《시사신문》은 내지연장주의, 《조선일보》는 자치주의, 《동아일보》는 민족주의 세력에게 창간이 허가된 것이었다고 주장했다. 이들 세 개 신문 중 《조선일보》는 1920년 3월 5일, 《동아일보》와 《시사신문》은 4월 1일 창간호를 냈다.

조선일보 창간 사옥 터 표석

일제는 식민지 지배의 '안전핀'으로서 신문 창간을 허용하면서도 방심하지 않고 그 내용을 통제하는 것이 불가피하다는 인식을 가지고 있었다. 일제는 한국의 독립은 절대로 불가하다는 입장에 따라 일제의 식민지 지배에 대한 일체의 비판을 금지하는 통제정책을 시행하는 한편 친일파나 민족개량주의자들의 언론활동에 대해서는 이를 지원하는 정책을 시도했다. 이것은 일제가 한국의 독립에 관한 여론의 형성을 철저히 봉쇄하는 한편 민족을 내부로부터 분열시켜 민족개량주의적인 사상을 유포시키기 위해 노력했다는 것을 의미하는 것이었다. 따라서 《동아일보》 등 한글신문의 활동은 처음부터 많은 제약을 받을 수밖에 없었다.

《동아일보》의 운영과 내용

《동아일보》의 운영

《동아일보》, 《조선일보》, 《시사신문》의 창간 당시 자본 규모는 신문 운영에 필요한 최소한의 경비조차 확보하기 어려운 수준에 머물렀다. 친일단체에 의해 발행되던 《시사신문》이나 초기 《조선일보》는 물론, 《동아일보》의 경우에도 창간 초기에는 재정난으로 운영에 많은 어려움을 겪었다.

경성방직 설립의 경험을 통해 주식회사 체제가 부족한 자본을 끌어들이는 데 유용하다고 판단했던 김성수는 《동아일보》의 경우에도 처음부터 주식

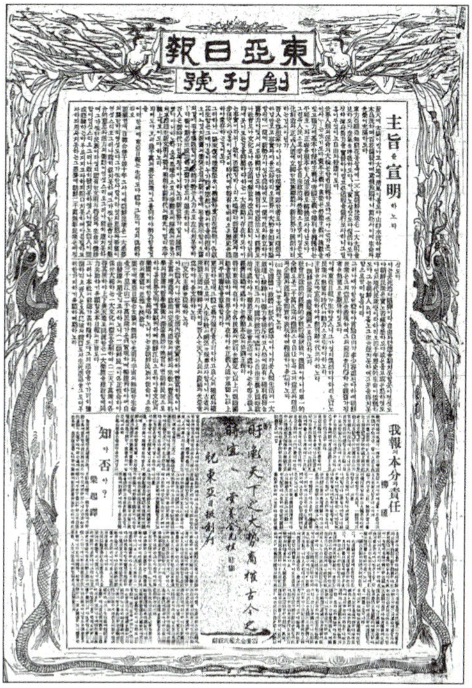

《동아일보》 창간호

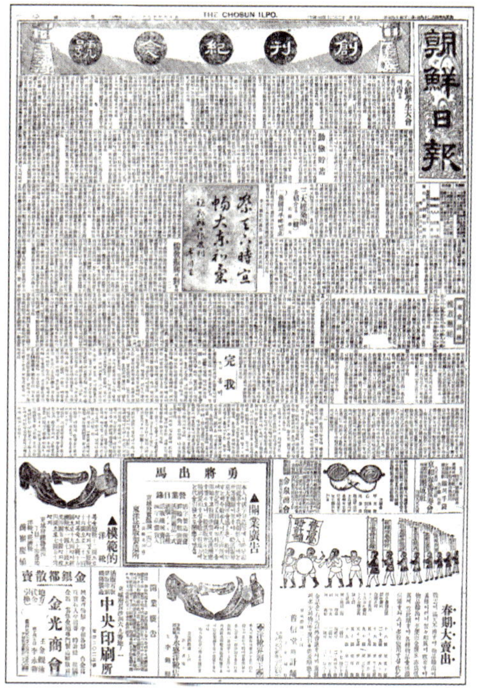

《조선일보》 창간호

회사 설립을 의도해 1920년 2월 1일에는 총자본금 100만 원의 주식회사 설립신청서를 총독부에 제출하고 주식을 모집했으나 일반 공모주의 모집이 잘 이루어지지 않았다. 이에 따라 자본금의 규모를 70만 원으로 줄였지만 결국 1회 불입금으로 목표했던 25만 원에 미치지 못하는 10여만 원만이 불입되어 이 자금과 김성수의 보증으로 차입된 자금으로 신문을 창간했다.

《동아일보》는 창간 초기 한동안 재정적인 어려움을 겪다가 1921년 9월에 주식회사의 창립총회가 열리고 1회 불입금 17만 5,000원이 400여 명의 주주들에 의해 납입된 후에야 비로소 재정난에서 어느 정도 벗어날 수 있었다. 이후 《동아일보》는 1924년 사옥의 신축을 앞두고 2회 자본금 17만 5,000원의 불입을 결의했으나 지지부진하여 재정적인 어려움을 겪다가

1926년에 신축사옥이 완공된 이후에야 비로소 2회 자본금 불입이 완료되어, 신축사옥으로 인한 부채를 청산하고 이후 안정적인 운영을 할 수 있게 되었다. 《동아일보》가 총독부 청사가 바라다 보이는 광화문에 사옥을 신축했다는 것은, 경영이 어느 정도 궤도에 올랐다는 것을 보여주는 것이며 동시에 비판적 역할을 자임했다는 것을 상징적으로 드러내는 것이었다. 1929년경 《동아일보》의 불입자본금은 총액 35만 원이 되었고 이후 일제하에서는 1·2차 불입금인 35만 원만으로 계속 운영하게 되었다.

《조선일보》는 대정친목회 회원 36명이 자본금 20만 원의 조합 구성을 시도했으나 겨우 5만 원만 불입되어 재정난을 겪다가 송병준에게 판권이 넘어갔다. 송병준은 주식회사나 합자회사를 설립하려고 했으나 실패하고 결국 1924년에 8만 5,000원을 받고 신석우에게 판권을 넘겼다. 신석우는 《조선일보》를 인수하여 50만 원의 합자회사를 설립하고 이상재를 사장으로 추대했다. 《조선일보》는 주로 신석우와 최선익 등의 출자로 운영되었는데, 이 둘이 출자한 금액은 《동아일보》의 불입자본금 총액이었던 35만 원보다 많았다고 평가될 정도로 큰 액수였다.

그럼에도 《조선일보》는 자금유용과 운영미숙, 그리고 내부갈등으로 심각한 어려움을 겪었다. 《조선일보》는 1932년에 조병옥과 주요한이 판권을 인수하여 잠시 운영했으나 역시 정상적인 운영을 하지 못하다가 방응모가 인수하면서부터 안정적인 운영을 할 수 있었다. 《조선일보》는 1933년 1월에 방응모가 영업국장으로 취임하며 20만 원의 주식회사를 설립했고, 동년 7월에는 30만 원의 자본금으로 주식회사 법인등기를 마치고 동년 9월에 20만 원을 증자해 총자본금 50만 원이 불입 완료되었다. 《조선일보》는 다른 신문과 달리 공칭자본금 50만 원이 일시불로 완납되어 가장 튼튼한 재정 기반을 확보했다. 방응모에 의해 인수된 이후 《조선일보》는 신문이 하나의 기업

김성수

방응모

으로서 경쟁하는 풍토를 만드는 데 큰 영향을 주었다.

《시사신문》은 1921년 2월 사주 민원식이 살해되면서 폐간되었다. 1924년에 최남선에 의해《시대일보》가 창간된 이후 한 신문이 폐간되면 다시 또 한 신문이 창간되는 형식으로 한국인 발행 신문은 세 개가 유지되었다. 1924년에 창간된《시대일보》, 1926년에 창간된《중외일보》, 1931년에 창간된《중앙일보》 등은 빈약한 재정 탓에 근근이 운영되다 폐간되고 말았다. 《중앙일보》는 최선익과 윤희중에게 판권이 인수되어 1932년 10월부터 속간되었다.《중앙일보》는 1933년 2월 여운형이 사장이 된 후, 동년 3월에는 제호를《조선중앙일보》로 바꾸어 발행했다. 이 신문은 1934년 7월에 30만 원의 주식회사로 체제가 정비되면서 1936년의 일장기 말소사건으로 폐간될

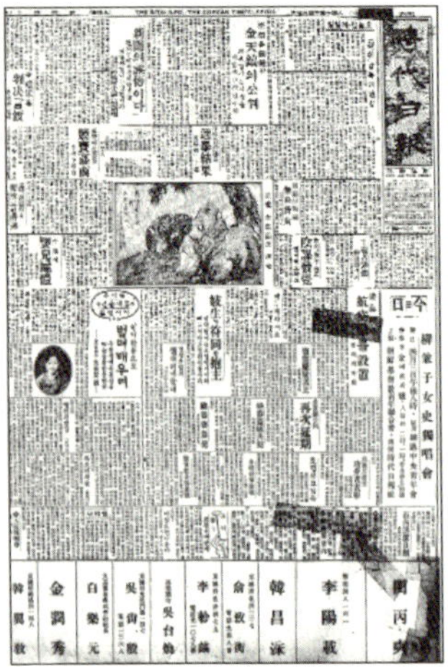

《시대일보》

《중외일보》

《조선중앙일보》

때까지 운영되었다.

1920년대 내내 《동아일보》를 제외한 다른 신문들의 경영 상태는 매우 좋지 않았다. 《동아일보》만이 직원들의 임금을 제대로 지불할 수 있었고 다른 신문들은 낮은 임금조차 지불하기 힘든 상황이었다. 독자가 많지 않고 광고 시장도 좁은 상황에서 《동아일보》가 다른 신문보다 발행부수와 광고수입이 더 많았기 때문이었다. 1933년 경우 발행부수가 《동아일보》 4만 9,947부, 《조선일보》 2만 9,341부, 《조선중앙일보》 1만 8,194부였다. 민족주의를 표방했던 논조의 영향이 없지는 않았겠지만, 이보다는 가장 체계적이고 효율적인 경영을 했다는 것이 더 크게 작용한 결과였다.

1933년 이후 《동아일보》, 《조선일보》, 《조선중앙일보》 세 신문이 재정적으로 안정되면서, 이들 사이에 치열한 경쟁이 벌어졌다. 특히 1933년 방응모가 《조선일보》를 인수해 운영하게 되면서 《동아일보》와 《조선일보》 두 신문의 경쟁이 더 과열되었다. 당시 신문들은 경제난과 문맹률 등으로 인해 독자를 늘리기가 어려웠기 때문에 판매수입보다는 광고수입에 더 의존할 수밖에 없었고, 국내 광고주가 부족한 현실에서 일본의 광고주를 유치하기 위해 매우 치열한 경쟁을 벌이게 되었다.

이렇듯 두 신문이 민족적 기대나 요구와는 무관하게 이윤의 획득을 위한 경쟁에 더욱 몰두하자, 《동아일보》와 《조선일보》가 단지 상업적 수단이 되어 민족의 기대를 저버리고 있다는 비판이 나오기도 했다. 신문들은 일제의 강력한 언론통제와 민중들의 간절한 요구 사이에서 고민하면서도 민족적 요구를 어느 정도 반영하는 논조를 보였지만, 일제의 언론통제가 강화된 1930년대 이후에는 비판적 논조를 급격히 약화시키는 한편 구독료와 광고수입의 증대를 위한 치열한 경쟁만을 전개했다. 이제 신문이 민족운동의 수단으로서의 성격을 상실하고 이윤추구를 위한 하나의 기업이 되었던 것이다.

《동아일보》의 내용

일제는 문화정치를 표방하며 1920년에 〈신문지법〉에 근거해 한국인에게 《동아일보》, 《조선일보》, 《시사신문》 등 3개의 신문 창간을 허용했다. 일제의 창간 허용 의도와는 달리 《동아일보》와 《조선일보》는 초기에는 일제에 대해 어느 정도 비판적 논조를 보였고, 이로 인해 탄압을 받기도 했다. 《조선일보》는 1920년 8월 27일 〈자연의 화化〉라는 논설에서 미국 국회의원들의 방한을 앞두고 벌어진 '소요'가 자연스런 현상이라고 주장했다가 일주일 정간을 당했다. 《동아일보》도 〈제사문제를 재론하노라〉라는 사설을 통해 일본인이 신기神器를 숭상하는 것을 우상숭배라고 지적했다가 1920년 9월 25일에 무기 정간을 당했다. 일제가 창간을 허용한 해에 두 신문에 대해 모두 정간 조치를 내린 것은 이후 활동의 범위를 제한하고자 하는 의도를 드러낸 것이었다. 이후 일제는 1920년대 내내 한국인 발행 신문의 논조가 일정한 수준을 넘지 못하도록 통제를 가했다.

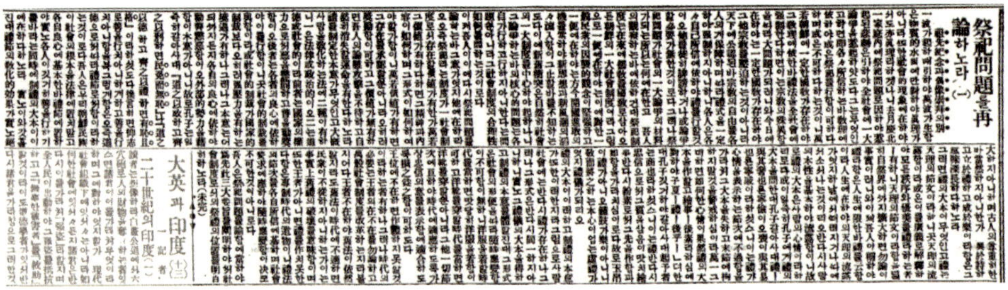

祭祀問題를再論하노라(一)

大英과印度(十三)

二十世紀의印度(二)

〈제사문제를 재론하노라〉 기사

1920년대까지 두 신문은 문화정치의 제한된 범위에서나마 나름의 역할을 했다. 물론 일제의 지배에 전면적으로 맞설 수는 없었지만 항일독립운동 사건을 보도함으로써 우회적인 방법으로 독립사상을 고취하거나 문화정치의 허구성을 비판하여 일제에 대해 간접적으로 공격을 가하기도 했다. 일제강점기 한국인 발행 신문들은 1920년대 말까지는 때로는 타협적인 자세를 보이면서도 나름대로 저항적 논조를 보이기도 했다는 것이다. 민족운동과 직·간접적으로 관계를 맺고 있던 많은 인물들이 기자로 활동했던 것이 한국인 발행 신문들이 나름대로 비판적 논조를 보이는 데 영향을 주었다. 또한 민족운동이 활발하게 전개되던 현실에서 비판적 논조가 신문 판매에 도움이 되었기 때문이기도 했다. 신문들은 민족운동과 맺는 관계에 따라 논조에 영향을 받았는데, 1920년대 중반에는 《동아일보》가 민족주의 우파를 대변한다면, 《조선일보》는 민족주의 좌파를 대변한다는 평가를 듣기도 했다.

1929년 11월에 벌어진 광주학생운동 이후 일제의 탄압이 강화되면서 한국인 발행 신문들의 논조도 총독부 당국자로부터 "표연히 그 필봉을 고쳐서 온건으로 기울었다."는 평가를 듣기에 이르렀다. 1930년대 이후 총독부의 언론통제가 더욱 강화되면서 신문들이 과거와 같이 비판적 논조를 보이기가 매우 어려워졌다. 1931년 일제가 만주를 침략하면서 이제는 총독부의 탄압을 피해가며 최소한의 비판적 논조를 보이는 것조차 어려워졌다. 1930년대에 접어들면서 민족운동과 관계를 맺고 활동하던 기자들이 모두 신문사를 떠났다는 점도 논조의 변질에 영향을 주었다. 과거에는 비판적 보도로 독자를 확대해 판매수입을 늘리는 것이 중요했지만, 이제는 저항적 논조로 탄압을 받아 신문을 발행하지 못하게 될 때 입게 될 광고수입의 감소가 더 중요하게 고려되었다.

이후 신문의 이윤 추구 경향이 강화되던 가운데 일제의 탄압이 더욱 강화되면서 신문의 내용은 더욱 변질되었다. 사설에서 아예 국내 정치 문제를 다루는 일을 회피했고, 보도에서 선정적인 소재를 다루는 경향이 두드러지게 나타났다. 또한 신문 지면에서 문예물이 차지하는 비중이 늘어났고, 흥미 위주의 연재소설이 대거 등장했다. 비판적 논조가 소멸되었을 뿐만 아니라 상업주의 경향까지 드러냈던 것이다.

일장기를 말소한 《동아일보》의 손기정 선수 시상식 기사

1936년 8월 손기정 선수가 베를린 올림픽에서 우승을 하자, 《조선중앙일보》와 《동아일보》는 손 선수의 가슴에 있는 일장기를 지워버린 채 보도했다. 《조선중앙일보》의 경우 1936년 8월 13일자 조간 지방판에 일장기를 말소한 사진을 게재했으나 사진이 흐려 문제가 되지 않고 그냥 넘어갔다. 반면 《동아일보》는 1936년 8월 25일자 석간의 일장기를 말소한 사진이 문제

가 되어 발행정지 처분을 당했다. 비판적 논조가 거의 사라졌던 신문에서 손기정 선수의 우승을 계기로 민족주의 성향이 되살아나는 보도가 나타나자 총독부는 이를 방치해서는 안 되겠다고 판단해 강력한 제재를 가한 것이었다.《동아일보》에 대해 총독부가 무기정간 조치를 내린 것을 보고,《조선중앙일보》는 9월 6일부터 당국의 허가가 있을 때까지 휴간하겠다는 사고社告를 내고 자진 휴간했다. 일장기 말소 사건은 일제강점기 신문의 마지막 저항이었다.

일장기 말소사건으로 인해 많은 언론인들이 구속되어 고초를 겪고 언론계를 떠났다. 총독부는 일장기 말소사건을 계기로 이길용 등의 사건 책임자와 사장 송진우 등의 간부를 포함해 13명을 사임시키고, "새로 발행 명의인이 되는 자는 당국이 지정한 항목에 따라 지면 쇄신에 대해 서약할 것"을 요구했다. 총독부가 이런 요구를 받아들이지 않을 경우 폐간계를 내라고 압박하자《동아일보》는 결국 총독부의 요구를 받아들여 1937년 6월 2일에야 정간이 해제될 수 있었다. 9개월 6일간의 최장 기간 정간에서 해제된《동아일보》는 지면을 통해 스스로 "대일본제국의 언론기관으로서 사명을 다하겠다."고 선언하기에 이르렀다.《조선중앙일보》는 결국 복간되지 못하고 사라졌다.

《동아일보》가 복간되고 한 달 정도 지난 1937년 7월 7일에 중일전쟁이 발발했다. 중일전쟁 발발 이후 일제는 내선일체론에 근거한 황민화 정책을 실시하고, 병참기지론에 따른 전쟁동원 체제의 구축을 서둘렀다. 중일전쟁을 위해서는 한국인을 동원할 필요가 있었고, 그러기 위해서는 한국인의 황민화가 이루어져야만 했기 때문이다.《동아일보》와《조선일보》는 일제의 이런 요구를 충실히 수용해, 한국인들에게 내선일체와 전쟁협력을 요구하는 논조를 보였다. 한국어 교육 폐지에 대해 소극적인 반대 의사를 보인 것을 제외하고는 총독부의 요구를 지면에 거의 그대로 반영하고 말았다.

총독부 기관지인 《매일신보》와 별로 차이가 없는 논조를 보였음에도 총독부는 《동아일보》와 《조선일보》의 통폐합 계획에 착수했다. 굳이 총독부가 두 신문을 없애려고 했던 것은 한국인 발행 신문이 지니는 '상징성'이 문제가 될 수 있다고 보았기 때문이었다. 나아가 총독부는 한국어 신문의 독자를 총독부 기관지인 《매일신보》로 흡수하여 전쟁 수행을 위한 선전의 효율성을 높이고자 했다. 한국인 발행 신문 자체가 한국인의 민족의식에 영향을 줄지도 모른다는 노파심과 총독부 기관지를 강화하려는 의도가 결합되어 한국인 발행 신문의 폐간이 이루어졌다. 총독부는 《동아일보》와 《조선일보》를 통폐합의 형식으로 폐간시키면서 인수 비용으로 각각 50만 원과 80만 원을 지불했다. 한글신문으로 총독부 기관지 《매일신보》만 살아남아, 1940년 8월 이후 사실상 신문을 통한 한국인의 언론활동은 완전히 사라지고 말았다.

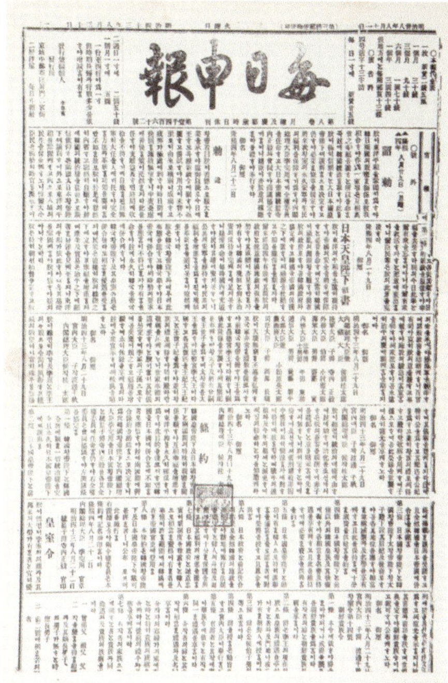
每日申報

《매일신보》

독자들의 인식과 활동

일제강점기에 한국인에 의해 발행되었던 신문들은 '민족의 기대'와 '일제의 통제' 사이에서 갈등하며 활동했다. 일제강점기의 신문들은 3·1운동의 여파 속에 발행이 허용되었던 만큼 민족적 기대가 매우 컸다. 신문들도 한동안 독자들의 기대에 부응하기 위해 일제에 비판적 논조를 보여 좋은 평가를 받았다. 그러나 초기부터 일제의 강력한 언론 통제를 받으면서 자유롭게 활동하기는 어려웠다. 독자들은 신문이 제 역할을 못할 때마다 비판을 하거나 불매운동을 벌였다.

1920년에 한국인이 신문을 발행한 직후부터 신문을 비판하고 감시해야 한다는 주장들이 잡지를 통해 나왔다. 1923년에 한 독자는 신문의 본질적 역할은 사회의 공론을 진정으로 대변하고 공평한 태도로 보도하는 것이라고 규정하고, 이를 "망각한 신문은 지극히 위험하여 우리가 상도相到치 못할 죄악"을 저지르는 것이기 때문에 "우리 일반 독자는 이를 감시하고 독려할 분권分權이 있다. 기회가 있는 대로 비평을 가하여 신문으로 하여금 충실한 태도를 갖게 함이 오히려 당연한 일이다."라고 주장했다. 실제로 일제 강점기에 다양한 필자들이 잡지를 중심으로 신문을 비평하는 활동을 했다.

1920년대까지는 식민지 현실이라는 특수성을 강조하며 신문들이 전체 민중을 지도하는 역할에 치중할 것을 강조하는 주장들이 많았다. 신문에 대해 높은 기대를 드러냈던 이런 비평들은 실제로는 신문들이 기대를 충족시키지 못한다는 비판으로 이어지는 경우가 많았다. 특히 많은 비평들이 신문이 단순히 이윤추구의 수단이 되어서는 안 된다고 하며 신문의 상품화를 반대했다. 1920년대까지는 신문에 대해 기대와 비판이 교차하는 경향을 보여 주었다.

1920년대에 신문의 운영과 논조에 대한 불만과 비판은 흔히 신문에 대한 구독거부, 불매운동으로 나타나기도 했다. 특히 민족개량주의 논조를 보였다고 비판받았던 《동아일보》에 대해 불매운동이 집중되었다. 1922년 2월 초 김윤식의 죽음을 계기로 사회장을 추진하던 《동아일보》에 대해 사회주

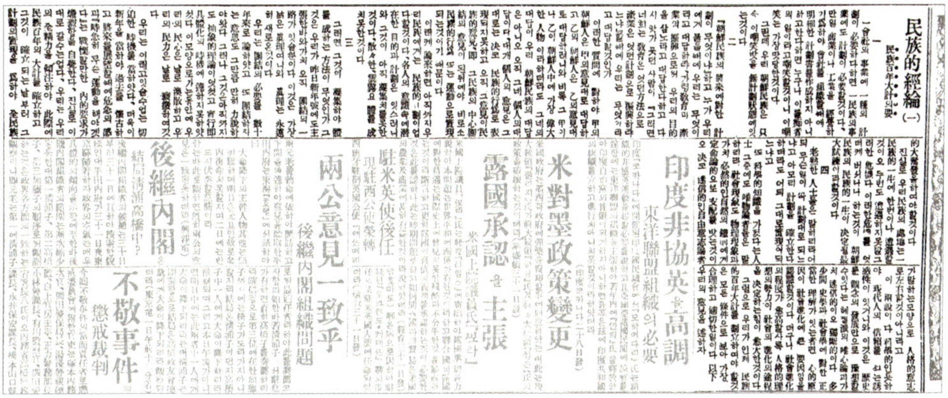
民族的經綸 (一)

印度非協英을高調

東洋聯盟組織의必要

米對墨政策變更

露國承認을主張

兩公意見一致乎

後繼內閣組織問題

後繼內閣

不敬事件

이광수가 《동아일보》에 쓴 〈민족적 경륜〉 기사

의 계열 청년단체들이 중심이 되어 사회장 반대 운동을 전개하며 그 일환으로 《동아일보》에 대한 불매운동을 결의했다. 1923년 3월에 개최된 전조선청년당대회에서도 《동아일보》에 대한 불매운동이 결의되었다. 1924년 1월에는 이광수가 쓴 사설 〈민족적 경륜〉 게재로 인해 다양한 세력들이 불매운동을 벌였다. 이후에도 자신에 관한 기사 내용이 잘못되었다고 불만을 드러내며 불매운동을 결의하는 일이 종종 벌어졌지만, 1920년대 말 경에는 불매운동이 거의 사라졌다.

1920년대는 사회운동가들이 자신들과 반대되는 의견이 신문이나 잡지에 게재된다면 반드시 불매동맹을 하거나 또는 성토를 하기 때문에 신문이 해야 할 말도 제대로 하지 못할 지경이라는 평가까지 나올 정도였다. 이런 평가가 나올 정도로 1920년대에는 이미 신문 불매운동이 빈번하고도 직접적인 독자 참여의 형태가 되었다. 신문에 대한 불매운동이 활발하게 전개된 것은 독자의 폭이 넓어지고 비판적 의식도 심화되었음을 보여 주는 것이었다.

1929년을 고비로 신문들의 논조가 급격히 변질되었음에도 정작 더 이상 불매운동은 벌어지지 않았고, 비판적인 평가도 급격히 줄어들었다. 1920년

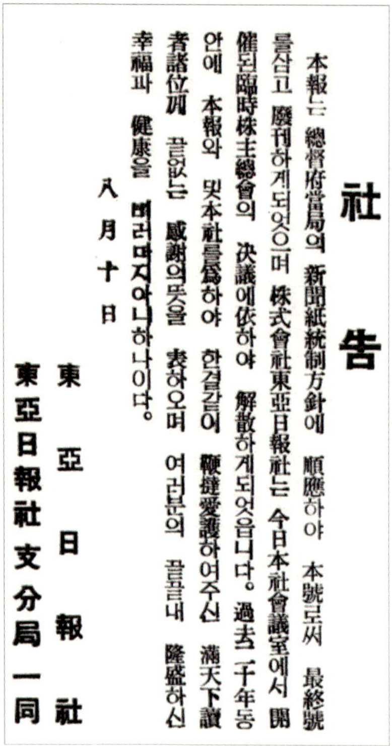

社告

本報는 總督府當局의 新聞紙統制方針에 順應하야 本號로써 最終號를삼고 廢刊하게되엿으며 株式會社東亞日報社는 今日本社會議室에서 開催된臨時株主總會의 決議에依하야 解散하게되엿읍니다。過去二十年동안에 本報와 및本社를爲하야 한결같이 鞭撻愛護하여주신 滿天下讀者諸位께 끝없는 感謝의뜻을 表하오며 여러분의 끝끝내 隆盛하신 幸福과 健康을 빌러마지아니하나이다。

八月十日

東亞日報社

東亞日報社支分局一同

《동아일보》 폐간을 알리는 1940년 8월 10일자 기사

대 말에는 사회운동도 급격히 위축되어 불매운동을 벌이기 어려웠고, 비평의 공간이었던 잡지도 탄압의 대상이 되어 자유로운 비판을 하기 어려웠기 때문이다. 1930년대에도 일부 비평가에 의해 신문이 지나치게 이윤만을 추구하면서, 비판적 보도를 하지 않게 되었던 것은 물론 아예 완전히 민족적 현실을 외면하는 단계로까지 나아갔다는 비판이 나왔다. 특히 일부 비평가들은 신문들이 민족개량주의적인 성격을 드러내며 식민지 체제 속에서 자신들 계급 이익의 유지를 위해 대중을 기만하는 역할을 했다고 비판하기도 했다.

신문에 대한 불매운동이나 비판적 평가가 일제강점기 신문에 대한 독자들의 인식을 어느 정도 보여준 것은 사실이다. 그러나 사회운동가들이 불매운동을 주도했고, 언론인이나 문인 같은 지식인들이 주로 비평을 했다는 점에서 당시 신문에 대한 비판적 의식이 독자 전반에 확산되어 있었다고 단정하기는 어렵다. 실제로 1930년대 중반까지도 여전히 신문의 역할을 높이 평가하는 견해가 어느 정도 있었다. 다만 1930년대 말에 논조가 더욱 변질되어 친일적 경향까지 보이게 되면서 독자들의 비판적 의식이 확산되었다고 볼 수 있다.

1940년 8월에 《동아일보》와 《조선일보》가 폐간되었던 것은 두 신문에게 불행이자 다행이었다. 우선 불행이라고 하는 것은 계속 신문을 발행하고자 했으나 총독부가 종용함으로써 사실상 강제 폐간되고 말았기 때문이다. 반면 폐간되었기 때문에 더 이상 친일의 흔적을 남겨놓지 않을 수 있었고 일

제의 탄압으로 강제 폐간되었다는 탄압의 이미지도 형성했던 것은 두 신문으로서는 천만다행이었다. 만약 1940년에 폐간되지 않았다면 해방 이후 두 신문이 '민족지'였다고 주장하면서 다시 활동하는 것은 불가능했을 것이기 때문이다.

【제9강】

고희동 가옥,
그리고 식민지 수도 경성의 미술 흔적들

최열 서울대학교 강사

09

고희동 가옥, 그리고 식민지 수도 경성의 미술 흔적들

종로구 원서동 고희동 가옥은 2004년 등록문화재 제84호로 지정되었다. 원서동 고희동 가옥이 새삼 주목받기 시작한 것은 2012년 내셔널트러스트 문화유산기금이 운영을 맡으면서 부터였다. 누하동 이상범 화실, 옥인동 박노수 가옥, 계동 배렴 가옥과 더불어 근대 미술인의 공간 연계지대 중 하나이자 북촌의 명소로 주목을 받기 시작한 것이다.

〈정자관을 쓴 자화상〉

그 가옥의 주인인 춘곡 고희동(1886~1965년)은 이승만 정권 아래서 그 활발한 사회정치활동으로 말미암아 '미술계 대통령'이라는 호칭을 얻은 인물이었지만, 사후 그의 흔적은 도쿄미술학교 서양화과 졸업 당시와 그 직후에 그린 세 점의 유채화 〈자화상〉만으로 기억될 뿐, 미술계에서마저 잊혀져간 인물이었다. 하지만 고희동은 '살아있는 근대미술사'였다.

고희동 가옥

여기서는 그와 같은 인물 고희동의 생애와 예술을 살펴보고 난 다음, 그가 살았던 식민지 수도 경성의 미술계와 그 미술인들이 활동의 근거지로 삼았던 장소를 살펴봄으로써 경성 일대를 수놓았던 화가들의 흔적 속으로 추억의 여행을 해 보고자 한다.

춘곡 고희동

고희동의 생애

1918년 서화협회 13명의 발기인 가운데 막내로 참가한 고희동은 1886년 서울 종로구 관수동에서 역관 고영철의 아들로 태어났다. 《대한제국관원이

고희동 가옥 내부

〈두루마기를 입은 자화상〉(좌)과 〈부채를 든 자화상〉(우)

력》에는 그 주소지가 비파동으로 나와 있는데 종로3가 청계천 수표교가 있는 곳이다. 이곳에는 비파정琵琶亭이 있어 비파동이라 불렸는데 매년 대보름날 청년들이 모여 편을 갈라 돌을 가지고 벌이는 석전石戰 장소로 유명했다. 고희동은 이후 수송동의 99칸 대저택으로 옮겨간 집안을 따라 이곳을 떠났다. 이후 1918년 수송동 대저택이 수송보통학교 부지로 매입되면서 창덕궁 서쪽 원서동 일대의 마을로 이주하였다.

고희동은 14살 때인 1899년 9월 한성법어학교에 입학하여 프랑스어를 배웠으며, 16살에 결혼하였다. 그리고 1903년 7월 무렵 학교를 중퇴했는데, 1904년 12월 궁내부의 광학국 주사로 출사하면서 프랑스어 통역사가 되었다. 관료였던 고희동은 1906년 이도영을 만나 그 인연으로 조석진 문하에 들어가 화가의 길을 걷기 시작하였다.

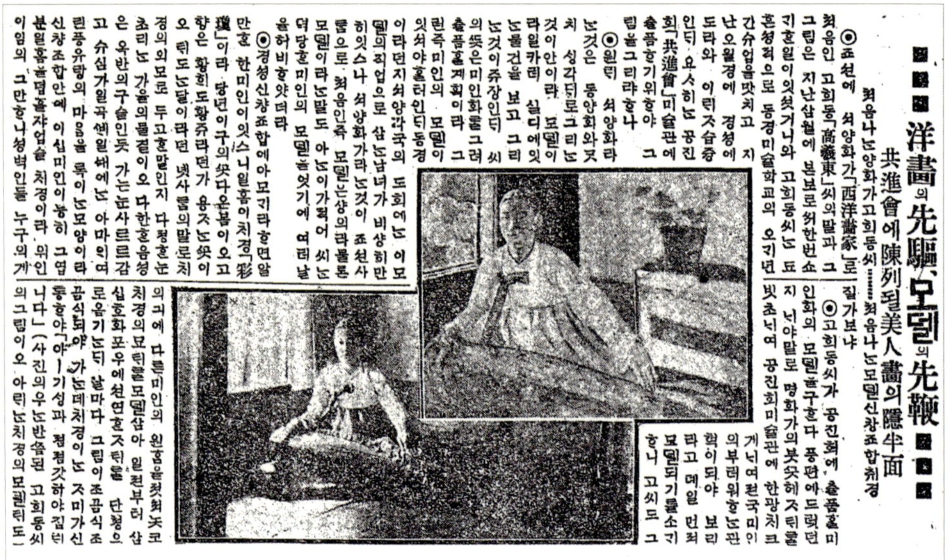

洋畵의先驅, 모델의先鞭

共進會에陳列될美人畵의隱半面

처음나는양화가고희동씨……처음나는모델신창조합취경

고희동의 수상작을 실은 신문기사

1909년 2월 관비유학생 출장명령을 받고 도쿄로 떠난 고희동은 이미 황태자 영친왕 수행원으로 도쿄에 와 있던 사촌 고희경과 친형 고희중의 후원으로 도쿄미술학교 서양화과에 순조롭게 입학하였다. 하지만 1910년 8월 대한제국은 식민지로 전락하였고, 고희동의 관직은 순식간에 사라졌다. 심지어 1911년 6월 고희동은 낙제처분을 받았다. 우여곡절을 겪으며 1915년 3월 졸업한 고희동은 조국에서 '최초의 서양화가'라는 칭호를 부여받았고, 1915년 조선총독부가 개최한 조선물산공진회의 미술전람회에서 스승 안중식과 더불어 수상하였는데 스승은 은패, 제자는 동상을 수상하였다.

귀국한 고희동은 중앙학교를 시작으로 휘문·보성·중동학교의 도화교사로 나가면서 미술활동을 시작하였다. 1918년 고희동은 원서동 16번지 대지에 스스로 구상한 한옥 한 채를 완공하였다. 이후 인근 17~19번지까지의 가옥 세 채를 구입해 그 규모가 넓어졌다. 오늘날의 구조를 갖춘 때는 1930년대 후반이라고 한다. 이 건물은 2004년 9월 등록문화재 제84호로 지정되었다. 등록사유는 "최초의 서양화가로서 후진을 양성하고 근대적 미술단체인 서화협회를 이끄는 등 화단을 형성하고 이끌어나간 미술행정가로서 높이 평가받고 있는 고희동 선생의 체취를 느낄 수 있다."는 것이다.

〈습작〉

고희동은 1918년 스승 안중식과 조석진이 전국규모의 한국인 서화가 단일조직인 서화협회를 창설할 때 스승의 부름에 따라 13인의 발기인 가운데 막내로 참여하였다. 하지만 1919년 3·1운동이 일어나고 스승이 연이어 타계함에 따라 침잠沈潛하였지만 1920년 4월 《동아일보》 창간 당시 편집국 기자로 취업하여 삽화를 담당했다.

1924년 12월 동아일보사를 퇴직한 고희동은 1924년 휘문고등보통학교 도화교사로 재직하기 시작했다. 그리고 이 해 6월 제3회 조선미술전람회 서양화부에 한복을 입은 남성상 〈습작〉을 응모해 4등상을 수상했다. 그러나 이후 그가 그린 작품에 유채화는 등장하지 않는다. 아울러 이미 1921년 조선불교회 행사 때 부채그림을 그렸고, 1922년 6월 제1회 조선미술전람회에 서양화부와 동양화부 양쪽 모두에 응모해 입선하였다. 조은정의 연구에 따르면 그 후 몇 해 동안 유채화와 수묵채색화를 병행한 흔적이 있지만 그의 활동은 거의 대부분 수묵채색화 분야 계통으로 그 중심축이 옮겨가고 있었다. 즉 1920년대 중엽에는 이미 유채화를 포기하고 수묵채색화가로 복귀를 단행하고 있었던 것이다.

고희동 가옥 내에 있는 그의 흉상

1945년 8월 해방 직후 고희동은 조선미술건설본부 중앙위원장으로 추대를 받았지만 좌익과 대립하여 스스로 서화협회를 계승한다는 명분으로 조선미술협회를 결성하고 회장에 취임하였다. 또한 1946년 2월 이승만 계열의 비상국민회의 사무국장으로 가담해 이승만 지지활동에 전력을 다하였다.

정부 수립과 더불어 대한미술협회를 창설하고 제1회 서울시문화상을 수상하는가 하면 미국 국무부 초청으로 미국을 여행했다. 6·25전쟁 기간에는 미술가부역자심사위원회에서 좌익 미술인 처단을 주도하였다. 휴전 이후 이승만 정권 아래 이승만의 비호로 대한민국예술원 종신회원이자 초대 회장에 임명되었다. 특히 1948년에 조선미전을 계승해 시작한 대한민국미술전람회를 장악하고 이후 미술계 대통령으로 군림하였다.

하지만 1957년 민주당 창당 때 고문으로 가담하였고, 1958년 12월 〈국가보안법〉 개악 반대 국민대회 발기준비위원회 위원장을 맡았다. 1959년 1월에는 민권수호국민총연맹 상임위원장으로 참석해 이승만을 적대시하는 활동에 한발씩 나아갔고, 1960년 4·19혁명 직후 무려 74살의 나이로 집권 민주당 참의원으로 출마하여 당선되었다. 직접 정치인으로 발을 들여놓았던 것이다.

그러나 그 오랜 권력의 시대, 미술계 대통령의 시절도 끝이 다가왔다.

1961년 5·16군사정변이 그 계기였다. 이후 은거하다시피 권력의 중심에서 밀려났고, 또 투병생활을 하던 중 79살 때인 1965년 동대문 제기동 자택에서 별세하였다.

고희동의 작품세계

고희동이 그린 작품들 중 남아있는 것은 도쿄미술학교 서양화과 졸업 전후에 유채화로 제작한 세 점의 〈자화상〉, 같은 시기에 제작한 삽화들, 그리고 전 생애동안 그렸던 수묵채색화들이다. 이경성은 고희동의 예술세계를 다음과 같이 압축해 설명했다.

> 춘곡의 예술은 동양화를 기반으로 서양화의 기법과 시각을 도입한 것이라고 할 수 있다. 따라서 그것은 새로운 회화의 형식을 설정하려는 일종의 시도인 것이다. 전통적인 남화산수의 세계에다 서양화의 색채감이나 명암법을 써서 감각적으로 새로운 회화를 만들었다. 그러나 그 시도는 여러 가지 미해결점 때문에 완성을 못보고 말았다.

고희동은 1906년 무렵 조석진, 안중식 문하에 입문하여 수묵채색화, 즉 '동양화'를 배우기 시작했다. 그 뒤 1909년 일본으로 건너가 도쿄미술학교에서 유채화를 배움으로써 졸업과 더불어 서양의 회화를 전공하는 '조선인 최초의 서양화가'가 되었고, '서양화'를 전수하는 교사로 활동하였다.

그런데 도쿄미술학교를 졸업하던 바로 1915년에 빨래터를 소재로 수묵채색화 〈청계표백淸溪表白〉를 그렸고, 그로부터 3년이 지난 1918년에 그린 개인소장 수묵채색화 〈화조화〉가 있다는 사실을 생각하면 고희동이 수묵채색화를 포기한채 유채화만으로 자신의 정체성을 확립한 바 없음을 알 수

고희동이 그린 〈매화도〉(좌)와 〈화훼도〉(우)

있다. 그렇게 동서를 아우르는 작가생활을 지속하다가 1924년 조선미술전람회에 한복을 입은 남성을 그린 유채화 〈습작〉을 출품해 4등상을 수상하였고, 1925년 제5회 서화협회전에 출품한 유채화 〈만장봉의 추〉, 1926년 제6회 서화협회전에 이름을 알 수 없는 유채화를 출품한 것을 끝으로 서양의 회화를 더 이상 그리지 않았다. 물론 새로운 자료가 출현할 수도 있지만 1927년 제6회 서화협회전에 수묵채색화 〈해학海鶴〉을 출품한 사실을 생각하면 1926년 그는 서양의 회화를 절필하고 동양의 회화만을 다루는 이른바 '동양화가'로 완전 복귀한 것이라 하겠다.

그가 '동양화를 기반으로 서양화의 기법과 시각을 도입'했다는 평가를 받는 것은 그의 작품을 대상으로 삼는 평가라기보다는 도쿄미술학교에서 '서양화과'를 수학한 경력과 졸업 후 유채화 교사 경력, 그리고 조선미전과 서화협회전에 유채화를 출품한 경력에 대한 평가였다. 김영나는 고희동 작품에 대해 "하나는 서양화법에 강하게 영향을 받은 작품들, 두 번째는 절충 화법, 그리고 세 번째는 전통적 회화를 고수한 작품"들로 분류하면서도 "후기에는 오히려 서양화의 느낌이 적어지고 전통적 양식에 더 가까워지고 있는 것으로 보인다."고 평가하고 있다.

실제로 그의 수묵채색화에서 '서양화의 색채감이나 명암법'을 도입한 경우를 찾는 것은 어려운 일이 아니다. 하지만 그가 도입한 서양의 방법이 고

전 수묵채색화의 근본 혁명을 꾀하기 위한 수단으로 나아간 적은 없다. 또한 천년을 지속해 온 산수·도석·인물·화조와 같은 주제와 그 미의식을 혁신하기 위한 방법으로 활용한 바 없다. 절충화법이라고 볼 수 있는 작품도 고희동만의 특별한 혁신이 아니라 1920년대 이후 수묵채색화단이 걷고 있던 모습이었다. 다시 말해 고희동의 수묵채색화는 조선시대 수묵채색화가 보여주는 전통을 지속하는 가운데 서양회화의 기법을 부분 도입하는 것이었다. 그런 까닭에 이경성은 고희동의 그것을 '미해결점의 시도로써 완성을 못 보았다.'고 덧붙였던 것이다.

〈어느 뜰에서〉

고희동은 왜 고전복귀를 선택한 것일까? 그것은 그의 생애와 관련이 있다. 고희동은 망국과 식민지, 그리고 전제주의시대에서 언제나 순응의 길을 선택했던 인물이었다. 따라서 그의 예술은 그 시대와 갈등 없는 세계를 지향하는 것이어야 했다. 고전회귀는 시대와의 불화를 일으킬 수 없는 과거의 것이었고, 따라서 고전의 정신세계는 그에게 최선의 선택지였다.

고희동의 예술은 20세기의 것이지만 19세기의 것이기도 했다. 지금 남아 있는 1915년과 1918년에 그린 세 폭의 유채화 〈자화상〉마저도 모두 '한복' 차림인데다가 '정자관'을 쓰고 있거나 '부채'를 들고 있는 모습이다. 이후 조선미전에 응모해 입상한 1922년의 〈어느 뜰에서〉, 1924년의 〈습작〉도 한복을 입은 여성과 한복차림에 곰방대를 물고 있는 노인의 모습이다. 하지만 고희동의 사회활동과 미술활동은 이경성의 말 그대로 "살아있는 근대미술사"였다. 이경성은 그의 삶을 다음처럼 한 마디로 압축했다.

고희동 가옥 내부에 재현된 작업실 모습

그는 살아서 고전이 되고 죽어서 역사가 되었다.

그렇다. 고희동의 생애는 한국 근대미술사를 관통하는 것이었다.

개화의 요람, 경성의 미술

경성미술계

이번에는 서울화단의 전체적인 모습을 조망해 보자. 우선 안중식과 오세창, 그리고 김규진과 안중식의 제자인 이도영 등이 보인다. 안중식은 장승업에게 그림을 배웠으며 19세기말과 20세기 초반 서울화단을 대표하는 화가였다. 그는 20세 때인 1881년에 조석진과 함께 중국 청나라의 남국화도청南國畵圖廳에 가서 기계제도법을 배우고 왔다. 또 오세창과 더불어 개화파에 참가했으나, 갑신정변과 관련해 일본으로 피신하기도 했다.

안중식의 이러한 활동 배경에는 개화 가문 출신의 개화자강론자 오세창의 영향이 컸다. 1906년 오세창이 활동하던 대한자강회에 안중식이 참가하고 있었던 것이다. 이 무렵 오세창은 일본의 도움을 받아 선진문명을 배워 힘을 기른 뒤 독립을 꾀해야 한다고 믿고 있었다. 안중식 또한 오세창의 그러한 사상에 뜻을 함께 하고 있었다.

안중식의 〈백악춘효〉

안중식 문하에 입문했던 이도영 역시 스승 안중식을 따라 대한자강회에 몸담으면서 간사로 참가했으며, 1907년에는 대한협회 교육부원으로 실력양성론에 입각한 교육 활동에 힘썼다. 또한 《대한민보》에 자강론에 입각한 연재삽화의 그림을 그렸고, 신문사 사장으로 있던 오세창이 글을 붙였다.

한편 1902년 고종 등극 40주년을 기념하여 도사도감圖寫都監을 설치되

이도영의 삽화

었다. 이때 안중식과 함께 채용신과 조석진이 어용화사御容畵師로써 태조와 고종의 초상화를 그렸고, 공으로 군수 벼슬을 받았다. 그들과 같은 세대인 안건영, 강필주 등의 그림 세계와 빗대 보면 어떻게 같고 어떻게 다른지 금세 알 수 있을 것이다. 그들의 양식은 장승업이란 커다란 산봉우리를 바라보며 그 어딘가 등성이를 헤매는 것이었다. 붓을 놀리는 솜씨는 그들의 미학이었으며, 어떤 미적 이상을 내세워 예술 세계를 탐험하기보다는 이미 있는 것을 다듬는 일에 만족했다.

김규진은 평양에서 활동하던 이희수의 제자였는데 18세에 중국에 건너가 9년 동안 체류하였다. 이후 서울로 이주해 영친왕에게 서법을 가르치며 활동했다. 그들은 장승업이 세상을 떠난 뒤 빈자리를 메꾸며 20세기 초반 서울의 미술동네를 휩쓸어갔다. 그들은 장승업의 양식을 부드럽게 혁신하고 또 바꾸면서 형식화 경향을 밀고 나갔다.

한편 이들은 나라가 식민지로 떨어지던 때 모두 관료였다. 안중식은 양천군수였으며, 김규진은 궁내부 참서관參書官이었다. 또 이도영은 1907년에 관립공업전습소 기수로, 고희동은 1906년에 궁내부 주사, 오세창도 관료생활을 이어가고 있었다. 앞 세대인 장승업도 1897년까지 도화서 화원이었다.

이들과 함께 화단을 휩쓸던 많은 이들도 관료였다. 정학수는 양덕군수였고, 지창한은 무산군수, 채용신은 정산군수로 재직하고 있었다. 강필주는 1908년에 영선사위원, 지운영도 1880년대 전반기까지 궁내부 주사였다. 이러한 사실은 한국근대화단의 관학파 중심 및 형식화 경향과 깊은 관련을 맺는 것이었다.

교육기관 및 공예품 제작소

이 무렵 그림 교육은 사숙私塾의 전통이 가장 또렷한 시대였다. 조석진의 경우 지금의 종로 청계천 3가 갓우물골 부근에 있었던 자신의 집으로 그림을 배우러 오는 이들을 착실하게 지도해 주었다. 하지만 안중식의 경우에는 일정한 주소지를 갖고 있지 않았다. 때문에 그의 제자 교육은 불안정했다. 실제로 1907년 고희동이 처음 안중식을 찾아 입문했을 당시 수업은 조석진의 집에서 받았다. 이보다 앞선 시기인 1901년 안중식의 문하로 들어가 그의 거처를 따라다녔던 소위 '무릎제자' 이도영 역시 크게 다르지 않았다.

도화서 미술교육이 몰락할 즈음, 사립학교가 생기기 시작했다. 1880년대에 선교사들이 교육기관을 만들기 시작했으며, 1894년에는 교과서들이 발간되었다. 1907년에는 전문 미술교육기관을 내세우며 교육서화관이 태어났다. 그해 7월 13일 서울 원동苑洞 서우학회西友學會 안에서 교육서화관 발기회가 열렸다. 교육서화관 관장 자격의 김규진과 함께 양기훈·조석진·안중식·이도영·김유탁 등이 자리를 함께 했으며, 도화·사진·음악 등을 가

김규진의 〈해강묵죽도〉

르치는 예술학교로서 자리매김했다. 또한 같은 해 공예학교인 관립공업전습소가 지금의 동숭동 방송통신대학 교정 대로변에 생겼으며, 도사학교圖寫學校에서도 학생을 모집하기 시작했다. 1908년에는 관립공업전습소 기수技手였던 이도영은 1908년에 학부學部에서 발간하는《도화임본圖畵臨本》4책의 원화를 그리기도 했으며, 같은 해 황성기독교청년회의 교육 과정에서는 도화가 정식 과목으로 채택되었다.

화랑과 후원자

이번에는 서울에서의 미술품 유통과 전시 공간들을 살펴보자. 1830년 무렵, 유본예는《한경지략》을 통해 서울의 시장 풍경을 다음처럼 그려놓았다.

> 성 안의 종루, 배고개, 남대문 밖 7패七牌, 8패가 제일 큰 저자이며 종루 양 길옆에 긴 난간을 쭉 늘여짓고 저자 사람들이 살고 있다.

19세기 자리를 잡은 미술품 시장 유통구조는 20세기로 이어졌다. 19세기가 끝나갈 무렵 정두환이란 사람이 종로통 22통 8호에서 지전紙廛을 운영하고 있었다. 그는 가게 이름을 지전이란 이름으로 광고를 냈으며, 1900년 8월에는 정두환 서포書鋪라는 이름으로 신문에 광고를 냈다. 1910년에 신문연재 광고를 보면 '각양各樣 서화와 지물紙物'을 취급한다고 밝혀놓았다.

1906년 12월에는 화가 김유탁이 서울 대안동에 자신의 호를 앞세운 수암守巖 서화관을 개설했다. 그는 신문광고를 통해 법서명화法書名畵를 원하는 이에게 공급하겠다고 밝혔다. 1908년에는 최영호란 사람이 출자하고 조석진이 함께 하여 동현銅峴에 한성서화관을 개설했다. 한성서화관은 책과 회화를 팔았고, 그림을 주문받아 제작·판매했다. 또 1909년에 몇몇 서화가들

이왕가미술관으로 사용되었던 석조전

이 모여 서울 북부 장동壯洞에 한묵사翰墨社를 창립하고 서예 작품과 그림을 주문·판매하기 시작했다. 이외에 관철동에 있는 지필묵 가게에서는 약재와 책, 그리고 중국산 서화재료 일체를 취급했으며 진고개에 있는 가게에서는 일본제 회견繪絹을 판매하였다.

또한 미술문화의 후원세력으로서 대한제국 황실을 들 수 있다. 숙명여학교와 진명여학교를 설립한 순원황귀비가 영친왕의 교사였던 김규진의 후원자였고, 지금의 중구 소공동인 천연동에 천연당 사진관과 서화관 개설 등에 큰 도움을 주었던 것이 대표적인 예였다. 또한 세도가문에 속한 이들도 취향에 따라 화가를 돕거나 그림을 주문하기도 했다. 이후 식민지기가 되면서 서울화단의 후원세력은 대부분 친일 유력자나 조선귀족들로 옮겨갔지만, 구 대한제국황실은 박물관과 미술관을 운영했고 미술교육기관에 꾸준히 지원을 꾀했던 만큼 여전히 가장 돋보이는 후원세력이었다.

휘호회 및 전람회

근대 초기까지 미술시장에서의 전람회 기능은 진열과 휘호회揮毫會를 통해 이뤄졌다. 휘호회란 화가가 특정 기간 동안 공공장소를 비롯한 어떤 자리에서 시간을 정해 작품을 곧장 제작해 보여주는 모임이다. 1908년 부통감이 덕수궁에서 황족들과 고위 관료들을 모아놓고 휘호 모임인 한묵연翰墨宴을 열었던 것이 한 사례였다. 이 자리에 참석해 휘호한 화가는 안중식과 김규진으로《황성신문》과《대한매일신보》가 나란히 이를 취재해 보도하기도 했다.

1907년 11월에는 대한문 옆에 파노라마관을 꾸며놓고 일본군대가 러일전쟁 당시 벌인 전쟁 상황을 찍은 사진과 유화를 걸어놓은 전시회가 열렸다. 또한 1909년 5월에 창경궁 박물관 전람회가 시작되어 소장품 상설전의 일반인 관람이 가능해졌다. 뒤이어 10월 19일에는 서울 교동에 있는 기호학회 건물에서 유성준과 권동진이 주도하는 제1회 한양서화전람회가 열렸다.

서화협회

1918년 5월 19일 장교동長橋洞에서 서화협회 발기회가 열렸다. 발기인은 안중식을 비롯해 강진희 · 정대유 · 조석진 · 김응원 · 현채 · 오세창 · 김규진 · 강필주 · 김돈희 · 정학수 · 이도형 · 고희동으로 모두 13명이었다. 목적은 다음과 같았다.

> 본회는 신 구 서화계의 발전, 동서 미술의 연구, 향학 후진의 교육 및 공중의 고취아상高趣雅想을 증장케 함을 목적으로 한다.

같은 해 11월 제1회 정기총회를 열고 부총재에는 김윤식을, 고문에는 이

완용·민병석·김가진·박기양을 위촉했다. 그러나 1919년 정회원이었던 오세창과 최린이 3·1운동 당시 민족대표 33인으로 참가했다. 친일과 항일이 교차하는 지점이라고 하겠다.

3·1운동 이후인 1921년 2월 임시총회를 열어 제3대 회장으로 정대유를 뽑는 등 조직 정비에 나섰으며, 4월 제1회 서화협회전을 계동의 중앙학교 강당에서 개최했다. 이어 같은 달 제2차 정기총회를 열고 제4대 회장에 김돈희를 선출해 활동에 박차를 가했다. 이후 서화협회는 식민지시기 한국미술계를 대표하는 단체로써의 위상을 견지하였고, 1936년 휘문고보에서 열린 제15회 서화협회전을 끝으로 해산할 때까지 꾸준히 활동을 지속해 나갔다.

서화협회 전시회 광경

〈부록〉 춘곡 고희동 주요 연보

날짜	주요 내용
1886년 3월 11일	종로 수표동에서 역관 고영철의 3남으로 태어남.
1899년 9월 1일	한성법어학교에서 프랑스어를 수학함. 교사 레미옹의 영향으로 미술에 눈뜸
1901년	16세에 조혜임과 결혼함. 1남 4녀를 둠.
1904년 12월 17일	궁내부 광학국 주사가 됨. 프랑스어 통역과 번역을 맡음.
1905년 3월 23일	궁내부 외사과 주사가 됨.
1905년 7월 15일	조경단 개수 감동監董이 됨.
1906년	안중식과 조석진의 문하로 수학함.
1907년 1월 15일	궁내부 대신관방 주사가 됨.
1907년 1 월 24일	황태자 가례 기념장을 받음.
1907년 8 월 9일	궁내부 대신관방 서기랑이 됨
1907년 8 월 27일	순종황제 즉위 예식 기념장을 받음.
1907년 12월 1일	궁내부 주사가 됨.
1908년 3월 4일	장예원 예식관(궁내부 주사)이 됨.
1909년 2월	궁내부 출장명령을 받아 일본으로 유학함. 준국빈 대우를 받으며 수학함.
1909년 9월	도쿄미술학교 서양화과 입학함. 오카다 사부로스케[岡田三郎助]에게서 수학함.
1911년 6월	낙제를 받음.
1915년	졸업 후 귀국함. 휘문·보성·중동·중앙학교를 비롯한 여러 학교에서 미술을 가르침. 공진회 전람회에 출품해 동상을 수상함.
1918년	서화협회 창립 발기인으로 참가함.
1920년	《동아일보》 창간 당시 삽화를 담당함.
1922년	제1회 조선미전 서양화부에 〈어느 뜰에서〉를 출품.
1924년	제 3 회 조선미전 서양화부에 〈습작〉을 출품. 4등상 수상함.
1926년	수묵채색 회화로 복귀함.
1936년	제15회 서화협회전을 끝으로 화단활동 중단함.
1940년 11월	개인전 개최
1941년	이태준과 함께 모던일본사가 제정한 제2회 조선예술상을 수상함.
1943년	《매일신보》 8월 1일자 1면 특집기사 〈금일 감격의 징병제 실시〉와 함께 게재된 연재시화 〈님의 부르심을 받고서〉의 제1화 삽화를 그림.
1945년	해방 후 조선미술건설본부 중앙위원장, 조선미술협회 회장이 됨.
1946년	전국문화단체총연합회 회장이 됨.
1946년 8월	경성대학 미술학부 창설 설치위원회 위원이 됨.
1948년 9월	대한미술협회 정부수립기념전 참가

날짜	주요 내용
1948년 12월	화신화랑에서 소품전 개최, 〈탐승〉으로 제1회 서울시 문화상 수상함.
1949년	문교부 예술위원회 위원장, 국전 심사위원(~1959년)이 됨. 미국 국무부의 초청으로 미국을 여행함.
1950년 9월	미술가 부역자 심사위원회를 주도함.
1952년	전국문화단체총연합회 회장 퇴진
1953년	대한미술협회 회장이 됨.
1954년	예술원 종신회원이 됨.
1956년 5월	예술원 공로상을 수상 함.
1957년 7월 15일	소공동 공보관에서 〈고희동 화필 생애50년 기념 작품전〉을 개최함. 홍익대 명예교수가 됨.
1959년	민권수호 국민총연맹 상임위원장이 됨.
1960년	민주당 참의원으로 당선됨.
1961년	5·16군사정변 뒤 은거함. 투병 후 천주교에 귀의해 세례명 요셉을 받음.
1962년	대한민국장大韓民國章을 받음.
1965년 10월 22일	동대문구 제기동 자택에서 별세함. 장례는 예총장으로 치러짐. 경기도 고양군 중면 풍리 선영에 묻힘.

【제10강】

이태준 가옥,

이태준과 구인회 작가들이 그린 경성의 풍경들

권은 한국교통대학교 교수

10

이태준 가옥, 이태준과 구인회 작가들이 그린 경성의 풍경들

모더니스트 작가가 지은 전통 가옥, 수연산방

성북동 성북로26길8(298번지)에 위치한 전통찻집 수연산방壽硯山房은 소설가이자 문장가였던 상허尙虛 이태준이 살았던 생가이다. "러시아에는 체호프, 프랑스에는 모파상, 미국에는 오 헨리, 조선에는 이태준이 있다."는 말이 회자됐을 정도로, 그는 한국을 대표하는 단편소설 작가로 잘 알려져 있다. 그는 1933년에 성북동에 집터를 마련하여 한옥을 짓고 '문인들이 모이는 산속의 작은 집'이라는 의미의 택호를 붙였다. 이 집은 1977년에 서울시 민속문화재 제11호로 지정되었다.

수연산방은 기존의 한옥을 혁신적으로 개량한 대표적 사례로 꼽힐 만큼 건축사적으로도 중요한 건물로 평가받는다. 이 주택은 채를 통합하여 지었을 뿐 아니라 전통적인 한옥의 틀을 벗어나 자유롭게 평면을 활용하였으며, 당시에는 새로운 재료였던 유리로 대청, 사랑 등의 분합문을 만들기도 하였다. 이태준은 "훌륭한 건축은 청부업자의 기술로 되는 것이 아니라 그 건축

이태준 가옥

물 주인의 인격으로 되는 것"이라는 영국의 사상가 존 러스킨John Ruskin의 생각을 본받아, 5명의 노련한 목수들을 직접 고용하여 이 건물을 지었다. 당시에는 서구식의 '문화주택'을 짓는 것이 유행이었지만, 그는 "조선건축의 순박, 중후한 맛"을 내기 위해서 한옥을 선택했다. 이태준에게 건축은 "그 속에 사는 사람의 교양, 취미, 모든 인격을 다 표현하는 존재"였다. 수연산방

구인회 일원인 이상, 박태원, 김소유 사진

은 이태준의 성품과 인격이 스며들어 있는 건물이라 할 수 있다. 근대적 개량 한옥이었던 수연산방처럼, 이태준은 한편으로는 한국의 정취와 정서를 숭상하는 '상고주의尙古主義'를 추구하면서, 동시에 근대적 문물과 문화에도 깊은 관심을 보인 모더니스트였다.

이태준은 1904년 강원도 철원에서 태어나 부모를 따라 러시아 블라디보스토크로 갔다가 아버지와 어머니를 차례로 잃고, 한국 각지를 전전하며 불우한 어린 시절을 보냈다. 성북동의 수연산방은 그가 처음 경험해 보는 안정된 삶의 터전이자 보금자리였다. 그의 나이 서른 살 무렵의 일이다. 그의 대표작인 〈달밤〉, 〈패강랭〉, 〈토끼이야기〉, 《문장강화》, 《무서록》 등이 모두 '수연산방'에 거주하던 시기에 쓰여진 작품들이다. 이후 김억·김기진·한용운·박태원·홍효민·최승우·이종린 등이 주위에 모여들면서 성북동은 경성의 대표적 '문인촌文人村'이 되었다.

이태준이 수연산방을 지은 1933년은 식민지 시기 가장 중요한 문학단체였던 구인회九人會가 결성된 해이기도 했다. 이태준, 이상, 박태원, 이효석, 김유정, 정지용, 김기림 등 '한국 근대문학의 별들'이라 부를 수 있는 수많은 위대한 작가들이 이 단체를 거쳐 갔다. 이들은 경성을 중심으로 문학 활동을 했던 모더니즘 계열의 작가들이었다. 모더니즘 문학은 기존의 전통적인 문학에 반기를 들고 나타난 전위적인 문학으로 세련된 기법과 형식적 실험

등이 두드러진다. 이태준은 좌장을 맡아 구인회를 이끌었으며, 이상과 박태원 등 어린 작가들이 성장할 수 있는 든든한 토대를 마련해 주었다. 이후 정지용, 김기림 등과 함께 문예지《문장》을 이끌었다.

오늘날에는 성북동 일대가 고급 주택가가 되었고, 수연산방도 운치 있는 전통 찻집으로 변모하였지만, 1930년대 중반만 해도 성북동 일대는 말 그대로 '시골'에 지나지 않았다. 엄밀하게 말하면, 당시는 성북동이 아니라 '고양군 숭인면 성북리'였다. 이 일대가 다시 경성에 포함된 것은 1936년 시가지 확장 이후부터였다. 이처럼 성북동은 경성의 제일 변두리 지역으로 시골이나 다름없는 곳이었다. 성 밖에는 주로 전답이나 황무지가 있었으며, 도시 빈민인 '토막민'들이 모여 살기도 했다. 이태준의 집 앞에는 시냇물이 흐르고 솔바람 소리가 시원하게 들리고, 앞마당에는 앵두나무, 감나무, 살구나무, 대추나무와 모란, 백화白樺 등이 울창하게 우거져 있었다. 이곳에서 이태준은 창작에 매진하면서도 마당 한편에서 토끼와 닭을 키워 푼돈을 벌어 보고자 노력하기도 했다. 실제로 이태준 소설에서 가장 중요한 장소 중의 한 곳이 바로 수연산방이 위치한 성북동 일대였다.

이태준이 추구한 문학세계

'예술가의 직무는 만들어 보여 줄 뿐, 설명하지 않는 것이다.'

1933년에 구인회가 등장하기 이전까지 한국 문단을 주도했던 것은 프롤레타리아 문학을 추구했던 카프KAPF였다. 사회주의 이데올로기에 기반한 카프는 자신들의 정치적 신념을 소설 속에 직접 표현하는 것을 주저하지 않았다. 그렇지만 이태준을 포함한 구인회 작가들은 자신들의 생각을 독자에게 직접적으로 전달하려 하지 않고, 소설로 재현된 세계를 독자들에게 보여주고 스스로 느낄 수 있도록 했다.

이태준은 고흐의 그림 〈해바라기〉를 예로 들며 소설의 미학을 설명한 바 있다. 알다시피 고흐는 해바라기나 신발 등 일상에서 쉽게 구할 수 있는 평범한 사물을 대상으로 그림을 그린 화가였다. 중요한 것은 그림이 담고 있는 '내용'이 아니라 그것을 표현하는 '형식'에 있다. 다시 말해 고흐가 해바라기를 어떻게 관찰했고 어떻게 표현했는지가 훨씬 중요하다는 것이다. 이태준은 소설에서도 작가의 개성적 시각과 표현력이 중요하다고 생각했다. 그는 당대 최고의 문장가였다. 이태준은 가치 있는 작품을 쓰기 위해서는 가치 있는 문장을 가지고 있어야 한다고 생각했다. 그의 빼어난 문장은 동시대에서도 큰 화제가 되었으며, 수많은 문학청년들이 그의 문장을 모방하고 따르려 하였다.

'소설가는 천하 만사를 다 알아야 한다.'

소설은 세상의 모든 일을 대상으로 한다. 그래서 소설가는 다방면에 걸쳐 관심을 기울이고 끊임없이 탐색해야 한다. 이태준은 소설가로서의 제일 중요한 자질로 '눈치'를 들었다. 세상을 세밀하게 탐색할 '눈치'가 있어야 수준 높은 소설을 쓸 수 있다는 의미이다. 이태준의 자전적 소설 〈패강랭〉에는 소설가인 '현'이 평양을 배경으로 한 소설의 한 장면을 쓰기 위해서 직접 그곳에 가서 스케치를 해와야겠다고 벼르는 장면이 나오기도 한다. 이태준은 사실적인 소설을 쓰기 위해서 가급적 자신의 눈으로 직접 보고 경험한 이후에 그것을 글로 표현하려고 한 작가였다. 이러한 창작 방법은 직접 도시 공간을 탐색하며 스케치하는 박태원의 '고현학적 방법'과도 흡사하다. 그에게 '경성'은 언제나 부지런히 관찰해야 할 탐구의 대상이었다.

이태준과 가족들

'소설은 인물의 발견이다.'

흔히 소설의 3요소를 인물, 사건, 배경이라고 한다. 이태준은 이 중에서 특히 '인물'이 가장 중요하다고 생각했다. 소설이란 "오직 한 인물을 발굴해서 문헌이 착색해 주는 대로 그 인물의 성격 하나를 포착할 뿐"이라는 것이다. 이태준은 소설 속 인물을 창조해내는 것은 작가이지만 그렇다고 작가가 그 인물을 마음대로 부릴 수 있는 것은 아니라고 주장했다. 소설 속 인물들은 일단 만들어지면 실제 사람처럼 스스로 알아서 움직이게 된다는 것이다. 실제로 그의 소설 속 인물들은 마치 살아 움직이는 것처럼 생동감을 느끼게 한다. 그래서인지 그의 작품 속에는 유독 깊은 인상을 주는 인물들이 많이 등장한다. 〈달밤〉의 황수건과 〈손거부〉의 손거부, 〈복덕방〉의 안초시, 〈영월영감〉의 영월 영감, 〈방물장사 늙은이〉의 늙은이 등이 대표적이다. 이들은 대부분 근대화의 흐름에서 밀려난 주변부적 존재들로 독자들의 연민을 불러일으키는 사람들이다.

구인회 작가들의 아지트, '낙랑파라'와 '제비'

가페는 근대 도시의 형성과 더불어 생겨난 대표적인 근대적 공간이었다. 재즈와 클래식 음악이 흘러나오고 신문과 잡지가 구비되어 있어 문화 예술인 및 지식인들은 이곳에 종종 모여들었다. 이곳은 '커피', '소다수', '칼피스' 등의 근대적 음료를 마실 수 있는 소비적 공간이자, 지식인과 예술가들이 회합할 수 있는 사교적 공간이었으며, 잠시나마 식민지적 현실로부터 벗어난 듯한 느낌을 주는 이국적 공간이었다. '낙랑파라'와 '제비' 등은 구인회 작가들의 대표적인 '아지트'였다. '낙랑파라'는 장곡천정(현재의 소공동)에 위치한 한국인이 최초로 경영한 카페였고, "이제까지 있었던 가장 슬픈 찻집"인 '제비'는 이상이 종로의 청진동에 문을 연 다방이었다. 이곳은 구인회 작가들이 커피를 마시며 잡담을 나누고 문학에 관한 열정을 불사르기도 하던 곳이었다. 특히 별다른 직업이 없었던 박태원과 이상에게 카페에 들르는 것이 하루의 일과와도 같았다.

박태원은 카페에 하루 종일 머무르며 소설을 창작했고, 글이 잘 써지지 않을 때는 경성의 거리를 산보하고 돌아와 다시 글을 쓰곤 하였다. 그러한 모습은 〈소설가 구보씨의 일일〉과 〈피로〉 등에 잘 묘사되어 있다. 그의 소설은 '산책하기'와 '카페 들르기'의 반복으로 이루어진 경우가 많다. 이상을 모델로 한 소설 〈염천〉의 후기에서 박태원은 "낙랑, 구석진 탁자를 끼고 차를 마시며 나는 그냥 머리에 떠오르는 대로 이 얘기 줄거리를 이상에게 들려준 일이 있었다."고 고백하면서 "신통치 않은 소품이나마, 이러한 의미에서, 나는 이것을 죽은 이상에게 주고 싶다."고 밝히기도 했다. 이처럼 카페는 구인회 작가들이 모여들던 중요한 장소였다.

> 아직 열한점, 그러나 낙랑樂浪이나 명치제과明治製菓쯤 가면, 사무적 소속을 갖지 않은 이상이나 구보仇甫 같은 이는 혹 나보다 더 무성한 수염으로 커피잔을 앞에 놓고 무료히 앉았을는지도 모른다. 그러다가 내가 들어서면 마치 나를 기다리기나 하고 있었던 것처럼 반가이 맞아 줄는지도 모른다. 그리고 요즘 자기들이 읽은 작품 중에서 어느 하나를 나에게 읽기를 권하는 것을 비롯하여 나의 곰팡이 슨 창작욕을 자극해 주는 이야기까지 해줄는지도 모른다.

이태준이 〈장마〉에서 묘사한 대목을 보면, 구인회 작가들은 별다른 약속 없이 '낙랑파라'나 '제비' 등에 들러 서로 어울려 다녔음을 알 수 있다. 이태준은 "원료에서부터 조리에까지 좀 학적學的 양심을 가지고 끓여 논 커피를 마셔 봤으면 싶다."고 말했을 만큼, 커피에도 조예가 깊었다. 구인회 작가들의 작품에는 유난히 베토벤·모차르트·슈베르트·쇼팽 등 다양한 클래식 음악가들과 재즈·유행가 등에 관한 언급이 자주 등장하는데, 이들이 카페에서 접한 다양한 음악 체험이 그 기반이 되었다. 이효석은 "차 한잔을 주문

카페 재현 모습

하고 삼사십 분 동안 앉아 있노라면 웬만한 교향악 한 편쯤은 완전히 들을 수 있다."고 했다.

구인회 작가들은 자신들이 즐겨 찾는 카페를 작품의 주요 무대로 활용했고, 그곳에서 일하는 여급들의 삶에 주목하였다. 당시의 여급들은 가난을 벗어나기 위해 카페를 찾는 경우가 많았고, 열악한 환경 속에서 그리 높지 않은 봉급을 받으며 생활해 나갔다. 박태원의 《천변풍경》에는 청계천 주변의 평화카페에 근무하는 하나코와 기미코 등의 이야기가 중요하게 다루어지고, 이상의 작품들에는 거의 언제나 '금홍'과 같은 카페 여급이 등장한다. 이태준은 《청춘무성》에서 카페 여급들의 복지를 위해 '재락원再樂園'이라는 복지시설을 건립하는 내용의 소설을 쓰기도 했다. 이 시설에는 여자직업무료소개소, 직업여성인사상담소, 고아·사생아응급소, 직업여성무료진찰소, 직업여성실비식당, 직업여성들에게 필요한 도서열람실과 유희실, 수욕실, 일광욕실, 음악실, 재봉실, 세탁실 등이 두루 갖춰진 것으로 설정되어 있다. 이러한 이태준의 여성주의적 시각은 당시 한국 여성들의 사회적 처우를 고려할 때 수십 년 이상을 앞서간 것이었다.

구인회 작가들이 그려낸 '경성'의 풍경들

서울은 한국 근대문학에서 가장 중요한 장소 중의 하나였다. 우리나라의 명실상부한 정치·경제·문화의 중심지였던 서울은 식민지시기 근대문학의 중심지이기도 했다. 식민지시기 한국의 근대화는 서울을 중심으로 이루어졌고, 다른 지역들은 여전히 낙후된 상태에 놓여 있었다. 그래서 근대적 삶의 모습을 다루려는 소설 속의 주요 무대는 자연스럽게 '경성'이 차지하게 되었다. 박태원은 낡은 대학노트를 옆구리에 끼고 한 손에는 단장短杖을 들고 경성의 거리를 거닐며 세태풍속을 기록하였으며, 이태준도 "전차에서나 길에서나 소설의 한 단어, 한 구절, 한 사건의 일부분이 될 만한 것이면 모두 적어"두고 "사진도 소설에 나올 만한 풍경이나 인물이면 오려둔다."고 밝히기도 했다. 그들에게 경성은 그 자체로 소설의 중요한 소재이면서 주제였던 셈이다.

서울은 조선시대부터 오늘날까지 우리나라의 중심도시로서 기능해 왔다. 조선시대에는 한양, 대한제국 시대에는 한성으로 불리던 서울은 식민지 시대에 들어 '게이조', 즉 경성이라는 이름을 갖게 되었다. 오늘날의 1천만 명의 사람들이 모여 사는 거대한 메트로폴리스 서울을 생각해서는 안 된다. 1910년대 경성은 서울의 4대문 안과 그 주변 지역으로 이루어진 '아담한' 도시였으며 인구는 약 24만 5,000명에 불과했다. 당시 사람들은 '성곽도시'였던 서울의 4대문 안과 밖을 구분하여 '문 안'을 도심이라 생각했고, '문 밖'을 교외로 생각했다. 또한 전체 인구 중 약 4만 5,000명 정도는 일본인이었다. 그러니까 식민지 수도 경성은 다수의 한국인과 일부의 일본인이 함께 거주하는 도시였다. 1920년대에 들어 광화문 한복판에 총독부 신청사가 들어섰고, 경성부청·경성역·조선은행 등의 주요 시설이 건립되었으며, 미츠

일제강점기 서울 풍경

코시백화점 · 화신백화점 · 조선호텔 · 카페 · 바 등 다양한 근대적 소비공간도 마련되었다. 서울은 점차 근대화되면서 팽창하여 해방 무렵에는 100만 명 이상의 인구가 거주하는 도시가 되었다.

경성은 청계천을 사이에 두고 북촌과 남촌이 각각 형성되었다. 구시가인 북촌은 주로 한국인들이 거주했고, 신시가인 남촌에는 주로 일본인들이 거주했다. 물론 북촌과 남촌 사이에 물리적인 혹은 가시적인 경계선이 놓여 있었던 것은 아니지만, 한국인들과 일본인들은 서로 배타적인 주거 지역을 형성하여 살아갔으며 간혹 서로의 구역을 넘나들기도 했다. 경성의 비가시적인 경계였던 청계천 일대는 박태원의 《천변풍경》에 생생하게 묘사되어 있다. 소설 속 청계천 주변의 사람들은 비록 가난한 서민들이었지만, 개천에

일제강점기 종로 거리 풍경

모여 빨래를 하며 계를 들어 서로를 돕고 격려하며 희망을 잃지 않고 살아가고 있었다.

종로는 한국인들의 경제적 중심지였으며, 본정(현재의 충무로)은 일본인들의 경제적 중심지였다. 북촌과 남촌이 한국인들과 일본인들의 주거지역이었다면, 서촌이라 불리기도 했던 경성의 서부지역에는 조선총독부, 고종 황제가 머물렀던 덕수궁과 정동貞洞 일대, 서슬 퍼런 서대문 형무소 등이 위치해 있었다. 경성의 북촌, 남촌, 서촌 등의 구역은 저마다의 독특한 분위기를 가지고 있었으며, 그곳을 배경으로 하는 작품에도 그러한 특성이 반영되어 나타나곤 했다.

이상과 박태원은 경성 토박이 작가였지만, 이태준은 서울 태생이 아니었다. 그의 문장은 "완전히 표준어로 화하였어도 어딘가 강원도의 흔적을 가지고 있는 것" 같다는 평가를 받기도 한다. 《사상의 월야》는 이태준의 대표적

일제강점기 본정 거리 풍경

인 자전적 소설이다. 중심인물인 송빈은 실제 작가 이태준을 그대로 닮은 인물이다. 아버지를 따라 러시아 블라디보스토크에서 어린 시절을 보냈던 송빈은 아버지와 어머니를 차례로 잃고 고아가 되어 전국을 떠돌다가 문화의 중심지인 경성으로 향한다. 그곳에서 공부를 하면 성장할 수 있겠다고 판단했기 때문이다. 이 소설에는 이태준이 처음 경성을 접했을 때의 놀라움과 기대감이 잘 표현되어 있다. 그에게 경성은 '전깃불이 바다처럼 핑핑' 돌아서 정신을 차리기 어렵고 사람들이 들끓는 거대한 도시였다. 이태준은 경성을 "자동차 소리, 전차 소리, 모든 사람과 기계의 소리가 웅성거리"는 곳으로 그렸으며, "자연과 절연되어 사는 서울 사람들"이라고 표현하기도 했다.

서울 토박이 작가들이 그리는 경성과 이태준이 그리는 경성 간에도 미묘한 차이가 나타난다. 박태원의 〈소설가 구보씨의 일일〉과 이상의 〈날개〉는

1인칭 주인공 시점으로 경성을 바라보는 작품이다. 이들의 작품들 중에는 작가의 개인적 체험이 녹아든 자전적 소설들이 많다. 박태원은 '다옥정 7번지'에 오랫동안 살았고, 결혼 이후 1937년에 '관동 12번지 4호'로, 1940년에는 '돈암동 487번지 22호'로 이사했다. 해방 후에는 '성북동 39번지'에 머물렀다. 그가 이사하는 순서대로 그의 주요 소설 무대도 함께 변화했으며 그는 경성의 여러 구역의 다양한 특성들을 세세하게 포착해냈다. 반면 이상은 자신이 실제로 살았던 '관철동 33번지'를 〈날개〉의 주요 무대로 삼았으며, 이태준은 성북동 일대를 작품의 주요 무대로 삼았다. 이태준의 작품들은 3인칭 관찰자의 입장에서 경성을 바라보는 작품들이 많고, 자전적 체험이 반영되어 있는 작품들에서도 허구적인 성격이 많이 가미되어 있다. 박태원이 '공간'을 중시했던 것과 달리, 이태준은 '인물'을 더 중시했기 때문에 경성의 도시공간보다는 그 안에서 살아가는 한국인 서민층의 다양한 삶을 조망하고자 했다.

한국인들의 일상공간, 북촌

경성의 한국인들은 '종로'를 중심으로 생활하였다. 그들은 경성역과 동대문 사이의 종로통 거리를 활보했으며 화신백화점에 들르거나 단성사나 조선극장, 우미관 등에서 활동사진을 감상하고, 탑골공원에서 휴식을 취하기도 했다. 일부는 YMCA 근처의 다방 '멕시코'에 들러 목을 축이기도 했을 것이다. 이곳은 자연스럽게 한국 근대소설에서도 중심지 역할을 맡고 있다. 박태원과 이상의 많은 작품은 주로 '종로'를 배경으로 한다.

> 전차도 전차려니와, 웬 자동차 자전거가 그렇게 쉴새없이 뒤를 이어서 달리느냐. 어디 장이 선 듯도 싶지 않건만, 사람은 또 웬 사람이 그리 거리에 넘치게

들끓느냐. 이 층, 삼 층, 사 층 …… 웬 집들이 이리 높고, 또 그 우에는 무슨 간판이 그리 유난스리도 많이 걸려 있느냐, 시골서, '영리하다', '똑똑하다', 바로 별명 비슷이 불려 온 소년으로도, 어느 틈엔가, 제풀에 딱 벌려진 제 입을 어쩌는 수 없이, 마분지 조각으로 고깔을 만들어 쓰고, 무엇인지 종이조각을 돌리고 있는 사나이 모양에도, 그의 눈은, 쉽사리 놀라고, 수많은 깃대잡이 아이놈들이 앞장을 서서, 몽당수염 난 이가 신나게 부는 날라리 소리에도, 어린이의 마음은 걷잡을 수 없게 들떴다.

몇 번인가 아버지의 모양을 군중 속에 잃어버릴 뻔하다가는 찾아내고, 찾아내고 한 소년은, 종로 네거리 광대한 건물 앞에 이르러 마침내, 아버지의 팔을 잡았다.

"예가 무슨 집이에요, 아버지."

"저—, 화신상…… 화신상이란 데야."

"화신상요? 그래, 아무나 들어가요?"

"그럼, 아무나 들어가지."

박태원이 《천변풍경》에서 그린 종로 일대의 풍경이다. "종로 네거리 광대한 건물"인 화신백화점을 처음 접하고 놀라움을 경험하는 시골 소년의 모습이 인상 깊게 그려져 있다. 1931년 종로에 설립된 화신백화점은 한국인 사업가 박흥식이 자본을 대고 한국의 대표적 건축가인 박길룡이 설계한 건물로서 한국인들의 자존심과 같은 존재였다. 박태원은 종로 네거리에는 비가 부슬부슬 내리는 날에도 사람들이 끊임없이 오고간다고 했을 정도로 사람들로 붐볐다. 그래서 그의 소설 속 주인공인 '구보'는 화신 백화점 앞에 서서 "물끄러미 종로 네거리를 오고가는 사람들"의 모습을 바라보곤 했다.

종로는 오고가는 사람들, 버스나 전차를 타고 내리는 사람들로 언제나 북

적였다. 당시 전차요금은 5전이었다. 그리 비싼 금액은 아니었지만, 당시 가난한 한국 사람들에게는 다소 부담이 되는 금액이기도 했다. 농사를 짓는 사람의 입장에서는 "종로서 남대문 나가는 데도 밭 한 평이 달아나는 것이었고 서울서 인천을 한번 다녀와도 논 두 평이 달아나는" 셈이었기 때문이다.

> 성북동으로 이사 나와서 한 대엿새 되었을까, 그날 밤 나는 보던 신문을 머리맡에 밀어 던지고 누워 새삼스럽게,
>
> "여기도 정말 시골이로군!"
>
> 하였다.
>
> 무어 바깥이 컴컴한 걸 처음 보고 시냇물 소리와 쏴 하는 솔바람 소리를 처음 들어서가 아니라 황수건이라는 사람을 이날 저녁에 처음 보았기 때문이다.
>
> 그는 말 몇 마디 사귀지 않아서 곧 못난이란 것이 드러났다. 이 못난이는 성북동의 산들보다 물들보다, 조그만 지름길들보다 더 나에게 성북동이 시골이란 느낌을 풍겨 주었다.
>
> 서울이라고 못난이가 없을 리야 없겠지만 대처에서는 못난이들이 거리에 나와 행세를 하지 못하고, 시골에선 아무리 못난이라도 마음놓고 나와 다니는 때문인지, 못난이는 시골에만 있는 것처럼 흔히 시골에서 잘 눈에 뜨인다. 그리고 또 흔히 그는 태고 때 사람처럼 그 우둔하면서도 천진스런 눈을 가지고, 자기 동리에 처음 들어서는 손에게 가장 순박한 시골의 정취를 돋워 주는 것이다.

작가는 자신이 잘 알고 있는 장소를 소설의 무대로 택하기 마련이다. 종로에 거주하지는 않았던 이태준은 종로에 대해서는 그리 구체적으로 그리지 않았다. 이태준은 종로보다는 성북동 일대를 묘사할 때 자신의 실력을 유감없이 발휘했다. '문 밖'의 성북동은 서울이라기보다는 시골에 가까운

화신백화점

곳이었다. 성북동으로 막 이사한 〈달밤〉의 주인공 '나'는 그곳에서 미치 "태고 때 사람"인 듯한 느낌의 황수건을 만나게 된다. 순박하면서도 덜떨어진 황수건은 당시의 성북동 이미지를 대표하는 인물이다. 이태준은 "성북동의 봄은 순동양적, 순조선적 봄이어서 좋다."고 했다. 그러면서 "요즘 꼴같잖은 양관들을 짓고 어울리지도 않는 사쿠라를 심어놓는, 그래서 성북동의 순수성을 더럽히는 딱한 친구들"이 있다고 안타까워했다. 이태준은 서예에 조예가 깊고 한국의 골동품에 관심이 많았으며 난초를 기르기를 좋아했다고 알려졌다. 이러한 그의 고답적 취향은 식민지 시대에 살면서 일본색에 오염되지 않은 순수한 한국의 색채를 찾고자 하는 그의 의지가 드러나는 것으로 볼 수 있다.

이태준은 시골을 벗어나 일자리를 찾아 서울로 모여드는 이농민들이나 몰락한 서민층의 소외된 삶에 대해서도 관심을 기울었다. 이태준의 단편 소설 중의 상당수는 도시 빈민층의 비참한 삶에 대해 다루고 있다. 그의 작품에는 "빈민촌의 밤은 죽음과 같이 고요하였다."(〈아무 일도 없소〉), "빈민들이 많이 사는 불결한 거리"(〈코스모스 이야기〉), "빈민촌에 사는 덕으로 앞집에 들었던 장질부사에 내 집사람을 가로채인 것"(〈봄〉) 등의 표현이 나온다. 신문기자 출신답게 그는 경성의 빈민촌을 답사하고 그것을 '르포르타주' 형식의 작품들로 형상화하기도 했다.

일본인들의 낯선 공간, 남촌

남촌은 일본인들이 거주하는 공간으로 높다란 고층건물과 형형색색의 네온사인이 보행자들의 넋을 빼놓는 화려한 공간이었다. 특히 본정(현재의 충무로), 명치정(현재의 명동), 황금정(현재의 을지로)은 남촌의 3대 상점가였다. 이곳은 '일본보다도 더 일본같다.'는 평가를 받을 정도였다. '본정을 구경하면서 걷는다.'는 의미의 '혼부라[本ブラ]'가 모던 보이와 모던 걸들 사이에서 대유행을 일으키기도 했다. 남촌의 상점가를 대표하는 건물은 진고개 입구에 세워진 미츠코시백화점(현재의 신세계백화점 본점 건물)이었다. 청계천변과 종로 일대를 인상적으로 묘사한 작가가 박태원이었다면, 일본인들의 공간이자 근대적 소비공간이었던 남촌의 한 단면을 잘 그려낸 작가는 이상이었다. 〈날개〉의 주인공 '나'는 식민지 도시 경성을 배회하다가 어느 순간 자신이 미츠코시백화점 옥상에 올라와 있음을 깨닫게 된다. 백화점의 옥상정원에서 그는 어항 속에 갇힌 금붕어와 그러한 금붕어를 그대로 닮은 '회탁의 거리'의 사람들을 바라본다. 그러면서 그는 출구를 찾을 수 없는 식민지적 현실에 대해 깨닫고 하늘을 날고 싶다는 절망에 가까운 절규를 한다.

이태준도 '남촌'에 관심을 갖고 있었다. 그렇지만 그는 소비적 공간이었던 본정이나 명치정보다는 일본인들의 거주지역인 남산정(현재의 남산동)이나 유곽지대였던 병목정(현재의 쌍림동) 등을 소설의 무대로 활용하였다.

봄이 왔다. 그렇게 방서방을 춥게 굴던 겨울은 다 지나가고 그 대신 방서방을 슬프게는 더 구는 봄이 왔다. 진달래와 개나리 꽃가지들은 전차마다 자동차마다 젊은 새악시들처럼 오락가락하고, 남산과 창경원엔 사쿠라 꽃이 구름처럼 핀 때였다. 무딘 힘줄로만 얼기설기한 방 서방의 가슴에도 그 고향, 그 딸, 그 아내를 생각하기에는 너무나 슬픈 시인이 되게 하는 때였다.

하루 아침, 그날따라 재수는 있어 식전 바람에 일본 사람의 짐을 지고 남산정南山町 막바지까지 가서 어렵지 않게 50전 한 닢이 들어왔다. 부리나케 술집으로 찾아 내려오노라니 일본집 뜰 안마당 가지가 휘어지게 열린 사쿠라 꽃송이, 그는 그림을 구경하듯 멍하니 서서 바라보았다. 불현듯 고향 생각이 난 것이었다.

'우리가 심은 사쿠라 나무도 저렇게 피었으려니…… 동네가 온통 꽃투성이려니…….'

그때 마침 일본 여자 하나가 꽃그늘에서 거닐다가 방서방과 눈이 마주쳤다. 방서방은 무슨 죄나 지은 듯이 움칠하고 돌아섰다. 꽃결같이 빛나는 그 젊은 여자의 얼굴! 방 서방은 찌르르 하고 가슴을 진동시키는 무엇을 느끼며 내려왔다.

이태준의 〈꽃나무는 심어 놓고〉는 서울로 상경하여 지게꾼으로 살아가는 이주 농민 방서방의 이야기이다. 제목의 '꽃나무'는 '사쿠라 나무'를 의미한다. 오늘날에는 벚꽃(사쿠라)이 한국 사람들의 큰 사랑을 받고 있지만, 식민지 시대에만 해도 일본을 연상하게 하는 대표적인 꽃이었다. 이태준도 사쿠라를 "술과 계집을 그리게 하는 꽃"이라며 부정적으로 생각했고, 사쿠라가 점차 많아지는 것을 일본의 지배가 확대되어 가는 것의 비유로 활용하곤 했다. 이 작품에서는 식민지 조선의 농촌 공동체가 일제의 수탈에 의해 붕괴되어 가자, 일제는 사쿠라 나무를 나누어주며 마을에 심게 하였다. 사쿠라 꽃이 "구름처럼 피면 무지한 이 동리 사람들이라도 자기 동리를 사랑하는 마음이 깊어져서 함부로 타관으로 떠나가지 않으리라 생각했던 것"이다. 그렇지만 방서방 가족은 가난에 시달리다 어쩔 수 없이 일거리를 찾아 경성으로 상경하게 된다. 경성에서의 삶도 비참하기는 매한가지였다. 가난에 시달리던 그의 아내는 말없이 가출을 하고, 그의 간난 아이는 추위와 배고픔 속에서 죽고 말았다. 조선신궁이 들어서고 일본인들이 근처에 모여 살게 되면서 남산 일대는 일제의 식민 지배를 상징하는 공간이 되었다. 이곳에도 사방에 사쿠라 꽃이 피었다. 방서방은 남촌 근처에서 일본인의 짐을 언덕 너머로 옮겨주며 근근히 살아갔다. 그러던 어느 날 그는 남산정 막바지까지 짐을 옮겨주고 내려오는 길에 어느 일본집의 젊은 일본 여자와 얼굴이 마주친다. 그 여인의 정체는 구체적으로 밝혀지지 않지만, 집을 나갔던 방서방의 아내일 것임은 쉽게 짐작할 수 있다.

> "여보, 모자 숙여 쓰고 가는 양반?"
>
> 하고 불렀다. 그런 때면 K는 더 걸음을 자주 놀렸다. 그러고 보니 얼마 안 가서 K의 앞에는 커다란 길이 나오고 말았다. 그 한길은 보통 평범한 거리 같았다. K는 실소하지 않을 수가 없었다. 그러나 가만히 좌우를 살펴본즉 산 밑으로 올라가며, 보통 상점 집과는 다른 일본식 2층집 3층집들이 즐비하게 놓여 있었다. 그때에 K는 옳구나 저기가 정말 유곽인가보다 생각하였다. 그리고 가까이 가서 본즉 과연 집집마다 문 안에 으슥하게 들어설 곳을 만들어놓고 마치 활동사진관 문 앞에 배우들의 프로마이트(브로마이드)를 걸어놓듯 창기들의 인형 같은 사진을 진열해놓았다. K는 아까 지나온 조선집 거리처럼 그렇게 난잡스럽지 않은 것을 다행으로 여기며 모자는 숙여 쓴 채 너덧 집이나 문간에 들어서서 다른 사람과 함께 구경을 하였다.

이태준의 〈불도 나지 않았소 도적도 나지 않았소 아무 일도 없소〉는 역설적인 제목이 인상적이다. 아무 일도 일어나지 않았다고 이야기하지만, 일제의 수탈에 의해 극한으로 내몰려 매춘을 하게 되는 어느 한국인 여인의 이야기를 다루고 있다. 이 작품은 남촌인 병목정(현재의 쌍림동)을 배경으로 한 단편소설이다. 당시 병목정과 신정 등은 경성의 '마굴魔窟'로도 불리던 유곽 지대였다. M잡시사에 근무하는 기자인 K는 경성 유곽 일대를 취재하고 '에로틱'한 글을 써서 센세이션을 일으키고자 한다. 그렇지만 그가 병목정에서 목도하게 되는 것은 생계를 유지하기 위해서 어쩔 수 없이 몸을 팔 수밖에 없는 식민지 조선 여인들의 비참한 삶이다.

식민지적 현실이 드러나는 장소, 서촌

식민지 시대에는 경성을 북촌과 남촌으로 구분하였으며, 서촌이라는 용어를 본격적으로 사용하지는 않았다. 그러므로 '서촌'이라기보다는 경성의 '서부지역'이라고 말하는 것이 좀 더 정확할 것이다. 이 지역에는 조선총독부 신청사, 대한제국의 고종 황제가 머물던 덕수궁과 정동 지역, 서대문 형무소과 현저동 빈민 지역 등이 포함될 수 있다. 이태준은 1930년에 결혼한 후 약 2~3년 간 '서대문정 2정목 7-3 다호'에서 살았다. 그래서 이 일대가 그의 소설에서도 종종 등장하곤 했다. 《사상의 월야》에는 남녀 주인공들이 "대한문 앞으로 와서, 덕수궁 담을 돌아서, 영성문 고개를 넘어서, 광화문통 네거리를 지나, 다시 종로까지" 데이트를 하는 장면이 나오기도 한다. 이태준의 〈모던 걸의 만찬〉은 어느 잘생긴 남자에게서 데이트 신청을 받은 '꽃분이'가 설레는 마음으로 약속 장소인 'KK동 일번지'을 찾아가는 이야기를 다룬 콩트이다.

속으로 '어디쯤이나 될가?'하고 독립문을 바라보는 때였다. 벌써 해는 떨어지고 불이 들어와 어스름한 거리 위에는 파출소의 붉은 전등이 유난히 두드러졌다.

'옳지!'

하고 파출소로 가서 드르르하고 유리창을 밀었다.

"KK동 일번지가 어디쯤 될까요?"

"뭐요? KK동 일번지라뇨? 뉘 집을 찾는 셈이오?"

하고 순사는 지도도 보지 않고 퉁명스럽게 반문하는데, 꽃분이는 말문이 막히여 어물어물 하고 섰으려니까

"KK동 일번지는 저어기 저 감옥소요 서대문형무소 말요 그런데 뉘 집을 찾는 셈이요?"

"감옥이야요? KK동 일번지가……"

꽃분이는 그 핏기 없는 얼굴이 그만 냉수마찰 이상으로 붉어서서 파출소를 나왔다. 그리고 그제야 자기가 헛물켠 것을 비로소 깨달았다.

남자와의 데이트에 들뜬 꽃분이는 약속 장소인 'KK동 일번지'를 찾아간다. 그렇지만 그곳이 실제로는 서대문 형무소를 가리킨다는 사실을 깨닫고 데이트 신청이 장난에 불과했다는 것을 깨닫고 슬퍼한다는 이야기이다. 제목인 '모던 걸의 만찬'을 유추해 볼 때, 이태준은 식민지 현실에 대한 자각 없이 서대문 근처에 와서도 그곳이 어떠한 의미의 장소인지를 알지 못하는 '모던 걸'을 풍자적으로 그리려 했던 것으로 보인다. 서대문 형무소는 '현저동 101번지'에 위치해 있었다. 지금이나 그때나 '감옥'이나 '형무소'를 직접 언급하기보다는 비유적으로 가리키는 경우가 많다. 그래서 당시의 소설에는 "현저동 솟을대문집"(염상섭, 《무화과》)이나 "현저동 백일번지 별장"(채만

오늘날의 서대문형무소역사관

식, 《염마》) 등의 간접적인 표현이 등장하곤 했다. 박태원의 《낙조》는 서대문 형무소를 매일 같이 말 없이 오고가는 한 노인의 모습을 통해 식민지 지배에 대한 비판의식을 간접적으로 드러내기도 한다.

수연산방을 닮은 '선비'와도 같은 작가

이태준은 수연산방과도 같이 깨끗하고 고요한 인상을 주는 작가였다. 누군가는 그를 "깊은 산 고요한 골짜기에 외로이 선 참나무 같은 한정의, 풍미가 도는 이"라고 말했고, 누군가는 그를 "가는 몸, 부드러운 말소리, 큰 길을 내어놓고 적은 길을 가리어 갈 듯한 겸손한 이"라고 기억했다. 또 누군가는 그를 "그저 곱게, 난초 잎이나 닦아주며 향불 앞에서 글 쓸" 사람이라고 했다. 그는 언제나 정도正道를 지키며 흐트러짐이 없는 삶을 살고자 했던 작가였다. 그는 조선시대의 옛 선조들의 아취를 사모하여 매화와 난초를 좋아했고 골동품을 수집하는 것을 즐긴 식민지 시대의 '선비'였다. 이태준은 "책이 지리할 때, 붓이 막힐 때, 난초 잎을 닦아주는 것이 제일이다."라고 말하기도 했다.

> 오늘밤엔 바람도 불고 비도 내린다. 봄바람이 고마워 유정有情한 것이라면 봄비는 또한 얼마나 다정한 것인가. 신발을 집어 올려놓는 손에 야속다는 듯이 두어 방울 따리는 빗발. 나는 회초리에 맞은 듯 살이 아프고 뼈가 아프고 이내 마음이 아픈 것이었다.
>
> 나는 고요히 내 가난한 서재에 꿇어앉아 눈을 감아본다. 그리고 무서懋書와 같이 비밀히 부끄럼스럽게 머리속에 다만 시를 써보는 것이다.
>
> 봄은 아름다운 그 아가씨처럼 나더러 시인이 되라 속삭이는 것이다.

수연산방은 전통 한옥의 중후한 멋과 근대적 소재를 결합시킨 독특한 건축물로 이태준의 성품과 인격이 배어 있다. 이태준은 자신의 이상理想이 무엇인지 묻는 질문에, "거저 분주하지 않고 좋은 서재에 들업데서 글이나 썼

오늘날 전통찻집으로 운영되는 수연산방 내부

철원에 있는 이태준의 흉상과 문학비

으면 하는 것입니다."라고 소박하게 대답하기도 했다. 그는 그런 심정으로 수연산방에서 성북동의 산자락을 바라보며 소나무 숲의 바람을 맞으며, 글을 쓰고 또 썼을 것이다. 경성의 성북동은 평생을 떠돌며 살아온 이태준에게 평안과 안정을 느끼게 하는 진정한 의미의 '고향'이었다. 그래서 그는 자신이 뿌리를 내린 서울의 주민들을 따뜻한 시선으로 바라보고 작품으로 형상화하곤 하였다. 그의 수연산방에 들러 성북동의 운치와 선비와도 같은 작가 이태준을 떠올려 보는 것도 즐거운 일일 것이다.

【제11강】

전형필 가옥, 일제의 문화재 유출과 한국인들의 보존 활동

김상엽 국외소재문화재재단 조사활용2팀장

11

전형필 가옥, 일제의 문화재 유출과 한국인들의 보존 활동

우리나라 전통시대 미술시장의 흐름

오래되어 드물고 귀한 각종 고기古器나 서화書畵 등의 고미술품을 의미하는 단어인 '골동骨董'은 조선시대에는 대개 고동古董이라 불렀으며 현재는 고미술품 전반을 가리키는 용어로 쓰이고 있다. 고미술품을 수집하는 취미는 북송北宋의 문인들 사이에서 시작되었고 명·청시대에 크게 유행하였다. 우리나라의 경우 궁정을 중심으로 이루어지던 골동 수집풍조가 고려 중기부터 일부 문인들 사이에 대두되어 조선시대로 이어졌다. 그러나 조선시대에는 '완물상지玩物喪志'라는 양반들의 고동서화 취미를 제한하는 유가儒家의 금기관념이 있었다. 양반들에게 있어서 고동서화 취미는 생활의 한 부분으로 기능할 경우에만 인정되는 제한적 의의가 있을 따름이었다. 이 경계를 넘어서면 도덕적 품성의 함양이나 인격도야 등을 방해하는 부정적인 것으로 인식되었기 때문이다.

조선후기에는 만명기晩明期의 심미적이고 탈속적인 문인문화의 파급으로 인하여 고동서화를 부정적으로 인식하는 경향이 달라진다. 18세기에 접어들면 박지원·박제가 등 북학파 계열의 문인들과 경화세족京華世族 들에 의해 고동서화 소장취미는 더욱 심화되었다. 박지원·박제가는 연경燕京을 왕래하며 골동품점에 출입하고 골동관계 문헌을 소개하여 당시 문인들에게 큰 영향을 끼쳤다. 박지원은 서화고동의 감상을 '구품중정九品中正의 학學'이라 하고 박제가는 서화고동의 존재의의를 "청산靑山·백운白雲이 먹는 것도 입는 것도 아니지만 사람들이 다 그것을 사랑한다."고 하여 인간의 심미감을 강조하였다. 박지원과 박제가의 이와 같은 언급이야말로 예술에 대한 긍정적 이해와 고동서화에 대한 독자적 가치를 부여하는 의미를 갖는다.

조선후기에 고동서화에 관심을 가진 것은 북학파만이 아니었다. 경화세족을 중심으로 한 고동서화 취미와 예술품 소장의 유행은 19세기에 들어서면 여항인閭巷人은 물론 시정의 일반 사람들에게까지 영향을 주는 등 크게 확산되었다. 예술품 수요가 증가하고 상인이 출현하는 등 예술품 시장이 이전 시대와는 비교하기 어려울 정도로 본격적으로 성립되었던 것이다.

우리나라의 근대 미술시장

20세기에 들어서 시작된 경매·경매회는 판매를 우선으로 하고 있다는 점에서 전근대에서의 고미술품 감평·향유활동과 현격한 차이가 있다. 서화書畵가 남성들의 생활공간인 사랑방에서 전람회 미술로 바뀌며 근대적 감상물이 된 것처럼 고미술품 역시 매우 제한된 기일 동안이지만 대중에 공개되었다는 점과 매매의 대상으로 '출품出品'되었다는 것은 획기적인 변화였다. 경매에 출품된 고미술품은 예술품이자 상품이라는 이중적 성격을 보이게 된 것이다. 주최 측의 입장에서는 예술품이기 이전에 상품으로서의 가치가 더욱 중요할 수도 있음은 물론이었다. 이제 고미술품은 전통시대의 완상玩賞대상에서 냉혹한 시장에 출품되어 금전적 가치로 환산된 것인데, 미술작품이 상품으로서 제대로 평가되게 되었다고 보는 것이 더욱 적합할 것 같다.

우리나라에서 경매제도는 1906년에 시작된 후 1922년부터는 정착되고 활성화되었다. 1922년부터 일본인 골동상에 의해 미술품 경매회사인 경성미술구락부가 조직되어 당시 고미술품의 교환 및 거래에 중요한 몫을 담당하였다. 경성미술구락부의 교환회나 경매를 통하지 않고 매매된 것이 훨씬 많았지만 미술품 매매의 공개라는 측면에서 경성미술구락부의 의의는 축소되지 않는다. 특히 경성미술구락부는 경매회를 열 경우 '경매도록'을 발간하였다는 점을 주목할 만하다. 이들 《경매도록》이야말로 한국 근대의 골동에 대한 인식, 골동감정에 대한 연구의 단초를 제공할 수 있는 중요한 근거이자 자료가 되기 때문이다. 아울러 당시의 골동시장과 수장 변동내역도 추적할 수 있는 기본 자료가 된다는 점에서 중요성은 더욱 커진다.

우리나라에 있어서 고분 부장품 등의 골동을 매매하는 행위가 본격적으로 이루어진 것은 일본인 골동상에 의해 시작된 것으로 파악해도 무방할 듯싶다. 도굴 등을 통한 골동품 매매는 이르면 1870년대부터로 보기도 하지만 본격화된 시기는 대체로 청일전쟁 이후 일본인 유입이 증가하면서 부터로 생각된다. 어떤 입장을 취하든 19세기 후반부터 도굴·밀거래 등 음성적인 상거래를 통한 초보적 의미에서의 골동상이 등장했을 것으로 여겨지기 때문에 이 시기를 도굴품을 중심으로 한 고미술품 거래의 초보적 의미에서의 시작기로 명명할 수 있을 것이다.

19세기 후반을 고미술품 거래의 초보적인 의미에서의 시작기라고 한다면 본격적인 의미에서의 시작기는 1900년대 이후이며, 1900년대 이후의 한국 근대의 고미술품거래와 유통은 대략 아래의 10년 단위의 주기로 변화한 것으로 파악된다.

① 골동거래의 시작기(1900~1910년대)

② 고려청자광高麗青磁狂시대(1910~1920년대)

③ 대난굴大亂掘시대(1920~1930년대)

④ 골동거래 호황기(1930~1940년대)

간략히 정리하면 고려청자를 염두에 둔 일본인들이 개성을 중심으로 도굴을 시작했고, 점차 관심의 폭이 넓어짐에 따라 도굴의 범위가 전국적으로 확산된 것이라 할 수 있다. 러일전쟁을 전후한 시기 개성을 중심으로 고려시대 고분 도굴이 극심하였다. 특히 1906년 3월 초대 통감에 취임한 이토 히로부미는 고려청자 수집에 진력하여 막대한 양의 고려청자를 수집하였다. 1910년대 들어 일제의 도굴은 개성지역을 벗어나 경북 선산善山 등 낙동강 유역까지 범위를 넓혔다. 특히 1911~1912년(혹은 1913년)은 고려자기 수집열이 최고조로 올라 당시 도굴·매매로 생활하는 자가 수백인 이상이 되었다고 전한다. 이토 히로부미에 의해 시작된 고려청자에의 관심이 폭발적으로 증가하여 이른바 '고려청자광시대'가 출현한 것이다. 대략 이 시기 이후 도자기의 도굴과 밀거래가 점차 전국으로 확산되기 시작한 것으로 보인다.

1910년대에 점차 전국적으로 확산되기 시작하는 조짐을 보이던 도굴은 1920년대에 들어서면서 본격적으로 확산되었다. '대난굴시대'의 시작이다. '골동품거래 호황기'인 1930~1940년대의 시기는 '만주 특수'와 '황금광시대'로 요약되는 투기의 시대였다. 1930년 1월부터 일본이 금본위제로 복귀

청자사자장식뚜껑향로

청자상감모란넝쿨무늬조롱박모양주전자

청자귀룡형주전자

경성미술구락부

하면서 총독부가 추진한 산금정책産金政策에 따라 한반도에 금광개발 열기가 불어 닥쳤고 금값이 폭등했다. 또한 1931년부터 시작된 일본의 만주침략으로 1930년대 중반에 본격적인 만주 특수가 일어나 주식이 최고의 호황을 맞게 되었다. 당시 식민지 민중들의 민생은 도탄에 빠져 있었지만 일부 자본가들은 호황의 극을 달렸다. 이와 같은 사회상 속에서 골동수집 열기는 고조되었고 일본인 골동상에 의해 만들어진 서울 남촌의 미술품 경매회사 경성미술구락부가 활성화되었다.

일제강점기 미술시장의 가장 큰 특징은 골동상과 경매 시장을 중심으로 한 고미술품 거래가 미술시장을 압도적으로 주도했다는 점이다. 그리고 전체 유통 구조를 주도한 것은 대부분 일본인들이었으나 1930년대 이후는 점차 한국인의 수가 증가하여 고객층이 한국인과 일본인의 이중 구조를 이루게 되었다.

일제강점기의 미술품 시장과 수장가

일제강점기의 미술품 시장

골동거래의 시작인 1900~1910년대에는 고려청자의 가격이 그리 높지 않았기 때문에 일본인들은 고려청자를 마음대로 구할 수 있었다고 한다. 고려청자의 가격이 올라가게 된 것은 이왕직李王職과 조선총독부가 박물관을 세우기 위하여 고미술품을 다량으로 매입하기 시작한 이후의 일로 알려져 있다. 고려청자에 대한 열광이 전국적으로 확산되면서 막대한 도굴품은 대개 일본인들이 수장하였다.

일제강점기의 고미술시장은 서울, 평양, 대구가 꼽혔다. 이 세 도시는 일본인 유력자 등, 수집가들이 많이 살고 거래도 활발해 전국 고미술품의 집산지로 유명하였다. 일본인 수장가들을 살펴보면 고위 관료로는 이토 히로

이왕가박물관 창경궁에 있었던 이왕가박물관의 모습이다.

부미, 고미야 미호마츠[小宮三保松], 하야시 곤스케[林權助], 미야자와 토센[宮澤陶川], 야마구치 세이[山口精] 등이 있었고, 은행가 또는 사업가들이었던 미야케 쵸사쿠[三宅長策], 모리 고이치[森悟一], 이토 마키오[伊東槇雄], 모리 케이스케[森啓助], 지방의 수장가로는 평양의 시바타 레이[柴田鈴], 나카무라 신자부로[中村眞三郎], 대구의 오쿠라 타케노스케[小倉武之助], 이치다[市田], 원산의 미요시[三由], 아카마[赤間] 등이 알려져 있다.

일제강점기의 한국인 수장가

일제강점기 당시의 한국인 수장가는 전형필全鎣弼 등 몇몇 수장가를 제외하면 일본인들에 비해 열세를 면치 못하였다. 경제력 차이에 따른 필연적 귀결이었다. 일본인들은 주로 골동상을 통해 물건을 사들였지만 조선인들은 거간居間을 통해 물건을 구입하였고 일본인들에게서 '수적水滴패'라는 비칭卑稱을 듣곤 했다. 주로 연적·필통 등 값나가지 않는 골동만 모으는 변변치 못한 고객이라는 의미이다. 일제강점기의 주요 한국인 고미술품 수장가는 아래와 같다.

구분	주요 수장가
조선귀족 및 정치 참여자	민규식(閔奎植), 민영찬(閔泳瓚), 이용문(李容汶), 장택상(張澤相)
문인 및 학자	임상종(林尙鐘), 이태준(李泰俊), 김양선(金良善), 유자후(柳子厚), 이인영(李仁榮)
미술가	오세창(吳世昌), 김용진(金容鎭), 김찬영(金讚永), 오봉빈(吳鳳彬), 이병직(李秉直), 이한복(李漢福), 손재형(孫在馨)
의사	함석태(咸錫泰), 박창훈(朴昌薰), 박병래(朴秉來)
기업가 및 지주	박영철(朴榮喆), 최창학(崔昌學), 김성수(金性洙), 한상억(韓相億), 전형필(全鎣弼)
지방 유력자	함흥 김명학(金明學), 황해도 신천 이계천(李繼天), 군산 전충식(全忠植), 진주 박재표(朴在杓)

이 가운데 주요 인물들의 이력을 보면 다음과 같다.

오세창(1864~1953년)은 서울 중부 출생으로 본관은 해주 호는 위창이다. 추사 김정희의 제자인 오경석의 아들로 언론인, 천도교인, 독립운동가, 서화가, 감식가, 미술이론가 등 예술 분야에서 민족사회의 구심점이자 당대 최고의 권위자였다.

박영철(1879~1939년) 전라북도 익산 출생으로 군인, 실업가였다. 일본 육사를 졸업하고 고종의 시종무관을 지냈다. 이후 강원도·함경북도 지사, 삼남은행장, 만주국총영사를 역임했다. 이후 자신의 소장품을 경성제국대학에 전시한 후 기증하였다

함석태(1889~?)는 평안북도 영변 출신으로 일본치과의학전문학교를 졸업한 뒤 조선총독부 치과의사면허 제1호로 등록하였고, 서울 삼각정 1번지에 한성치과의원을 신축하고 개업하였다. 1944년 일제의 소개령에 의해 고미술품을 추려 고향으로 피신하였는데 광복 이후 월남하려 하였지만 실패한 것으로 추정된다.

김찬영(1893~?)은 평양 출신의 화가로 일본 메이지대 법과를 중퇴하고 도쿄미술학교를 졸업하였다. 김관호와 함께 평양에 미술단체 겸 연구소 삭성회朔聖會를 개설하고 활동하였다. 서화협회 회원으로 잡지에 문예물과 평론을 기고했다.

오봉빈(1893~?)은 평안북도 영변 출생으로 우리나라 최초의 전시기획자였다. 또한 보성학교를 졸업하고 중국 상해에서 도산 안창호를 도와 항일운동을 하였고, 3·1운동 직후 체포되어 징역 6년, 집행유예 6년을 선고받았다. 출옥 후 일본 동양대학교 철학과를 졸업하였고, 오세창의 권유로 서울에 조선미술관을 개원해 운영하였다.

장택상(1893~1969년)은 경상북도 칠곡 출생으로 본관은 인동, 호는 창랑

이다. 영국 에딘버러대를 중퇴하였고, 광복 이후 수도경찰청장, 정부수립 이후 초대 외무부장관, 유엔총회 한국대표, 민의원, 국무총리 등을 역임하였다.

이병직(1896~1973년)은 강원도 홍천 출신으로 강제병합 이전 내관內官 출신이다. 서화가였으며, 해강 김규진의 서화연구회에서 공부하였다. 조선미술전람회와 대한민국미술전람회에 여러 차례 입선하였고, 국전의 추천작가, 초대작가, 심사위원을 역임하였다.

이한복(1897~1940년)은 조석진과 안중식에게 전통화법을 배운 뒤 일본 도쿄미술학교를 졸업한 서화가였다. 서화협회 회원으로 활동하였고 조선미술전람회에도 출품하였다. 서울의 휘문·보성·진명 등 여러 학교에서 미술교사를 역임하였다.

박창훈(1897~1951년)은 경성의학전문학교를 졸업한 뒤 일본 교토제국대학에 유학하여 의학박사 학위를 받았다. 경성의학전문학교 조교수로 근무하였고 한성의사회 회장이 되었다. 방대한 수장품을 가지고 있었는데 1940년과 1941년의 경매회를 통하여 모두 처분하였다.

박병래(1903~1974년)는 충남 논산 출생으로 경성의학전문학교를 졸업한 내과의사였다. 성모병원 초대 원장, 대한결핵협회장·대한내과학회장 등을 역임하였다. 광복 이후 문화훈장 동백장(1964년), 국민훈장 모란장(1974년)을 수여받았고, 평생 모은 도자기들을 국립중앙박물관에 기증하였다.

손재형(1903~1981년)은 전라남도 진도 출생으로 조선미술전람회에 여러 차례 입선하였고, 광복 이후 서단書壇의 원로로 서예발전에 힘썼다. 예술원 부회장, 국회의원을 지냈다. 국민훈장 무궁화장·모란장을 받았다.

전형필(1906~1962년)은 서울 종로구 출생으로 호는 간송이다. 휘문고와 일본 와세다대를 나왔고, 1938년 보화각葆華閣(현재의 간송미술관)을 건립하였다. 보성중고등학교를 운영하였고, 전 재산을 기울여 일본에 문화재들이 유출되지 않도록 노력을 경주하였다. 문화포장(1962년), 문화훈장 국민장(1964년)이 추서되었다.

간송 전형필의 생애

전형필은 현재의 동대문시장과 광장시장에 해당하는 배우개[梨峴]시장의 상권을 장악한 전계훈의 증손자이자 전영기의 2남 4녀 중 막내아들로 태어났다. 전계훈은 종로, 칠패(남대문) 시장과 더불어 서울의 3대 시장으로 일컬어졌던 배우개시장의 이득으로 계훈은 왕십리, 답십리, 청량리, 송파, 창동 일대와 황해도 연안, 충청도 공주, 서산 등 각처의 농지를 구입해 수만 석 추수를 받는 대지주가 되었고 그의 부는 후손들에게 이어졌다.

전형필

수 만석 지주 전영기의 동생 전명기에게 아들이 없어 전형필은 양자로 갔는데 이 집의 재산 역시 수 만석이었다. 숙부에게 입양되었던 전형필은 그의 나이 아홉 살 때부터 조부, 조모 등이 사망하고 열네 살인 1919년에는 양부이자 숙부인 전명기와 친형 전형설 등이 사망하면서 생가와 양가에 남은 유일한 적손嫡孫으로 10만 석 거부의 유일한 상속자가 되었다.

장안 갑부가의 막내 손자로 태어나 금지옥엽으로 자라다가 여러모로 갑자기 성숙해질 수밖에 없는 상황이 되었다.

오세창

전형필이 살던 곳은 오늘날의 서울시 성북동 일대이며, 방학동에 등록문화재로 지정된 전형필 가옥은 그가 부정기적으로 거처하던 곳으로, 인근의 농장이나 경기도와 황해도 등지에서 오는 소출을 관리하기 위해 지은 집이라고 한다. 원래는 1919년에 건축했는데, 6·25전쟁을 거치면서 훼손된 것을 2012년에 문화재로 지정하고 보수 작업 등을 거쳐 2015년 9월 개관한 것이다.

서울시 종로구 효제동에 위치한 효제초등학교의 전신인 어의동공립보통학교를 졸업한 전형필은 휘문중·고등학교의 전신인 휘문고등보통학교에 진학하였다. 휘문고보 진학은 전형필의 외종형으로 가까이 지낸 소설가 월탄 박종화가 졸업한 학교였기 때문으로 여겨진다. 재학 중에는 훗날 보성학교 미술교사, 홍익대학교 미술대학 학장을 역임한 서양화가 이마동 등과 친하게 지냈다. 당시 휘문고보의 미술교사는 우리나라 최초의 서양화가로 유명한 고희동이었다. 1926년 3월 휘문고보를 졸업한 전형필은 도쿄 와세다대학 법과에 입학하였다. 와세다대학 재학시절 전형필은 그의 취미이기도 했던 장서 수집을 하다 일본인 학생의 무시를 받았다고 하는 그의 일화는 에세이 〈수서만록蒐書漫錄〉에 실감나게 서술하였다.

식민지 출신 유학생으로서 일본인 급우에게 모욕을 당한 전형필은 방학이면 고국에 돌아와 휘문고보 시절 미술교사였던 고희동을 만나 울분을 털어놓곤 했다. 고희동은 전형필의 심미안과 수집벽을 주목하여 당대 민족지도자이자 최고의 서화가로서 민족 문화재 보호에 전력을 다하고 있던 위창 오세창과의 만남을 주선하였다. 이때가 1928년으로 이 해 오세창은 "우리

1938년 북단장 내부에서 찍은 보화각 개관 기념 사진
좌측부터 이상범, 박종화, 고희동, 안종원, 오세창, 전형일, 박종목, 노수현, 이순황

서화문화사의 큰 보전寶典" 또는 "미술사학도의 성전聖典"이라고까지 일컬어지는 《근역서화징槿域書畵徵》을 출간한 해이기도 했다. 환갑이 훌쩍 지난 노대가의 열정에 감명을 받은 전형필은 민족문화에 대한 애착과 수호 의지를 굳건히 하였을 것으로 여겨진다. 전형필은 오세창 문하에 출입하며 학문을 익히고 감식안을 키워나가며 서법과 화법도 수련하였는데, 당시 전형필은 23세의 대학생이었고 고희동은 43세 중년의 화가였으며 오세창은 65세의 노대가였다.

전형필의 본격적인 문화재 수집은 1932년 경 서울 종로구 관훈동의 한남서림翰南書林을 인수한 이후 시작되었다. 몇 년 뒤 전형필은 이순황에게 한남서림의 운영을 맡겼고, 이순황은 서적만이 아니라 전형필의 문화재 수집 전반을 담당하게 되었다. 국보 제70호《훈민정음》, 국보 제71호《동국정운》 등 한남서림을 통해 수집한 수많은 전적은 전형필이 훗날 설립하게 되는 미

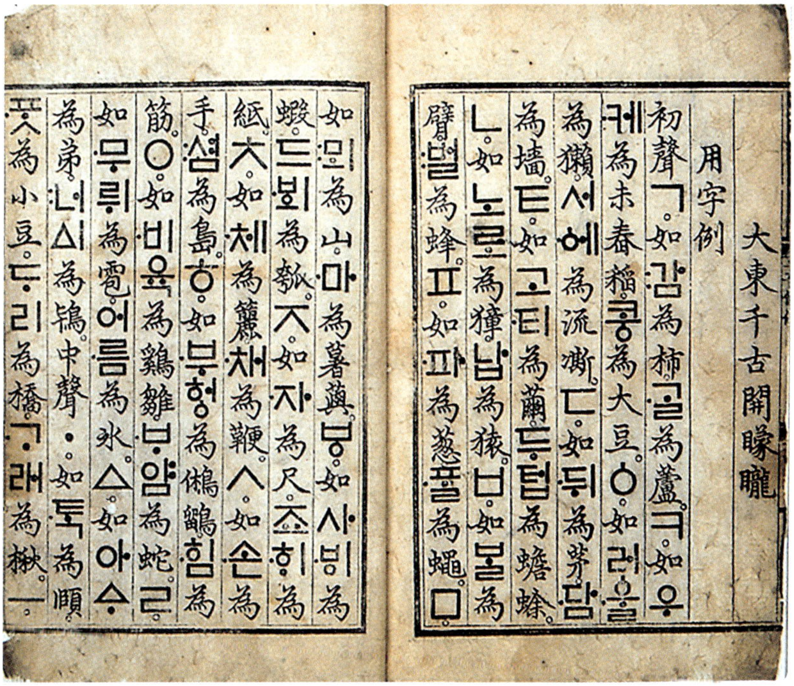

大東千古開矇矓

用字例

初聲ㄱ。如감爲柹。골爲蘆。ㅋ。如우케爲未舂稻。콩爲大豆。ㆁ。如러울爲獺。서에爲流澌。ㄷ。如뒤爲茅。담爲墻。ㅌ。如고티爲繭。두텁爲蟾蜍。ㄴ。如노로爲獐。납爲猿。ㅂ。如볼爲臂。벌爲蜂。ㅍ。如파爲葱。풀爲蠅。ㅁ。

如뫼爲山。마爲薯藇。ㅸ。如사ᄫᅵ爲蝦。드ᄫᅴ爲瓠。ㅈ。如자爲尺。죠ᄒᆡ爲紙。ㅊ。如체爲籭。채爲鞭。ㅅ。如손爲手。셤爲島。ㆆ。如부ᅘᅥᆼ爲鵂鶹。힘爲筋。ㅇ。如비육爲鷄雛。ᄇᆞ얌爲蛇。ㄹ。如무뤼爲雹。어름爲氷。ㅿ。如아ᅀᆞ爲弟。너ᅀᅵ爲鴇。中聲。ㆍ。如톡爲頤。ᄑᆞᆺ爲小豆。ᄃᆞ리爲橋。ᄀᆞ래爲楸。ㅡ

국보 제70호 《훈민정음》

술관 보화각의 문화재들을 체계적으로 연구하는 데 토대가 되었다. 이순황이 한남서림을 통해 좋은 고미술품을 모아오면 오세창이 감정하고 전형필이 사들이는 과정을 겪으며 전형필의 수장품은 당대 최고의 미술품을 수집하게 되었다.

1934년 29세의 전형필은 경기도 고양군 숭인면 성북리, 지금의 서울 성북동의 땅 1만 여평을 사들여 문화재를 보관하고 연구할 수 있는 터전을 마련하였다. 선잠단 북쪽에 위치했다는 의미에서 오세창은 북단장北壇莊이라 이름 지었고, 전형필은 북단장의 한옥에 표구소를 차리고 수집한 서화를 새로 표구하거나 보수하여 영구보존할 수 있게 했다. 북단장 너른 터에는 보물 제579호 〈괴산팔각당형부도〉, 보물 제580호 〈문경오층석탑〉 등 일본인

완공 당시의 보화각

들이 가져간 석불, 석탑, 부도, 석등 등 규모가 큰 석조물을 환수하여 배치할 수 있게 되었다.

수장가의 모범

지속적으로 한국의 미술품을 수집하던 전형필이 최고의 수장가로 꼽히게 된 계기는 도쿄에 거주하며 고려청자를 수집했던 영국인 변호사 존 개스비Sir John Gadsby의 유물을 인수한 이후이다. 존 개스비가 일본의 전쟁분위기를 감지하여 수장품을 처분하려 한다는 정보를 입수한 전형필은 일본에 건너가 직접 대면한 후 1937년 2월 존 개스비의 수장품 일체를 인수하였다. 존 개스비의 유물을 사기 위해 충남 공주 소재 5,000석 지기 전답을 모두 처분하는 대가를 치렀지만 이 쾌거로 인해 전형필은 32세의 나이에 우리 문화재의 정수를 수집하게 된 것이다. 이제 전형필은 그동안 수집해 온 서화전

괴산팔각원당형부도

문경오층석탑

오늘날의 간송미술관

전형필 가옥

적과 함께 도자기에 이르기까지 질량 면에서 당대 제일의 수장가가 되었다.

일본은 1937년 7월 중일전쟁을 일으키고 중국 관내로의 침략을 본격화하였다. 그리고 11월에는 남경에서 남경대학살을 자행하여 중국인 수십만 명을 살육하였다. 일본은 한반도를 병참기지화하고 한국인을 전선에 투입하기 위해 1938년 2월에는 조선육군특별지원병 제도를 만들어 한국 젊은이들의 입대를 강요하였고 3월에는 〈조선교육령〉을 개정 공포하여 중등학교에서 조선어 과목을 폐지하는 등 우리 문화를 말살하는 강압정치를 펼쳤다. 이에 전형필은 1938년 7월 우리나라 최초의 사립박물관인 보화각을 북단장 안에 세워 그동안 수집해 온 우리 문화재의 정수를 보관·전시하고 연구를 할 터전을 마련하였다. 전시체제로 돌입하며 양곡 반입도 통제되던 상황에서 우리 민족문화를 전시하기 위한 근대식 박물관을 지은 것은 민족문화 수호를 위한 전형필의 의지와 집념을 보여주는 예였다.

우리 문화와 미술을 지키기 위해 분투한 전형필의 역할과 노력은 감동적이었다. 단순한 애호의 차원을 넘어 자신의 전 재산을 기울여 '문화보국文化保國'을 실천한 전형필의 숭고한 정신과 생애야말로 후대에 큰 귀감이 되었다. 제2의 전형필을 기다리는 이유가 여기에 있다. 예전보다는 나아졌다고 하지만 아직도 도굴이 횡행하고 도난사건이 빈발하며 관심과 애정을 필요로 하는 우리 미술품과 문화재는 산재해 있기 때문이다. 일부에서 전형필의 수장이 미술의 전 분야를 망라하지만 그림에서 초상화, 기록화 등을 찾아보기 힘들고 공예품과 조각이 전적, 서화, 도자 등의 분야에 비해 소홀한 듯한 인상을 보이는 것에 대해 지적하기도 한다. 그러나 일제강점기라는 엄혹한 시절에 한 개인으로서 우리 미술품의 보존과 관리를 홀로 도맡는다는 사실은 너무나 힘든 일이었다는 점을 감안해야 할 것이다.

【제12강】

배화여고 생활관, 일제강점기 외국인선교사들의 서울살이

박혜진 한국기독교역사연구소 책임연구원

12

배화여고 생활관, 일제강점기 외국인선교사들의 서울살이

서울 종로구 사직로 사직공원의 오른쪽 길을 따라 올라가다보면 배화여자고등학교가 나온다. 이곳에는 등록문화재로 지정된 세 채의 건물이 있다. 배화여자고등학교 생활관, 캐롤라이나관과 캠벨기념관이 그것이다. 생활관은 남감리회 여선교사 캠벨 부인을 비롯해 독신 여선교사 사택으로 지하실을 갖춘 2층 주택이다. 붉은 벽돌로 외벽을 쌓았고 동쪽 출입구에 발코니를 갖춘 포치로 꾸몄다. 포치에는 르네상스 시대 유행하넌 화강암 돌기둥을 양쪽에 네 개씩 세워 미국 남부 주택의 모습을 갖추었고, 전통 한옥의 팔작지붕 양식에 조선식 기와를 올려 동서양 건축의 만남을 추구하였다. 선교사 철수 후에는 생활관으로, 현재는 동창회관으로 사용하고 있다. 캐롤라이나관은 과학관으로, 캠벨기념관은 본관으로 사용하고 있다. 세 채 모두 일제강점기에 건립된 건물로 건립 당시의 건축적 특징을 잘 보여주고 있으며, 근대시기 교육시설로서의 보존·활용 가치가 있어 등록문화재로 지정되었다.

기독교 수용 초기에는 공개적인 선교활동이 쉽지 않았으므로, 개신교의 초기 선교는 학교와 병원을 통한 간접선교의 방식을 취했다. 서울에 설립된 기독교 학교는 북감리회 배재학당과 이화학당, 북장로회 경신敬新학교

배화여고 생활관

와 정신여학교, 남감리회 배화학당이었다. 한국 근대교육의 시작은 1885년 북감리회의 아펜젤러가 설립한 배재학당으로 이곳은 영어를 배워 출세하려는 현실적 목적에서 학생들의 인기를 끌었다. 북장로회의 언더우드는 고아원을 설립하여 학생들을 가르쳤고, 이것이 1905년 경신학교가 되었다. 1886년 이화여학당과 1887년 정동여학당이 설립되었고, 이보다 약 10여년 늦은 1898년 남감리회 여선교사 캠벨Josephine P. Campbell이 여학생 6명으로 배화학당을 시작하였다. 지방에서도 기독교계 학교들이 설립되었다. 이들 학교에서는 성경과목을 일반과목에 포함시켜 복음전도의 기회로 삼았다.

개항 이후 선교사의 입국과 서울 정착

1882년 〈한미수호통상조약〉 이후 한국에서 의료와 교육사업이 가능해지면서 미국의 북장로회와 북감리회는 한국에 처음으로 신교사를 파송하였다. 1884년 9월 한국에 있는 외국인의 진료를 위해 북장로회 선교사 알렌Horace N. Allen이 입국했다. 알렌의 뒤를 이어, 1885년 4월 이후 북장로회 선교사 언더우드H. G. Underwood, 북감리회 선교사 아펜젤러H. G. Appenzeller 부부, 스크랜턴W. B. Scranton과 스크랜턴 대부인M. F. Scranton 등이 입국하였다. 1889년 호주장로회, 1890년 영국성공회, 1892년 미국 남장로회, 1896년 미국 남감리회, 1898년 캐나다장로회, 1900년 러시아정교회, 1904년 안식교, 1907년 성결교, 1908년 구세군 등이 차례로 내한하여 한국선교를 시작하였다. 한국에 들어온 개신교는 다양한 교파를 배경으로 그대로 한국에 이식되어 초기부터 교파색을 띤 교회로 출발하였다.

1884년부터 한국에 들어온 개신교 선교사 가운데 국적별로는 미국이, 소속 선교부별로는 북장로회가 가장 많은 선교사를 한국에 파견했다. 선교회들은 여러 교파 선교의 중복에 따른 갈등과 마찰을 피하기 위해 선교지

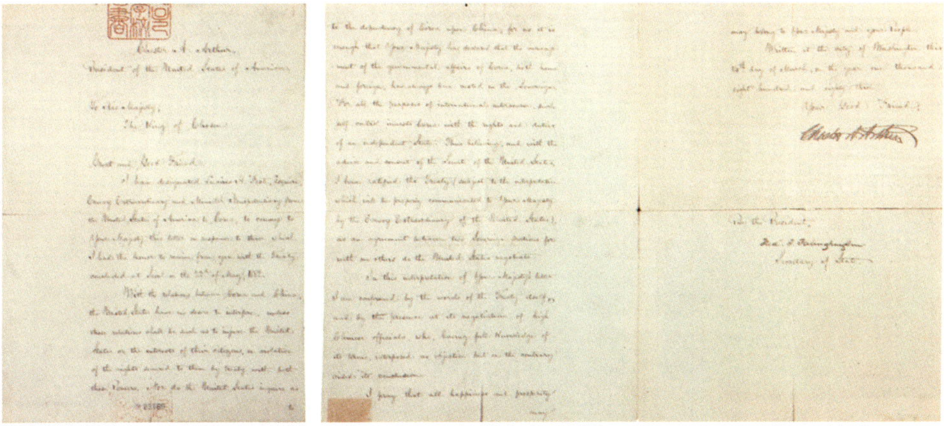

〈한미수호통상조약〉

역 분할협정을 체결하였다. 1892년 6월 북감리회와 북장로회 사이에 처음으로 선교지 분할이 이루어졌고, 곧 다른 선교회들 사이에도 필요성이 인정되어 계속 협정을 체결했다. 1909년 당시 단당구역을 보면 서울·평양·원산 세 도시는 두 개 이상의 선교회가 공동점유하였고 나머지 지방은 중복을 피하여 분할하였다. 서울·경기·충청·강원 등 중부지역은 남·북 감리회와 남·북 장로회가 분할하였고, 평안도·황해도는 북장로회와 북감리회, 함경도는 캐나다장로회, 경북지역은 북장로회, 경남은 호주장로회, 전라도는 남장로회가 각각 관할하게 되었다. 선교지역 분할협정은 불필요한 마찰과 재정 낭비는 줄일 수 있다는 이점이 있었지만, 그로 인해 1930년 이후

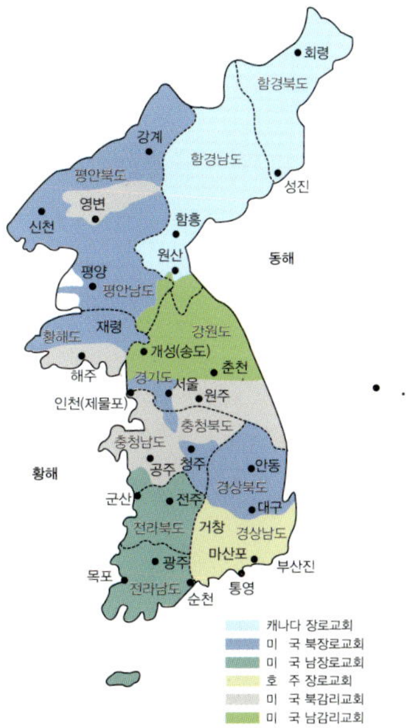

1909년 한국 내 선교지 분담도

지방색에 의한 교권분쟁의 원인이 되기도 하였고, 6개 선교회보다 비교적 늦게 한국 선교를 시작한 성공회, 성결교, 구세군 등 군소교파들은 선교 시작부터 불리한 입장이 되는 문제점을 낳기도 했다.

한국선교를 주도했던 장로회와 감리회 등 주류 교단 선교부는 선교 거점 도시에 대규모의 스테이션station*을 설치하고 그곳을 중심으로 활동했다. 스테이션 안에는 교회, 남녀 중등학교, 병원, 선교사 주택, 선교사 묘지 등이 있었다.

* 스테이션: 선교지부, 또는 선교거점을 지칭하는 말이다.

북장로회와 남·북 감리회가 공동으로 선교하는 지역인 서울에는 북장로회 스테이션과 북감리회 스테이션, 남감리회 스테이션이 공존하였다. 덕수궁 대한문 왼쪽의 돌담길을 따라 올라가다 보면 길 오른쪽은 북장로회 스테이션, 왼쪽은 북감리회 스테이션이 있었다. 북장로회 스테이션은 1895년 이후 연지동으로 이전하였다. 남감리회 스테이션은 사직동에 자리잡았다. 이로서 정동 북감리회, 연지동 북장로회, 사직동 남감리회가 서울의 3대 선교 거점이 되었다.

장로회나 감리회 스테이션의 교회·병원·학교는 모두 한국인을 대상으로 한 것이었으며, 선교사 사택도 개방이 원칙이었다. 스테이션은 선교사들의 사적인 일상생활의 공간인 동시에 한국인들을 위해 예배와 교육과 의료 활동이 진행되는 열린 공간이기도 했다.

북장로회 스테이션 : 정동에서 연지동으로

1884년 9월 24일 북장로회 최초 의료선교사 알렌이 서울에 도착해 정동에 첫 선교사 사택을 마련하였다. 알렌은 1887년 말 선교사직을 사임하였고, 그가 살던 집에는 독신 여선교사 엘러스Annie Ellers, 호튼Lillias H. Horton, 헤이든Mary E. Hayden, 도티Susan A. Doty 등이 입주하였다. 1887년 6월 엘러

언더우드 동상과 기념관

스가 여자아이 한 명을 가르치면서 정동여학당(정신여학교의 전신)이 시작되었다.

1885년 4월 5일 내한한 언더우드도 미국공사관과 알렌 사택 옆에 집을 구했다. 이곳 언더우드 사랑채에서 1886년 5월 고아 한 명으로 학교를 시작했으니 오늘날 경신학교의 시작이다. 이곳은 새문안교회, 조선성교서회를 거쳐, 1902년 덕수궁 소유였다가 이후 북감리회 독신 여선교사 사택인 '그레이하우스Gray House'로 해방 후까지 사용되었다.

언더우드보다 두 달 늦게 들어온 헤론J. W. Heron은 언더우드 집 뒤쪽으로 공사관과 담을 같이 쓰는 한옥에서 살았다. 길 건너편 감리교 구역에도 북장로회 선교사의 사택이 있었다. 기포드D. L. Gifford 사택이 있었는데, 1896년 기포드의 집이 독일 출신 손탁A. Sontag에게 넘어가 1902년 손탁호텔이 들어서면서 한말 외교관들의 로비 무대가 되었다. 1920년 이화학당이 구입해 기숙사로 사용하다 1922년 '프라이홀'을 지었다.

알렌이 정동에 거처를 마련한 지 6년 만에 정동에는 5,000평이 넘는 북장로회 선교기지가 조성되었다. 그러나 1894년 이후 선교사 사택이 낙후되고 길 건너 북감리회 선교부와의 관계를 고려하고, 마침 1895년 덕수궁을 확장하려고 한국 정부가 주변 땅을 사들이려는 계획과 맞물려 정동 스테이션을 폐쇄하는 방향으로 의견이 모아졌다. 북장로회는 1902년 정동 부지를 팔고 1903년 연지동 136번지 일대 1만 3,000여 평 대지를 구입한 후 선교사 사택 7채를 건립하였다.

정동여학교는 1895년 10월 연동교회 옆 주택을 구입해 교실과 기숙사로 사용하면서 연동여학교라 부르다가 1909년부터 정신여학교라 했다. 정신여학교는 1910년 지하1층, 지상3층의 본관 건물을 지었는데, 건축비를 전담한 미국 자선사업가 세브란스L. H. Severance의 이름을 따 '세브란스관'이라 지었다.

1886년 언더우드가 정동에서 시작한 고아원학당은 이후 언더우드학당, 민로아학당으로 부르다가 1897년 폐지되었다. 1901년 게일이 연지동에서 중학교로 다시 열면서 예수교중학교로 불리다가 1905년 경신학교라 했다. 1906년에 지하1층 지상2층 건물을 세우고, 장로회 해외선교회 이사장인 웰즈 목사를 기념해 '존 디 웰즈John D. Wells 기념관'이라 불렀다.

연지동에 유일하게 남은 양관인 북장로회 여선교사 사택은 2000년대 초반까지 한국장로교출판사에서 사용하였고, 현재는 한국교회100주년기념관이 되었다.

연지동에 남장로회 선교사 사택이 한 채 있었다. 남장로회는 전라도 지역을 담당했지만, 서울 세브란스병원이나 예수교서회 등 초교파적 협력사업에 참여하는 선교사들을 위한 생활공간이 필요했다. 따라서 1890년대 연지동 경신학교 서쪽에 남장로회 선교사 사택 1채를 지었고, 선교사들은 이 집을 미국 남부지역을 뜻하는 '딕시Dixie'라 불렀다.

선교사들은 한국을 떠나며 선교부 재산을 한국교회와 기관에 넘겨주었다. 한국전쟁 직후에 정신여학교 건물, 선교사 사택 8채와 부속건물 20여 채가 있었다. 그러나 전쟁이 끝난 후 개인 소유가 되면서 일제시기 양관 건물들은 거의 다 헐려 사라졌고, 1960~1970년대 연지동 일대 토지들은 초교파 연합기관이나 다른 재단에 양도되었다.

정동 북감리회 스테이션

1885년 4월 5일 아펜젤러 부부와 언더우드가 처음 인천에 도착했지만, 아펜젤러 부부는 갑신정변 여파로 상황이 좋지 않다며 입경을 만류한 미국 공사의 충고를 받아들여 일본으로 돌아갔다. 5월 3일 스크랜튼이 단독으로 서울에 들어가 알렌의 정동 집에 머물면서 광혜원에서 일을 보았다. 그가 미국 공사의 지원을 받아 구입한 집은 덕수궁 길 서쪽에 있는 1,800여 평의 독립 가옥 두 채로 6월 28일 들어온 아펜젤러 부부와 스크랜튼의 어머니와 아내 등이 살게 되었다. 이로써 북감리회 스테이션이 마련되었다.

스크랜튼은 1886년 6월 정식으로 병원 문을 열었고, 병원 앞에는 "남녀노소 아모나 아모 병에 걸렸든지 아모 날이나 열점 종에 빈 병을 갖고 미국 의사를 찾아오시오."라고 한문과 한글로 방을 붙여놓았다. 스크랜튼의 한국 이름은 시란돈施蘭敦이었고 1887년 정부에서는 병원 이름을 '시병원施病院'이라고 지어주었다. 이 병원은 1892년 이후 민중들이 많은 남대문밖 상동으로 옮겼고, 병원이 있던 곳은 정동제일교회 문화재예배당이 되었다.

1885년 7월 서울 정동에 교사 신분으로 들어온 아펜젤러는 4일 만에 두

정동제일교회 내에 있는 아펜젤러 동상(좌)과 배재학당역사박물관으로 쓰이고 있는 배재학당 동관 건물(우)

학생에게 자신의 집에서 영어를 가르치기 시작했다. 고종에게 학교 설립의 허락을 받고, 서소문 언덕에 7,000여 평의 학교부지를 마련해 1886년 6월 학교를 열자, 영어를 배우려는 학생들로 가득찼고, 1887년 고종이 배재학당 培材學堂이란 이름을 지어주었다. 이곳엔 1916년 세운 동관과 1932년 건축한 강당이 있었는데, 2001년 대형 주상복합건물을 지으면서 문화재 지정 심의가 들어간 동관 건물과 보호수인 향나무를 제외하고 나머지 건물들은 모두 헐렸다.

스크랜튼 대부인은 1885년 10월 정동에 1,000여 평의 땅을 구입한 후 집을 짓고 1886년 11월 입주하였다. 처음엔 선뜻 서양인에게 여자아이를 보내려는 부모가 없어 초기 이곳에서 교육받은 아이들은 대개 가난하거나 버려진 아이들이었다. 이들은 교육받은 후 여성 지도자, 교육자가 되었다. 1887년 정부에서는 이화학당梨花學堂이란 이름을 지어주었다. 1897년 2층으로 건립된 메인홀은 선교사 숙소와 기숙사로 사용되었지만, 6·25전쟁 중 파괴되고 지금은 '한국 여성 신문화의 발상지' 기념석과 스크랜튼 대부인 흉상

이화여고 심슨홀

이 있다. 이화에 남은 유일한 양관인 심슨홀은 1915년 지은 것으로, 이곳은 원래 북장로회 언더우드가 예수교학당을 하던 곳이기도 하다.

1887년 10월 20대의 독신 여선교사 로드와일러L. C. Rothweiler와 하워드M. Howard가 내한했다. 로드와일러는 이화학당에서, 의사인 하워드는 스크랜튼의 시병원에서 여성환자들을 돌보다 1888년 11월 여성만 진료하는 병원을 시작했다. 한국 여성들이 서양 의사에게 속살을 보이려 하지 않자 여의사를 요청하였고, 1889년 왕실에서 보구여관保救女館이란 이름을 지어주었다. 보구여관은 1900년대 초까지 유지되다가 동대문부인병원으로 합류하였고, 보구여관 자리엔 1979년 정동제일교회 100주년기념예배당이 건립되었다.

이처럼 왕실에서 선교사들이 운영하는 학교와 병원에 이름을 지어주자, 백성들의 생각도 달라지게 되었다. 이들 미션스쿨에서 새로운 교육을 받은 여성들은 선교사들의 학교와 병원 사역에 참여하기 시작했다.

남감리회 스테이션 : 남송현에서 사직동으로

미국 남감리회는 북감리회보다 10여 년 늦게 한국선교를 시작했는데 윤치호의 노력에 의해서였다. 윤치호는 갑신정변 직후 중국으로 망명해 그곳에서 세례를 받고 미국 유학을 거쳐, 망명 10년 만에 귀국해 학부 협판이 되었다. 그는 귀국 직후 여러 경로를 통해 남감리회 선교부에 한국선교를 요청하였고, 남감리회 선교부는 1895년 5월 중국에 있던 리드C. F. Reid 선교사를 한국에 파송하였다. 북감리회 스크랜튼 선교사는 리드가 남대문 안 남송현에 주택을 마련하도록 도와주었고, 본인이 매서인*으로 훈련시킨 이들을 리드에게 보내 돕도록 했다. 그의 어머니 스크랜튼 대부인도 1897년 10월 내한한 캠벨 부인에게 전도부인 김세라와 백루시를 보내주었다. 이처럼 남북전쟁(1861~1865년) 중 갈라진 남북 감리교회가 한국에서는 서로 협력하는 우호적 관계로 출발하였다.

* 매서인: 선교 초창기 때 전도지나 성경을 배부하거나 팔면서 선교하던 사람.

최초 선교기지였던 남송현 집은 지금 남대문로 한국은행 본점 자리에 있었다. 이곳에 리드 부부와 캠벨 부인, 콜리어C. T. Collyer가 살았다. 뒤이어 선교사들이 계속 들어오고 사업이 확장되자 남송현 한옥은 좁아졌고 독신 여선교사 주택이 시급했다.

1898년 8월 여선교부를 떼어 종로구에 있던 고간동으로 옮겼다. 남감리회 선교부는 1,000여 평 땅과 집들을 미국 침례교 계통 엘라딩기념선교회로부터 구입해 여선교부 부지로 삼고, 캠벨은 여학생 6명으로 학교를 시작했다. 개교 1년 만에 학생이 20명으로 늘자 1900년 2층짜리 벽돌 건물 두 채를 지어 교사校舍와 선교사 주택으로 사용하였다. 학교 이름은 선교부지 구입을 위해 헌금한 미국 사우스 캐롤라이나 지역 주일학교 학생들을 기려 '캐롤라이나 학당'이라 했고, 한국인들은 그냥 동네 이름을 따라 '잣골학교'라 불렀다. 1903년 학부 인가를 받을 때 윤치호가 '배화培花'라는 이름을 지어주었다.

스크랜튼 부인 동상

1906년 가을 남감리회 스테이션은 남송현 선교부지를 팔아 사직동 인덕으로 이전하고, 사직동 일대에 남성과 기혼 선교사 가족들을 위한 사택 4채를 지었다. 1913년 배화여학교와 남감리회 여선교부는 공간 부족과 폐질환이 많다는 위생상의 이유로 사직단 뒤쪽으로 이전하였다. 이곳은 백사 이항복의 생가가 있던 필운대 아래이다.

사직동 선교사 사택에 살았던 남감리회 선교부 재정책임자 스나이더L. H. Snyder는 1940년 11월 대부분 선교사들이 한국을 떠난 후에도 북감리회 재정담당 사우어C. A. Sauer와 같이 마지막까지 남아 선교부 재산을 관리했다. 총독부의 출국 압력을 받은 스나이더는 1941년 3월 남감리회 선교부 재산 목록을 양주삼 목사에게 넘겨주고 사직동을 떠났다. 태평양전쟁 발발 후 일제는 미국인 소유 재산 일체를 적산敵産으로 흡수했고, 선교부 토지와 건물은 일본인이나 총독부기관에 넘어갔다.

일제강점기 선교사들의 서울 생활

선교사들이 한국에 들어오면 가장 먼저 한국어를 익혀야 했다. 따라서 선교사들이 한국인과 소통하는 첫 번째 통로는 한국어 선생이었다. 한국의 풍습과 언어에 무지한 신참 선교사들과 한국어 선생 사이에는 당연히 소통의 어려움이 있었지만, 한국어 선생은 선교여행과 교회 사역에 선교사들과 함께 했으며 그들이 한국 풍습을 습득하는 데 많은 도움을 주었다. 선교부에서는 3년 과정의 어학 교육 시간을 개설했다. 선교사들은 매년 선교회에서 행하는 어학시험의 3단계를 통과해야 선교부 회의에서 투표권 행사를 할 수 있었다.

선교사들은 각 선교부에서 설립한 학교에서 교육을 담당하였고, 또한 지방을 순회하며 교회를 개척하였다. 선교사가 한 번 지역 순회를 나가면 평균 10일 정도가 걸렸다. 순회전도에서 새로운 예배처소를 마련하거나 설립되어 있는 교회를 지도하기도 하였다. 선교사의 순회사역에 동참한 한국인 조사助事들은 수백 리를 다니며 기독교서적과 쪽복음서를 팔고 전도하고 예배를 드리고 교회를 세우고, 심지어는 선교사가 탄 나귀의 고삐를 잡기도 했다.

선교사 부인들은 주일학교 사업에 힘을 쏟았고, 극빈자 가정 구제사업을 했다. 또한 복음을 전하기 위해 한국인 가정들을 방문하였다. 감리교 선교사 노블 부인M. W. Noble의 일기를 보자.

> 간통했다고 남편에 의해 코와 손가락들이 잘려나간 한 여성이 보구여관에 입원했다. 커틀러는 그녀에게 새로운 코를 만들어주는 수술을 하기 위해 애쓰고 있다. 선생에게 들으니 일반적인 형벌이며 때로는 죽이기도 하는데 사람을 죽이

선교활동을 하는 서양인 선교사들

는 것이 어려운 일이니 이러한 고통을 주고 미관을 손상시킨다고 한다. 그러나 한국에 진실한 남성이 거의 없는데 그의 코와 손가락들은 누가 자른단 말인가.

노블 부인은 남편의 축첩은 용인하면서 아내의 부정에 대해서는 극한 형벌로 다스리는 가부장적 남성중심의 사회구조를 개탄했다. 한국 여성의 지위를 개선하기 위해 여선교사들이 가장 먼저 시작한 일은 여성들을 문맹에서 벗어나게 하고 나아가 기독교 신앙을 받아들이도록 하는 것이었다. 선교사들은 자신의 집을 개방하여 읽고 쓸 줄 모르는 여성들을 불러 모아 한글을 가르치기 시작했다. 이름이 없던 한국인 여성들은 세례명을 받고 비로소 이름을 갖게 되었다. 전도부인 김세지는 "오랫동안 이름이 없이 살던 나는 주의 은혜를 힘입어 세례 받던 날로부터 여자 된 권리 중의 한 가지를 찾게 되었다. 조선 여자의 해방은 우리 그리스도교로부터 시작되었다고 할 만하다."고 회상했다.

선교사들의 주택

처음 한국을 방문한 선교사들은 주로 몇 가정이 모여 공동생활을 하였다. 신혼으로 한국에 온 선교사들은 공동생활이 불편하고 어려운 일이었기도 했지만, 신참 선교사 부부가 낯선 나라의 풍습에 적응하는 데 큰 도움이 되었다. 특히 남편이 멀리 선교여행을 떠나면 홀로 남겨진 부인 선교사들은 서로 의지하며 두려움을 이길 수 있었다.

선교사들이 거주하는 주택은 선교사 가족이 휴식을 취하고 아이를 키우는 사적인 공간이면서 동시에 선교사역을 위해 한국인들에게 열려있는 공적인 공간이기도 했다. 선교사 주택은 선교사의 소유물이 아니었고 임지에서 사용하다 임기를 마치면 떠나야 하는 공간이었다.

입국 초기에 선교사들은 한국인들이 살았던 한옥을 구입해 수리·개조해서 살았다. 비가 많이 오는 여름철에는 기와가 새서 물과 진흙덩이가 툭툭 떨어지기도 했다. 물동이를 받쳐 놓아도 벽지를 타고 내려와 잠자던 이부자리가 흥건하게 젖기도 했다.

> 선교사가 사는 집은 조선인들이 사는 집과 모형이 똑같았다. 수수깡을 말끔하게 엮어서 그 위에 진흙을 발라 담을 쌓고, 지붕에는 묵직한 기와를 올려 처마끝을 넓게 만들었다. 그러나 객실을 겸한 안방은 사방 8자 크기의 조선인들의 안방보다 두배나 크게 만들었다. 또한 진흙 위에 갈대 돗자리를 놓아 깨끗한 융단을 그 위에 깔아 놓았다. 풍금, 재봉틀, 타자기 등이 마루 한쪽 끝에 놓여 있었고 탁자와 의자도 있었다.

일제강점기 선교사 주택은 2층 벽돌집 양옥이 주된 양식이었다. 스테이션 구내의 높은 언덕에 있었던 선교사 주택은 한국인들에게는 다른 세상이었다. 대개의 선교사들은 침실에 침대와 아기 침대를 놓고, 사랑방에 테이블과 의자를 두어 서재 겸 집무실로 사용했다. 서양식 부엌에는 취사용 스토브와 보일러를 놓았다. 겉은 기와집이지만 내부는 양탄자를 깔고 의자와 탁자가 있는 입식생활을 할 수 있도록 꾸몄다. 가능하면 한국인들과 비슷하게, 한국인들 근처에 살아야 한다고 생각했던 선교사도 있었지만, 풍금·재봉틀·타자기·침대·탁자·식기·정원의 잔디 등 그들만의 '문명화된' 세계는 한국인의 눈에는 신기하고 완전히 다른 별천지였다.

선교사들의 주택

급여

1884년 입국한 알렌의 급여는 월 90달러였다. 1888년 기록에 의하면 북장로회 부부 선교사의 수입은 연 1,400달러, 독신자는 혼자 거주하면 연 1,000달러, 다른 선교사와 함께 살면 연 900달러, 독신 여선교사는 연 700~800달러 정도를 받았다. 감리회 부부 선교사는 연 1,000달러에 자녀 1인당 100달러를 추가로 받았고, 독신 남선교사 800달러, 독신 여선교사 700달러였다. 캐나다장로회는 가족 선교사에게 연 750달러를 주었다.

봉급과 수당을 합해 연 2,000달러씩 받는 이들도 적지 않았다. 1906년 미국 내 목회자들의 평균 연봉이 663달러, 1910년 미국인 근로자는 연평균

700달러를 넘지 못했다. 이에 반해, 한국에 들어온 북장로회 선교사들은 평균 1,177달러, 감리회 선교사들은 782달러를 받았다. 이들 선교사의 봉급은 미국 내 동교 목회자들과 비교해서 적지 않았다. 선교사들의 집은 선교부가 지어 무료로 임대해주었으므로, 미국 내 근로자들이 집세를 부담했던 것에 비하면 집세 부담이 없었던 한국 선교사들의 생활은 미국 중산층 정도의 수준이었다고 볼 수 있다. 영국, 캐나다 등 다른 서양 선교사들의 급여는 미국 선교사들에 비해 상대적으로 적었다.

선교사들은 한두 명의 한국인 조사들을 데리고 있었는데, 이들은 한달에 4~5달러밖에 받지 못했다. 4~5달러가 한국에서 한 가족을 부양하기에 충분한 액수였다는 점을 감안하면, 한국에서 활동한 미국 선교사들의 급여 수준이 매우 높았음을 알 수 있다.

안전 문제

선교사들은 입국 초기에 강도를 당한 경우가 있어 안전을 위해 총기를 휴대했다. 선교사들이 총을 휴대하고 있어 그들을 건드리면 목숨을 잃을지도 모른다는 소문이 한국인들에게 퍼져 있어서 그랬는지 몰라도 선교사들을 육체적으로 위협하거나 공격한 경우는 초기를 제외하고는 거의 없었다.

식생활

1880년대 초기 서울에 온 선교사들에게 식료품과 생활용품을 구하는 것은 큰일이었다. 쌀·과일·소고기 등은 한국에서 구입했지만, 밀가루·설탕·버터·치즈·각종 소스·햄·통조림·파인애플·오렌지 등은 중국이나 일본을 통해 조달하였다. 그들은 한국의 과일과 채소에 대해서는 대체로 만족하였지만, 육류는 그리 만족하지 못했다. 이외에 레몬에이드·코코넛 파이·아이스크림·팝콘 등도 필요하면 수입해서 먹을 수 있었다.

정동지역이 서양인 거류지로 확정되어가자 인근에 서양 공산품을 조달하는 상점이 들어섰다. 인천을 통해 수입된 생활용품이나 식품들이 상점을 통해 조달되었다. 초기 가장 어려운 문제는 우유였다. 한국인들은 젖소를 키우지 않았으므로 자녀들에게 우유 공급을 하지 못했다. 어쩔 수 없이 우유 대신 연유를 주문해 먹였으며, 분유도 수입했다. 한국인들은 송아지가 먹어야 할 소의 젖을 빼앗는 것은 소의 생명을 위협하는 위험한 행동이라고 생각했기 때문이었다.

물론 선교사에 따라 선교지의 현실에 적응하려는 각오와 자세에 차이가 있기도 했다. 건강을 돌보지 않고 입에 맞지 않는 한국 음식을 고집하다가 순직한 선교사도 있었다. 캐나다 선교사 매켄지William J. Mckenzie는 황해도 장연의 소래마을에서 한복을 입고 한국 음식을 먹고 한국 사람처럼 살려고 노력했다. 크리스마스 때 언더우드 부인이 집에서 만든 빵과 통조림, 과일, 우유, 설탕 등을 보냈지만, 그는 그때 서양 음식에 길들여지면 다시는 한국 음식을 먹을 수 없게 되고 토착화는 실패할 것이라 여겨 먹지 않고 음식을 동네 사람들에게 나눠주었다. 그는 한국에 온 지 2년여 만에 사망하였다. 평양에서 사역하다 전염병으로 숨진 홀William James Hall 선교사 역시 한국인들과 똑같이 먹고 똑같이 잤다.

노블 선교사는 음식이나 의복은 선교의 수단일 뿐이라고 생각했다. 언더우드 부인은 한국에서 선교활동을 하기 위해서는 장기적으로 상주해야 한다는 사실을 중시했다. 영양공급을 충분히 하지 않으면 건강을 유지하기 어렵기 때문에, 한국인의 식생활을 따라갈 것이 아니라 서양인의 몸에 익숙한 식사방식을 유지해야 한다고 보았다.

한국에 들어온 공사관 직원들, 상인들, 정부 고용인들 가운데 가족과 함께 한국에 사는 경우는 거의 없었다. 그러나 선교사들은 소명을 갖고 언제까지라도 한국에서 살아갈 각오를 하고 온 사람들이었다. 그들에게 한국은 일시적으로 머물 곳이 아니라 선교의 현장이며 동시에 삶의 터전으로 가정을 갖고 아이들을 낳아 기르는 곳이었다.

선교사들 본인도 한국에서 풍토병으로 많이 사망했지만, 특히 어린 아이들을 많이 잃었다. 양화진 외국인묘원에는 선교사들뿐만 아니라 그들의 자녀들이 많이 묻혀있다. 자녀를 잃은 슬픔을 극복하지 못하고 본국으로 돌아간 선교사도 있었지만, 대부분의 선교사들은 아이들을 잃고서도 굳건히 선교현장을 지켰다.

이국 땅에서 태어난 아이들을 키우는 일도 선교사들에게는 매우 어려운 일이었다. 선교사 부인들도 학교나 교회에서 계속 선교사역을 해야 했으므로, 그들이 사역하는 시간에 아이들을 돌볼 가정부나 유모는 꼭 필요한 존재였다. 그러나 담배 냄새에 절어있거나 이가 들끓는 유모에게 아기를 맡기는 일은 염려를 넘어 두려움을 느끼게 했다.

선교사 자녀 교육

한국에 있는 서양 어린이를 위한 학교로 1900년 평양외국인학교가 시작되었다. 4명으로 시작한 학교는 1908년 17명으로 늘어났다. 이 학교에는 한국 전역에서뿐 아니라 중국, 일본, 다른 아시아 지역의 선교사 자녀들까지도 유학을 왔다. 1914년 기숙사가 완공되었고 수용 인원은 100명을 넘기에 이르렀다. 평양외국인학교는 세계 3대 외국인학교로 검정고시 없이 바로 미국의 학교로 전학갈 수 있었다.

이외에 서울에 있던 서울외국인학교의 경우에는 1901년 15명의 학생으로 시작했다. 교사는 주로 선교사의 자녀였고, 이들은 미국에서 교육을 받고 다시 한국으로 돌아와 학생들을 가르쳤다. 스크랜튼 대부인의 딸인 오거스터Augusta도 서울외국인학교 교사로 학생들을 가르쳤다.

결혼

선교사 자녀들끼리 결혼하는 경우도 있었다. 1920년 배재학당 제5대 교장으로 취임한 아펜젤러H. D. Appenzeller는 아버지 아펜젤러H. G. Appenzeller가 설립한 학교의 교장이 되었다. 그는 정동에서 태어나 어려서부터 아버지가 설립한 배재학당에서 자랐고, 서울외국인학교를 졸업했다. 그리고 미국에서 아버지의 모교 프랭클린마샬대학과 프린스턴대학을 거쳐 드루신학교와 뉴욕대학 등에서 교육받았고 선교사가 되어 한국으로 돌아왔다. 그는 아버지와 함께 한국에서 선교한 노블 선교사의 딸 루스 노블Ruth Noble과 결혼하여 2세 선교사 가정을 이루었다.

여가생활

선교사들은 선교 스테이션에 테니스장을 만들어 오후 여가시간에 테니스를 즐겼다. 한국의 산과 강에서 피크닉, 등산, 낚시, 사냥도 즐겼다. 서울의 북한산과 한강에서 피크닉과 등산을 하고, 개인별장에서 휴식을 취하였다. 여름에는 평양의 대동강과 원산 등지에서 2~4주간씩 가족단위로 휴가를 갖기도 했다. 독신 여선교사들은 사찰의 방을 빌려 머물기도 했고, 스님들은 서양인의 방식과 관습을 지켜보았다.

또한 매년 부활절, 미국 독립기념일, 조지워싱턴 탄생일, 추수감사절, 크리스마스 등에는 함께 모여 케익을 만들어 축하하였다. 특히 7월 4일 독립기념일은 성대하게 치렀는데, 미국에서 폭죽을 수입해 불꽃놀이를 하기도 했다. 결혼기념일에는 서로 초대하여 음식을 대접했다.

3·1운동에 대한 선교사들의 견해와 선교사 배척운동

선교사들은 본국 정부의 외교정책과 교회의 정치참여를 금지하는 정교분리의 신학적 배경 때문에 한국의 정치문제에 개입하지 않는 것을 원칙으로 하였다. 그러나 일부 선교사들은 한국 정치에 깊숙이 관여하기도 했다. 1895년 명성황후가 시해된 후 궁궐에서 선교사들이 고종을 호위하였으며 고종의 음식을 선교사 부인이 직접 만들어 자물쇠를 채워 궁으로 보내기도 했다. 1895년 11월에는 언더우드H. G. Underwood · 에비슨O. R. Avison · 헐버트H. B. Hulbert 등 미국인 선교사와 미국인 교관 다이W. Mc. Dye, 미국공사관 서기관 알렌, 러시아공사 베베르K. I. Weber 등 구미 외교관들이 고종을 미국 공사관으로 옮기려고 했으나, 친위대 대장의 배신으로 실패로 끝났다. 이것이 춘생문春生門사건이다. 그 다음 해 러시아공사관으로 옮겨간 아관파천이 일어나게 된다. 선교사들은 독립협회 운동을 지원하고, 1911년 105인사건 때에는 직접 관여되기도 했다.

3·1운동 때 선교사들은 한국 기독교인들에 대해 심정적으로 동조하였다. 한국 선교 40여 년의 일기를 쓴 노블 부인은 을사늑약이나 한일강제병합에 대해서는 전혀 기록하지 않았다. 생명의 위협을 느낀 청일전쟁과 러일전쟁 때의 기록만 있을 뿐이다. 그러나 3·1운동은 예외였다. 노블 부인은 3·1운동 관련 문건을 수집하고 진행과정을 상세히 기록했다. 이는 미션스쿨 학생들이 관련되거나 잡혀가고 한국인 기독교 지도자들이 연루되었기 때문이었다. 친일적인 감리교 감독 해리스가 노골적으로 일본 편을 들자 노블 부인은 그를 비판하기도 했다.

독립선언에 서명한 민족대표 33인 가운데 16명이 기독교인이었으므로 일제는 3·1운동에 미국인들이 개입했다는 혐의를 두었다. 3월 22일 총독부

탑골공원의 3·1운동 기념 부조

관리들이 장로회·감리회 선교사들을 초대해 기독교인들이 한국 독립 시위에 가담하지 못하도록 협조를 구했지만, 선교사들은 정치에 관여하지 않는다는 원칙에 따라 총독부에 협조하기를 꺼려했다.

미국 정부나 총영사도 선교사의 3·1운동 관여를 원치 않았다. 그러나 평양의 장로회 선교사 모우리E. M. Mowry가 시위주동자를 숨겨주었다는 혐의로 체포되었고, 같은 지역에서 활동하던 마펫S. A. Moffett 선교사도 경찰에 불려가 심문을 받았다. 모우리는 평양법원에서 재판을 받고 6개월의 징역과 중노동을 구형받았다가 보석으로 풀려났다. 이처럼 선교사 중에서도 3·1운동 관련자들이 있었다. 3·1운동 당시 거리에서 검문을 받다가 기독교 신자임이 확인되면 바로 경찰서로 끌려갔고, 수색 중에 성경이나 찬송가가 발견

제암리 3·1운동순국기념관

되면 집주인을 체포하기도 했다.

1919년 4월 15일 발생한 제암리교회 학살·방화사건은 외교관과 선교사들에 의해 국제적인 여론화가 되었다. 노블W. A. Noble 선교사는 4월 10일 미국영사관을 방문해 선교사가 붙들려가고 교회당이 소각되는 것에 대해 주한 미국영사관이 방침을 세우라고 요구하였다. 선교사들의 항의를 받고 주한 미국총영사는 커티스R. S. Curtice 영사에게 수원 수촌마을을 조사하도록 지시하였다. 커티스는 언더우드 선교사와 함께 4월 16일 수원지방을 시찰하던 중 제암리교회 방화현장을 발견하였다.

세브란스병원 의료선교사인 스코필드Frank Scofield 박사는 3·1운동이 일어나기 직전에 이 거사에 대해 통보받고 협력을 요청받았던 유일한 외국인이었다. 2월 28일 저녁 세브란스병원에 근무하던 이갑성이 그를 찾아와 독립선언문을 보여주며, 다음날 독립선언식과 시위가 있을 것이라고 알려주고 그 독립선언문의 사본을 최대한 빨리 미국 백악관에 보내줄 것과 3월 1일 만세시위 사진을 찍어 줄 것을 요청했다. 스코필드는 기꺼이 사진기를 들고서 자전거를 타고 나가 만세시위 현장의 사진을 찍어 해외에 알렸다.

지금까지 남아있는 서울의 3·1운동 사진들은 모두 그가 찍은 것이다. 그는 4월 17일 제암리교회 사건 소식을 듣고 다음날 사건현장을 찾아 사진 촬영과 조사를 행했고, 오후엔 수촌리를 방문해 부상자들을 도와주었다. 그는 일본의 만행을 전 세계에 알렸다. 그해 8월 한국선교사 대표로 일본에 건너가 극동의 선교사 800여 명이 모인 자리에서 일본의 만행을 비난하는 연설을 하고, 일본의 요인들을 면담하여 일제의 비인도적 행위를 중단할 것을 촉구했다. 그는 이 일로 일제 측으로부터 감시당하고 심지어 살해 위협까지 받았다. 그의 이런 행동은 선교부에도 부담으로 작용하여 이듬해 3월 세브란스 근무 계약기간이 만료되자 본국인 캐나다로 돌아가게 되었다.

스코필드 박사

감리교 수원지방 감리사 노블도 4월 19일 주한 영국총영사 로이즈Royds, 선교사 하디R. A. Hardie와 게일J. S. Gale 등과 함께 직접 제암리 현장을 확인 방문하였다. 노블은 하디와 함께 하세가와 조선총독을 면담하고 제암리를 파괴하고 사람들을 학살한 것에 대해 항의하였다. 또한 집 잃고 고통 받는 사람들에게 옷과 가재도구, 그릇을 나눠주었다. 선교사들은 원칙적으로는 정치문제에 개입하지 않았지만, 3·1운동에는 기독교 지도자들과 기독교계 학교 학생들, 전도부인과 비서들이 연루되거나 체포되었고 선교사들도 배후 혐의를 받았다.

그러나 선교사들 중 상당수는 3·1운동 이후 '문화통치'를 표방한 사이토 마코토 총독에게 기대를 걸었고, 선교활동을 보장받는 대신 한국 교회의 비정치화를 강하게 추구했다. 이로 인해 선교사와 한국인들 사이에 갈등이 일어나게 되었고, 1920년대 내한한 '제2세대' 일부 선교사들의 '백인우월주의적' 행태가 나타나면서 선교사 배척운동이 일어났다.

선교사 배척운동의 대표적인 것이 1925년 평남 순안에서 일어난 '허시모 사건'이다. 안식교 선교사인 헤이스머C. A. Haysmer는 자기 집 과수원 사과를 따먹은 한국인 아이의 얼굴에 초산으로 '도적'이라 써서 돌려보냈다. 이 사건이 1926년 일본인 검사에 의해 언론에 보도되자 반反선교사 규탄여론이 형성되어 사회주의 계열의 청년·학생 조직이 '반선교사'·'반기독교' 운동을 전개하였다. 1926년 구세군 만국사령관 부드B. Booth의 내한을 계기로 한국인 사관들이 인종차별적 처우를 개선해달라고 진정서를 냈다가 출교되었고, 1920년대 중반 미션스쿨에서 동맹휴학이 유행하기도 했다. 교회와 일반 사회에서도 선교사들의 백인우월주의적 행태를 비판하며 선교사들의 반성을 촉구했다.

1925년 12월 서울에서 선교사와 한국교회 사이의 갈등 해소를 위해 노력하고자 선교사와 한국인 대표가 각 31명씩 모여 조선기독교봉역자의회朝鮮基督教奉役者議會를 개최했다. 이 자리에서 한석진 목사는 "선교사들이 한 곳에 오랫동안 체류하면 자기가 세운 교회며 학교라는 생각으로 우월감을 가지고 영도권을 행사하려고 하게 되니 이것은 참된 복음 정신에 위배되며 교회 발전에 방해가 될 뿐이요 조금도 도움이 안 된다."고 비판했다.

신사참배 문제와 선교사의 철수

일제는 선교사에 대해 회유와 탄압이라는 양면책을 썼다. 1920년대까지는 주로 영·미 선교사들과 협력하면서 회유정책을, 1930년대에 들어와 영·미와의 관계가 악화되면서부터는 선교사들과 한국교회를 분리시키려는 분열과 탄압정책을 실시했다. 한국교회에 대한 선교사의 영향력을 배제시키면서 한국교회를 일제의 통제에 순응하는 일본 기독교에 예속시키려 하였다. 신사참배 문제는 결정적 탄압의 단서를 제공했다.

신도神道는 일본에서 발생한 전통적 종교적 관습들로 이를 뒷받침하는 삶의 태도 및 이데올로기이다. 자연·인물·위인·영·권력자들을 신으로 숭배하였는데, 그 수는 800만 신에 이른다. 메이지유신을 전후로 신도는 천황을 절대신으로 여기는 천황제 국가의 시도정신으로 이데올로기화되었다. 1871년 일본 정부는 신사에 공적 지위를 부여하여 신도국교화정책을 추진했다. 1882년에는 신사신도를 '국가의 제사'라고 하여 일반종교로부터 분리시키고, 신사신도에 초종교적 절대우위를 부여하였다.

1930년대 일제가 침략전쟁을 도발하면서, 신도사상에 입각한 교육과 신사참배를 통해 천황과 국가에 대한 절대적 충성을 강요하게 된다. 일제는 1935년 11월 평양 기독교계 사립학교장들에게 신사참배를 강요하고 이를 거부하는 교장들을 파면했다. 1936년 8월에는 조선신사제도를 개정해 1면 1신사 정책을 추진하고 가미다나[神棚]를 보급했고, 1938년부터는 교회에 대해서도 신사참배를 강요했다.

일제의 신사참배 강요에 대해 북장로회는 1938년 5월 교육사업에서 철수하기로 결의하였다. 이에 따라 평양 숭실전문학교, 숭실중학교, 숭의여학교는 1938년 3월 폐교되었고, 서울·선천·대구의 북장로회 미션스쿨들은 한국인이나 한국교회로 인계되었다. 남장로회는 신사참배 문제에 대해 가장 강경하게 대응했다. 1937년 2월 〈풀턴성명〉을 발표하고 남장로회 경영 학교들을 폐교하기로 했다. 이에 따라 광주·목포·순천·전주·군산의 남녀 학교들이 폐교되었다. 호주장로회는 1936년 2월 "신사참배를 하거나 하도록 가르칠 수 없다."고 결정하였고, 1939년 1월 신사참배 거부를 결의하면서 학교를 폐쇄시켰다.

신사참배 문제에 강경하게 대응하며 학교들을 폐교시킨 남북 장로회 학교들에 비해 감리회와 캐나다장로회는 신사참배를 국가의식으로 간주해 별다른 마찰이 없이 순응하였다. 천주교도 1936년 5월 로마 교황청이 참배를 허용하는 훈령을 내려 신사참배를 공인하였다.

선교사들 가운데서도 선교회의 신사불참배에 따른 교육사업 철수 방침에 대해 의견이 양분되었다. 맥큔G. S. McCune으로 대변되는 강경파는 처음부터 '신사참배는 우상숭배로 절대 인정할 수 없다.'는 입장을 견지하였지만, 언더우드H. H. Underwood 등 일부 선교사들은 '비록 종교적 요소가 있다 할지라도 일제당국이 애국적 행위에 불과하다고 주장하므로 학교를 유지하고 기독교교육을 계속하기 위해서는 이에 순응할 수밖에 없다.'고 주장하였다. 미션스쿨을 폐쇄하여 한국인들이 관공립학교로 전학가게 되면 더 이상 기독교적 교육을 받을 수 없게 되고 우상숭배에 처하게 되는 상황을 우려한 것이었다.

선교사들의 교육사업 철수에 대해 한국인들은 강하게 비판했다. 그러나 한국에 온 선교사들은 복음 전도가 1차 목적이었고, 교육과 의료 사업은 전도활동을 위한 부수적인 사업이었다. 조선총독부라는 식민권력과 신사참배 강요라는 신앙의 특수적 상황, 그리고 국제정세 속에서 남·북 장로회로서는 어쩔 수 없이 교육사업 철수라는 결단을 내릴 수밖에 없었던 것이다.

조선신궁과 신사참배

대부분의 선교부가 교육사업에서 철수하였고, 1940년에는 기독교계 병원들도 거의 폐쇄되었다.

1939년 9월 독일이 폴란드를 침략하고 영국과 프랑스가 독일에 대해 전쟁을 선언함으로 유럽에서 전쟁이 발발했다. 일본은 1940년 10월 독일·이탈리아와 추축국에 참여하면서 영국·미국과 적대국이 되었다. 미·일관계 악화로 외국인들을 적성敵性 국민으로 분류하여 감시하고, 일부 선교사들은 간첩혐의로 구속되었다.

1940년 10월 서울 주재 미국 총영사 마쉬O. G. Marsh가 본국 정부의 지시를 받아 선교사를 비롯한 미국인들의 철수를 권고하였고, 같은 달 영국총영사도 일본과 만주 거류 영국인들에게 빠른 시일 내 철수할 것을 권고하였다. 11월 16일 미국 정부에서 보내준 마리포사호를 타고 대부분의 선교사들은 귀환하였다. 1941년 1월 미·일 관계가 더욱 악화되자, 한국과 일본의 모든 선교사들은 철수를 준비하였다.

한편 철수하지 않은 선교사들은 일제에 의해 탄압받았다. 1941년 2월 25일 청주선교지부에서 활동하던 북장로회 선교사 드캠프E. Otto De Camp와 롬Dewitt Lome이 불경죄로 체포되어 대전형무소에 수감되었다. 이들의 혐의는 1941년 1월 15일 청주 선교사관 구내에 사는 한국인 신자의 집에서 가미다나를 철거하여 경찰에게 돌려주었다는 것이다. 이들은 재판에서 징역 10개월을 선고받고, 경성고등법원에 공소하여 징역 2개월에 집행유예 2년을 선고받고 풀려나 미국으로 추방당했다.

또한 총독부는 1925년 이후 매년 2월 하순부터 3월 상순까지 개최하던 연례기도회이자 여성 기독교인들의 국제적 기도운동인 '만국부인기도회'에 대해 기도회 순서와 기도내용을 문제 삼아 내사하다가 "외국인 선교사의 반전모략사건"이라 하여 1941년 3월 26일 평양지역을 시작으로 전국적인 검거에 착수했다. 증인으로 소환된 사람은 670여 명이었고, 이 가운데 선교사 16명, 한국인 8명을 〈조선불온문서임시취체령〉 및 〈육해군형법〉위반으로 경성지방법원에 송치하였다. 1941년 7월 미국 영사가 개입, 선교부와 총독부 간 타협이 이루어져 법을 어긴 것을 사과하고 즉시 철수하기로 합의하였다. 선교사들은 사과 서약서에 서명하고, 9월에 세 차례에 걸쳐 한국을 떠났다.

1941년 12월 8일 태평양전쟁 발발 이후 언더우드와 같이 신사참배를 찬성했던 선교사들도 모두 적성국가 국민으로 분류되어 가택연금 되거나 수용소에 억류되어 일제의 감시를 받았다. 이들은 1942년 6월 연합국의 일본 민간인 억류자들과 상호교환하기 위해 부산항을 거쳐 일본으로 이송되었다. 일본에서 송환선을 타고 아프리카 동남부 로렌소마르케스에 7월 22일에 도착, 여기서 연합국측 송환선인 그립숌호를 타고 대서양을 건너 8월 25일 미국 뉴욕항에 도착했다. 한국을 떠난 상당수 선교사들은 필리핀이나 남미, 인도 등으로 선교지를 전환했다.

개항 이후 서울에 들어온 선교사들은 복음 전도라는 소명을 갖고 척박한 땅에서 전도와 교육과 의료에 힘썼다. 근대사회로 접어든 지 얼마 되지 않은 시기에 입국한 이들 선교사들의 활동은 한국사회와 한국인들에게 직·간접적으로 많은 영향을 미쳤다. 한국이 일제에 강점된 후 한국인들은 서양 선교사들을 일본의 압제에서 구원해 줄 존재로 여기기도 했다. 일제말기 미국과 일본의 관계 악화로 인해 본국으로 돌아간 선교사들은 일제의 종교정책을 비판하였고, 해방 후에는 다시 내한해서 선교활동을 재개한 경우도 많았다. 또한 6·25전쟁 기간에는 여러 방면에서 구호활동을 펴기도 했다.

부록

참고 문헌

찾아 보기

필자 약력

도판 출처

참/고/문/헌

제1강 구 서울역사, 기차를 타고 경성에 온 사람들이 처음 만나는 공간

경성거류민단역소,《경성발달사》, 1912.

경성부,《경성부사》2, 1936.

서울특별시 시사편찬위원회,《서울육백년사》1~6, 1976~1991.

서울시정개발연구원,《서울 20세기 공간변천사》, 2001.

서울학연구소,《남촌-시간, 장소, 사람》, 2003.

손정목,《일제강점기 도시계획연구》, 일지사, 1990.

전우용,《한국 회사의 탄생》, 서울대 출판문화원, 2012.

정재정,《일제침략과 한국철도》, 서울대 출판부, 1999.

제2강 부민관과 명치좌, 경성의 문화시설과 부민들의 이용

김순주, 〈식민지시대 경성의 극장 문화에 관한 연구〉, 한국학중앙연구원 박사학위논문, 2011.

김순주, 〈'영화 시장'으로서 식민지 조선: 1920년대 경성(京城)의 조선인 극장가와 일본인 극장가를 중심으로〉《한국문화인류학》47-1, 2014.

김순주, 〈식민지시대 도시생활의 한 양식으로서 '대극장' - 1930년대 경성부민관을 중심으로 -〉《서울학연구》56, 2014.

김순주, 〈제국의 '소리들'과 식민지 '이중 도시'의 변화: 1930년대 전반기 경성의 발성영화 상영과 상영 현장의 변화〉《서울학연구》62, 2016.

김제정, 〈1930년대 초반 京城지역 전기사업 府營化 운동〉《한국사론》43, 2000.

이화진, 〈식민지 조선의 극장과 '소리'의 문화 정치〉, 연세대 박사학위논문, 2011.

최인진, 〈기독교청년회(YMCA)의 사진교육 운동(1904~1937) - 중앙기독교청년회학교 사진과, 경성사진학강습원을 중심으로〉《한국사진학회지 AURA》13, 2005.

한국영상자료원 영화사연구소,《일본어 잡지로 본 조선영화1》, 2010.

한국영상자료원 영화사연구소, 《일본어 잡지로 본 조선영화2》, 2011.
한국정신문화연구원 한민족문화연구소, 《내가 겪은 해방과 분단》, 2001.
황병주, 〈식민지기 공적(公的) 공간(空間)의 등장과 공회당(公會堂)〉《대동문화연구》 69, 2010.
황혜영, 〈일제강점 후반기(1930~1940년대) 경성보도연맹과 학생교외생활 지도사업〉, 서울대 석사학위논문, 2010.
京城保導聯盟, 《教外保導七年誌》, 1939.
京城府, 《府民舘敷地權利證書》, 1933.
京城府, 《太平通所在府民舘敷地交換書類》, 1934.
矢野干城 · 森川清人, 《新版大京城案內》, 京城都市文化研究所出版部, 1936.

제3강 탑골공원, 근대적 대중공간의 탄생과 서울 시민들의 이용

김해경, 〈탑골공원, 기억의 층위에 대한 해석〉《한국전통문화연구》 14, 2016.
류시현, 〈1920년대 삼일운동에 관한 기억 - 시간, 장소 그리고 '민족/민중'〉《역사와 현실》 74, 2009.
하시모토 세리, 〈한국 근대공원의 형성〉, 성균관대 박사학위논문, 2016.

제4강 대한의원, 근대의학과 시민들의 의료시설 이용 실태

경성제국대학 위생조사부 편, 박현숙 역, 《토막민의 생활과 위생》, 민속원, 2010.
박윤재, 〈청심보명단 논쟁에 반영된 통감부의 의약품 정책〉《역사비평》 67, 2004.
박윤재, 《한국 근대의학의 기원》, 혜안, 2005.
박형우, 《제중원》, 21세기북스, 2010.
신규환, 《질병의 사회사: 동아시아의학의 재발견》, 살림출판사, 2006.
신규환, 〈근대 병원건축의 공간변화와 성격: 제중원에서 세브란스병원으로의 변화를 중심으로〉《역사와경계》 97, 2015.
신규환 · 서홍관, 〈한국 근대 사립병원의 발전과정: 1885년부터 1960년대까지〉《의사학》 11-1, 2002.
신규환 · 박윤재, 《제중원 세브란스 이야기》, 역사공간, 2015.

여인석 외,《한국의학사》, 의료정책연구소, 2012.
여인석 옮김 · 해제,《알렌의 의료보고서》, 역사공간, 2016.
연세대학교 의학사연구소,《한의학, 식민지를 앓다》, 2008.
연세대학교 의학사연구소,《한국 근대의학의 탄생과 국가》, 2015.

제5강 근대 서울의 하수구, 근대적 오물처리와 위생

경성부,《경성부도시계획조사서》, 1928.
경성부,《경성부토목사업개요》, 1938.
김광우, 〈대한제국시대의 도시계획: 한성부 도시개조사업〉《향토서울》 50, 1990.
김백영,《지배와 공간: 식민지도시 경성과 제국 일본》, 문학과지성사, 2009.
서울시 중구 · 역사건축기술연구소,《서울 중구 관내 근대배수로 정밀조사》, 2013.
서호철, 〈서울의 똥오줌 수거체계의 형성과 변화〉《서울과 역사》 93, 2016.
손정목,《일제강점기 도시계획연구》, 일지사, 1990.
염복규,《서울의 기원 경성의 탄생: 1910-1945 도시계획으로 본 경성의 역사》, 이데아, 2016.
염정섭, 〈조선후기 한성부(漢城府) 준천(濬川)의 시행〉《서울학연구》 11, 1998.
조선총독부,《조선토목사업지》, 1937.
조선총독부 경무국 방호과,《조선방공전람회기록》, 1939.

제6강 경성방직 사옥, 근대 '민족자본'의 탄생과 서울 노동자들의 삶

강이수, 〈1930년대 면방 대기업 여성 노동자의 상태에 관한 연구: 노동과정과 노동통제를 중심으로〉, 이화여대 박사학위논문, 1992.
경성방직,《京城紡織伍十年》, 1969.
김영한 외,《영등포 공장지대의 25시》, 서울특별시 시사편찬위원회, 2013.
김종규 외,《고급기술자들의 구술을 통해 본 한국 면방직공업의 발전》, 국사편찬위원회, 2006.
김하나, 〈근대 서울 공업지역 영등포의 도시 성격 변화와 공간 구성 특징〉, 서울대 박사학위논문, 2013.

대한민국 학술원, 《한국의 학문연구-섬유공업》, 2002.
대한방직협회, 《紡織技術者 및 技能者名簿》, 1954.
대한방직협회, 《방협 20년사》, 1967.
대한방직협회, 《紡協創立十周年記念誌》, 1957.
동일방직주식회사, 《동일방직사사: 1955~1981》, 1982.
이종구 외, 《1950년대 한국 노동자의 생활세계》, 한울아카데미, 2010.
서문석, 〈해방직후 섬유업계 고급기술자들의 활동 연구〉《경영사학》 21-1, 2006.
서문석, 〈해방 전후 대규모 면방직 공장의 고급기술자〉《동양학》 40, 2006.
서문석, 〈해방 직후 서울지역 대규모 면방직공장의 운영과 인력실태에 관한 연구〉《경영사학》, 2006.
서문석, 〈1950년대 대규모 면방직공장의 기술인력 연구〉《경영사학》 25-4, 2010.
서문석, 〈근대적 면방직공장의 등장과 기술인력 양성제도의 형성〉《동양학》 50, 2011.
서문석, 〈구술자료로 본 1950년대 면방직공장의 기능자 연구〉《경영사학》 29-1, 2014.
서문석, 〈1960년대 이전 면방직공장의 기능자 양성과정 연구〉《경영사학》 29-3, 2014.

제7강 구 서울대 본관, 식민지시기 경성제국대학

김동환, 〈일제강점기 진학준비교육과 정책적 대응의 성격〉《교육사회연구》 12-3, 2002.
박철희, 〈일제강점기 인문중학교 졸업생의 진로를 통해 본 식민교육의 차별성〉《교육사회연구》 13-1, 2003.
오성철, 《식민지 초등 교육의 형성》, 교육과학사, 2000.
윤대석, 〈경성제대 교양주의와 일본어〉《대동문화연구》 59, 2007.
정준영, 〈경성제국대학과 식민지 헤게모니〉, 서울대 박사학위논문, 2009.

제8강 동아일보 사옥, 일제강점기 한글신문과 서울의 독자들

강동진 외, 《한국사회연구》 2, 한길사, 1984.

김규환, 《일제의 대한 언론 선전정책》, 이우출판사, 1982.
김민환, 《한국 언론사》 개정판, 나남출판, 2002.
김민환 · 박용규 · 김문종, 《일제강점기 언론사 연구》, 나남, 2005.
김영희, 《한국사회의 미디어 출현과 수용》, 커뮤니케이션북스, 2009.
동아일보 사사편찬위원회, 《동아일보사사》 1, 1975.
박용규 외, 《한국 언론 산업의 역사와 구조》, 연암사, 2000.
박용규, 《식민지시기 언론과 언론인》, 소명, 2015.
이연, 《일제강점기 조선언론통제사》, 박영사, 2013.
인촌기념회, 《인촌 김성수전》, 1976.
장신, 〈1924년 동아일보 개혁운동과 언론계의 재편〉 《역사비평》 75, 2006.
정진석, 《한국언론사》, 나남, 1990.
정진석, 《극비 조선총독부의 언론검열과 탄압》, 커뮤니케이션북스, 2007.
조선일보70년사 편찬위원회, 《조선일보70년사》 1, 1990.
채백, 《한국 언론 수용자 운동사》, 한나래, 2005.
채백, 〈동아일보의 일장기 말소사건 연구〉 《한국언론정보학보》 39, 2007.
최민지, 《일제하 민족 언론사론》, 일월서각, 1978.
최준, 《한국신문사》, 일조각, 1990.

제9강 고희동 가옥, 그리고 식민지 수도 경성의 미술 흔적들

서울대박물관, 《춘곡 고희동 40주기 특별전》, 2005.
이경성, 〈한국근대미술운동의 선구자 춘곡 고희동〉 《예술원보》 9, 1965.
조은정, 《춘곡 고희동》, 컬처북스, 2015.
최열, 《한국근대미술의 역사》, 열화당, 1998.
최열, 《한국현대미술의 역사》, 열화당, 2006.

제10강 이태준 가옥, 이태준과 구인회 작가들이 그린 경성의 풍경들

이태준, 《무서록》, 박문서관, 1941.
이태준, 《농토》, 삼성문화사, 1948.

이태준, 《사상의 월야》, 을유문화사, 1946.
박태원, 《천변풍경》, 박문서관, 1938.
조영복, 《월북 예술가 오래 잊혀진 그들》, 돌베개, 2002.

제11강 전형필 가옥, 일제의 문화재 유출과 한국인들의 보존 활동

강명관, 《조선시대 문학예술의 생성 공간》, 소명출판, 1999.
국사편찬위원회, 《그림에게 물은 사대부의 생활과 풍류》, 2007.
김상엽 · 황정수, 《경매된 서화-일제시대 경매도록 수록의 고서화》, 시공아트, 2005.
김상엽, 《한국근대미술시장사자료집(전6권)》, 경인문화사, 2015.
김상엽, 《미술품 컬렉터들-한국의 근대 미술시장과 수집의 문화사》, 돌베개, 2015.
손영옥, 《조선의 그림 수집가들》, 글항아리, 2010.
송지원 외, 《새로 쓰는 예술사》, 글항아리, 2014.
이구열, 《한국문화재수난사》, 돌베개, 1996.
이광표, 《명품의 탄생》, 산처럼, 2009.
이성혜, 《한국 근대 서화의 생산과 유통》, 해피북미디어, 2014.
이충렬, 《간송 전형필》, 김영사, 2010.
전봉관, 《황금광시대-식민지 시대 한반도를 뒤흔든 투기와 욕망의 인간사》, 살림, 2005.
정규홍, 《유랑의 문화재》, 학연문화사, 2009.
정규홍, 《우리 문화재 반출사》, 학연문화사, 2012.
최열, 《한국근대미술의 역사: 1800~1945 한국미술사 사전》, 열화당, 1998.
황정연, 《조선시대 서화수장 연구》, 신구문화사, 2012.

제12강 배화여고 생활관, 일제강점기 외국인선교사들의 서울살이

김승태, 《한말 · 일제강점기 선교사 연구》, 한국기독교역사연구소, 2006.
김승태 · 유진 · 이항 엮음, 《강한 자에게는 호랑이처럼 약한 자에게는 비둘기처럼-스코필드 박사 자료집》, 서울대 출판문화원, 2012.
류대영, 《초기 미국 선교사 연구(1884~1910)》, 한국기독교역사연구소, 2001.
박혜진, 《일제하 한국기독교와 미션스쿨》, 경인문화사, 2015.

성백걸, 《배화백년사(1898~1998)》, 학교법인 배화학원, 1999.
안종철, 《미국선교사와 한미관계, 1931~1948》, 한국기독교역사연구소, 2010.
이덕주, 《개화와 선교의 요람 정동 이야기》, 진흥, 2002.
이덕주, 《종로 선교 이야기》, 진흥, 2005.
조선혜, 〈노블 부인의 선교생활 연구〉, 감리교신학대 박사학위논문, 2012.
한국기독교역사학회, 《한국 기독교의 역사 I~II(개정판)》, 2011~2012.
Lillias H. Underwood, 이만열 옮김, 《언더우드-조선에 온 첫 번째 선교사와 한국 개신교의 시작 이야기》, IVP, 2015.

찾/아/보/기

ㄱ

가가假家 102
거간居間 241
경매도록 236
경부철도합동 15
경성 21, 47, 215
경성고등공업학교 131
경성공업전문학교 131
경성대학 162
경성대학자치회 163
경성미술구락부 236
경성방직 116
경성방직주식회사 117
경성부 36, 105, 109
경성부협의회 61
경성비료주식회사 107
경성악대 57
경성여자의학전문학교 87
경성역 20
경성의학전문학교 74
경성전기회사 36
경성제국대학 140, 159
경성제대 의학부 74
경성제대 학우회 39
경성학우영화회 40
경인철도 12
경진준천 100
고려청자 237
고시열풍 153
골동骨董 234
교양주의 147
구독거부 178
구인회九人會 208
군악대 55
극예술연구회 40
근대대학modern university 144
금계랍 89
기계제 대공장 116
김규진 196
김성수 117, 130, 168
김연수 130
김찬영 242

ㄴ

낙랑파라 212
날개 218
남감리회 264
남대문로 지하배수로 112
남대문역사 20
남대문정거장 14, 28
남만방적주식회사 127
남촌 21, 30, 216, 223
내부內部 19
내부병원內部病院 83
내선일체 160
노블 부인M. W. Noble 266

ㄷ

단성사 43
대원각사비 50
대학university 140

대학예과 146
대한민보 195
대한애국청년단 41
대한의원 70, 72
대한의원관제 72
독립문 25
독립선언기념탑 65
독립신문 52, 98
동아일보 167
동양방적주식회사 122
두창 89
똥재[糞灰] 100

ㄹ

러일전쟁 15

ㅁ

만국부인기도회 282
말라리아 89
매약賣藥 92
매일신보 177
매켄지William J. Mckenzie 271
맥레비 브라운J. Mcleavy Brown 53
면방직업 119
면사綿絲 121
면포綿布 121
명동예술극장 41
명치좌 34, 41
모오스James. R. Morse 13
문예춘추 157
문장 209
문화통치 166, 278
물산장려운동 123
미술가부역자심사위원회 190
민권수호국민총연맹 190

ㅂ

박물관 240
박병래 243
박영철 242
박영효 130
박제가 98
박창훈 243
박태원 214
방응모 170
배화여고 생활관 254
백우용 58
백인제외과병원 87
변사 43
보화각 250
부민관 34, 37
부제府制 105
북감리회 261
북단장北壇莊 247
북장로회 258
북촌 21, 30, 61, 216

ㅅ

사립병원 취체규칙 84
4·19혁명 63
산송山訟 17
3·1운동 58, 166, 274
상약常藥 92
서구어 지향 154

서대문 형무소 227
서울광장 지하배수로 112
서울대 의대 부속병원 74
서촌 226
서화협회 200
선교사 256
선교사 배척운동 278
선교지역 분할협정 256
세계유산협약 34
세브란스병원 81
소설가 구보씨의 일일 218
소화기질환 88
손기정 175
손재형 243
손탁호텔 259
수연산방壽硯山房 206
순원황귀비 199
스코필드Frank Scofield 276
스크랜튼 대부인 262
스테이션station 258
습작 189
시구개정市區改正 108
시대일보 171
시료환자 75
시사신문 167
식민대학 141
신문지법 173
신사참배 27

ㅇ

아시안게임 110
아펜젤러 261
안중식 194
알렌Horace N. Allen 78
어느 뜰에서 193
어르신 거리 66
언더우드 259
에비슨Oliver R. Avison 80
엘리자베스 키스Elizabeth Keith 62
여공 134
여운형 171
영등포 124
영희전 26
오물소제법 104
오물처리 98
오백채마을 127
오봉빈 242
오세창 195, 242
5·16 군사정변 64
오차코[お茶子] 44
옥양목玉洋木 121
올림픽 110
원각사圓覺寺 50
원각사지십층석탑 50
원구단 25
위생 98
유치진 40
을사늑약 72
의사 90
의생醫生 91
이갑성 276
이도영 195
이병직 243
이상 213

이승만 62
이왕직李王職 56, 240
이자벨라 버드 비숍Isabella Bird Bishop 51
이지용 18
이태준 206
이토 히로부미 72
이한복 243
일본어 지향 148, 154
일본영화 45
일장기 말소 사건 176
입신출세주의 150
입학경쟁 152
입학난 151

ㅈ

자화상 184, 193
장승업 194
장충단 25
장택상 242
전형필 243
전형필全鎣弼 241
정미7조약 103
제비 212
제생의원 78
제암리교회 276
제예규칙除穢規則 103
제중원 78
조공업지대粗工業地帶 125
조선미술협회 190
조선방직주식회사 118
조선오물소제령 108
조선오물소제령시행규칙 110
조선일보 167
조선주택영단 127
조선중앙일보 171
조선총독부 20
조선총독부의원 74
조일잠정합동조관 12
존 개스비Sir John Gadsby 248
종로 219
종묘대제 88
중앙일보 171
중외일보 171
중일전쟁 160
진고개 20

ㅊ

창경궁 23
창덕궁 23
천변풍경 216
철도호텔 25
최인규 46
치도규칙治道規則 101
치통 90
칭경기념비각 26

ㅋ

카프KAPF 209

ㅌ

탑골공원 50, 60
태평양전쟁 283
통감부 77

ㅍ

파고다공원 56
8·15광복 62
팔각정 50
패강랭 210
프란츠 에케르트Franz Eckert 55

ㅎ

하수구 108
학력엘리트 152
한국영화 45
한국주차군사령부 16
한남서림 246
한묵연翰墨宴 200
한미수호통상조약 256
한성법어학교 187
한성부 19
한성서화관 198
한성위생회 104
한일강제병합 74
한일의정서 15
한지의사限地醫師 90
함석태 242
헤론John W. Heron 80
혜민서 80
훈민정음 246
흥복사興福寺 50

필/자/약/력

전우용 서울시 문화재위원. 〈19세기말~20세기초 한인 회사 연구〉로 박사학위를 받았다. 〈식민지 도시 이미지와 문화현상〉, 〈종로와 본정 : 식민도시 경성의 두 얼굴〉 등의 논문이 있으며, 저서로는 《서울은 깊다》, 《한국회사의 탄생》 등이 있다.

김순주 한국학중앙연구원 선임연구원. 〈식민지시대 경성의 극장 문화에 관한 연구〉로 박사학위를 받았다. 〈식민지시대 도시생활의 한 양식으로서 '대극장'〉, 〈"영화 시장"으로서 식민지 조선〉 등의 논문이 있으며, 저서로는 《동아시아 관광의 상호시선》(공저) 등이 있다.

염복규 서울시립대학교 교수. 〈일제하 경성도시계획의 구상과 시행〉으로 박사학위를 받았다. 〈일제하 도시지역정치의 구도와 양상〉, 〈일제말 경성지역의 빈민주거문제와 '시가지계획'〉 등의 논문이 있으며, 저서로는 《서울은 어떻게 계획되었는가》, 《서울의 기원 경성의 탄생》 등이 있다.

신규환 연세대학교 교수. 〈1930년대 북평시정부의 위생행정과 '국가의료'〉로 박사학위를 받았다. 〈전환기의 세브란스병원과 선교활동(1934~1957)〉, 〈한중 선교병원의 '정체성' 논쟁 비교연구〉 등의 논문이 있으며, 저서로는 《질병의 사회사: 동아시아 의학의 재발견》, 《북경똥장수: 어느 중국인 노동자의 일상과 혁명》 등이 있다.

서호철 한국학중앙연구원 교수. 〈1890~1930년대 주민등록제도와 근대적 통치성의 형성〉으로 박사학위를 받았다. 〈서울의 똥오줌 수거체계의 형성과 변화〉, 〈조선총독부 내무부서와 식민지의 내무행정〉 등의 논문이 있으며, 저서로는 《식민권력과 통계》(공저), 《주제어로 본 한국 현대사》(공저) 등이 있다.

서문석 단국대학교 교수. 〈귀속면방직기업의 변천에 관한 연구〉로 박사학위를 받았다. 〈일제하 대규모 면방직공장의 고급기술자 연구〉, 〈해방 직후 서울지역 대규모 면방직공장의 운영과 인력 실태에 관한 연구〉 등의 논문이 있으며, 저서로는 《한국면방직공업의 발전》, 《개화기에서 일제강점기까지 한국 근대 의식주와 일상의 제도》(공저) 등이 있다.

정준영 서울대학교 규장각 HK교수. 〈경성제국대학과 식민지 헤게모니〉로 박사학위를 받았다. 〈경성제국대학의 유산-일본의 식민교육체제와 한국의 고등교육-〉, 〈경성제국대학 교수들의 귀환과 전후 일본사회〉 등의 논문이 있으며, 저서로는 《식민권력과 근대지식 : 경성제국대학 연구》(공저), 《한국 근현대 인문학의 제도화》(공저) 등이 있다.

박용규 상지대학교 교수. 〈일제하 민간지 기사집단의 사회적 특성의 변화과정에 관한 연구〉로 박사학위를 받았다. 〈일제의 지배정책에 대한 신문들의 논조 변화〉, 〈1920년대 중반(1924~1927)의 신문과 민족운동〉 등의 논문이 있으며, 저서로는 《일제강점기 언론사 연구》(공저), 《한국의 언론인, 정체성을 묻다》 등이 있다.

최열 서울대학교 강사. 〈해방에서 전후시기(1945~1959)의 미술비평〉으로 석사학위를 받았다. 〈조선미술론의 형성과 성장 과정 연구〉, 〈근대미술사 서술의 관점과 그 기원〉 등의 논문이 있으며, 저서로는 《한국현대미술운동사》, 《한국근대미술 비평사》 등이 있다.

권은 한국교통대학교 교수. 〈경성 모더니즘 소설 연구〉로 박사학위를 받았다. 〈식민지적 어둠의 심연: 박태원의 '적멸'론〉, 〈피난민 산책자와 1970년대 서울 - "최인훈의 소설가 구보씨의 일일"론 -〉 등의 논문이 있으며, 저서로는 《한국 근대문학과 동아시아》(공저), 《박태원의 파시즘 인식과 대응》(공저)가 있다.

김상엽 국외소재문화재재단 조사활용2팀장. 〈소치 허련의 생애와 회화활동 연구〉로 박사학위를 받았다. 〈한국 근대의 고미술품 수장가 : 치과의사 함석태〉, 〈경성의 미술시장과 일본인 수장가〉 등의 논문이 있으며, 저서로는 《들어가서 보는 그림 동양화》, 《미술품 컬렉터들: 한국의 근대 수장가와 수집의 문화사》 등이 있다.

박혜진 한국기독교역사연구소 책임연구원. 〈1920~30년대 미북장로회선교부 관할 중등학교 운영과 한국인 인계과정 연구〉로 박사학위를 받았다. 〈서울지역 미 북장로회선교부의 교육사업 철수와 학교 인계 연구〉, 〈미북장로회선교부 관할 미션스쿨에 대한 한국인의 경영 참여〉 등의 논문이 있으며, 저서로는 《일제하 한국기독교와 미션스쿨》이 있다.

도/판/출/처

페이지	도판	출처(소장처)
17	〈한일의정서〉	서울대 규장각한국학연구원
19	일제강점기 용산의 일본군 기지	부산박물관
27	조선호텔	부산박물관
73	대한의원 개원 칙서	서울대학교병원 의학박물관
79	알렌의 진단서	동은의학박물관
79	알렌의 검안경	동은의학박물관
89	《제중원 일차년도 보고서》	연세대학교
101	〈수문상친림관역도〉	삼성미술관 리움
102	《치도규칙》	서울대 규장각한국학연구원
187	〈두루마기를 입은 자화상〉	국립현대미술관
187	〈부채를 든 자화상〉	국립현대미술관
192	〈매화도〉	국립중앙박물관
192	〈화훼노〉	국립중앙박물관
195	〈백악춘효〉	국립중앙박물관
197	〈해강묵죽도〉	덕성여자대학교 박물관
222	화신백화점	부산박물관
238	청자사자장식뚜껑향로	국립중앙박물관
238	청자상감모란넝쿨무늬조롱박모양주전자	국립중앙박물관
238	청자사자장식뚜껑향로	국립중앙박물관
247	《훈민정음》	간송미술관
257	〈한미수호통상조약〉	국립고궁박물관
281	조선신궁	부산박물관

* 사진과 그림의 게재를 허락해주신 분들과 자료를 제공해주신 분들께 감사드립니다.
그 외의 도판은 필자가 제공하였거나 서울역사편찬원이 촬영한 사진입니다.